ABITUR-TRAINING

Spanisch – Grammatikübungen

Montserrat Varela Navarro
und Berta Villarino Cirici

STARK

Bildnachweis
Umschlag: © Kateholms | Dreamstime.com

Inhalt

Lösungen zu allen Aufgaben stehen online oder zum Download (im pdf-Format) zur Verfügung, siehe Hinweise im Vorwort dieses Buches.

Autorinnen: Montserrat Varela Navarro und Berta Villarino Cirici

Vorwort

Liebe Schülerinnen und Schüler,

mit dem vorliegenden Band können Sie **zentrale Themen** der spanischen Grammatik gezielt wiederholen und vertiefen, um sich optimal auf Klausuren und das Abitur vorzubereiten. In den einzelnen Kapiteln wird die Grammatik verständlich auf Deutsch erklärt und durch spanische **Beispielsätze** verdeutlicht. Anhand abwechslungsreicher **Aufgaben** können Sie die Grammatik trainieren und nebenher viel Wissenswertes über die spanischsprachige Welt erfahren. Die Kapitel sind **unabhängig voneinander** aufgebaut und müssen nicht der Reihenfolge nach bearbeitet werden.

Auf unserer Homepage stehen Ihnen **Musterlösungen** zu allen Aufgaben dieses Trainingsbandes zur Verfügung sowie unsere **MindApp** zum Wiederholen und Üben der spanischen Verbformen.

Um auf die Musterlösungen oder die MindApp zugreifen zu können, verwenden Sie entweder den Code auf der Innenseite des Umschlags oder scannen Sie den untenstehenden QR-Code mit dem Smartphone.

- Sie können die **Lösungen** auf unserer Homepage **online abrufen** oder im **pdf-Format herunterladen**. Legen Sie zum Abgleichen Ihrer Lösungen mit den Musterlösungen einfach das Smartphone oder Tablet neben die jeweilige Seite im Buch.
- Zusätzlich können Sie mit unserer **„MindApp“** die Konjugation der spanischen Verben wiederholen und üben (nähere Informationen finden Sie auf der folgenden Seite). Diese **Web-App** kann direkt im Browser geöffnet werden, die Installation über einen App-Store ist nicht erforderlich.

Im Hinblick auf eine eventuelle Begrenzung des Datenvolumens wird empfohlen, dass Sie sich bei der Nutzung der digitalen Zusätze im WLAN befinden.

Viel Spaß und Erfolg beim Üben mit diesem Buch!

Montserrat Varela Navarro und Berta Villarino Cirici

Hinweise zur MindApp

- Die MindApp, die Ihnen zusätzlich zu diesem Band zur Verfügung steht, enthält eine Übersicht über die **Konjugation der spanischen Verben**, die für den Einsatz am **Smartphone** optimiert ist. So haben Sie die spanischen Verbformen überall mit dabei.

- Wenn Sie die Web-App gestartet haben, können Sie für die weitere Nutzung das Icon der MindApp zum **Startbildschirm** hinzufügen und diese künftig darüber öffnen.

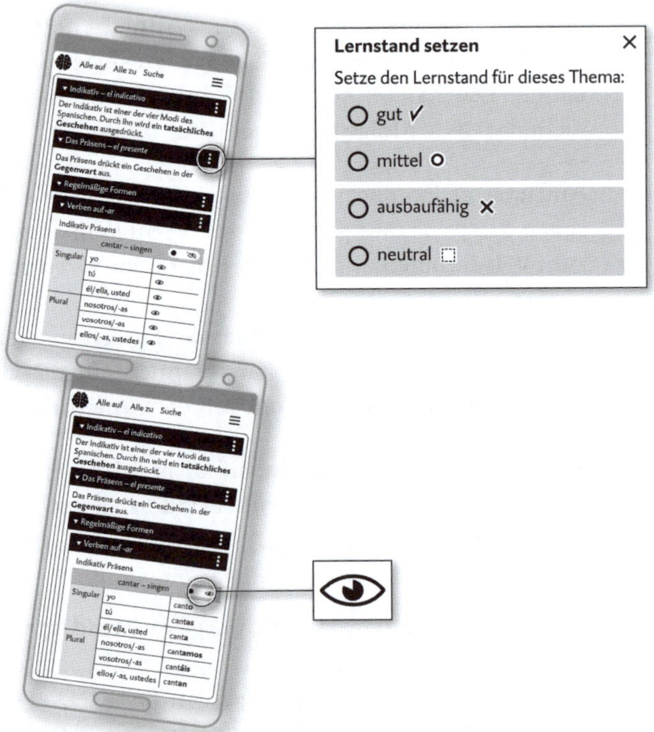

- Für jedes Themengebiet kann der aktuelle **Lernstand** festgehalten werden. So können Sie Ihren Lernfortschritt selbst überprüfen.

- Möchten Sie einzelne Formen Schritt für Schritt lernen oder wiederholen, gibt es die Möglichkeit, die **Formen auszublenden** und nach und nach wieder **einzublenden**. Dazu tippen Sie auf das **Auge** rechts oben. So können Sie jede Form sofort überprüfen und ideal mit der MindApp üben.

- Die Hervorhebung der Personalendungen durch eine **farbige Kennzeichnung** unterstützt den Lernprozess.

1 Substantive • *Los sustantivos*

1.1 Das Genus

Substantive sind im Spanischen entweder männlich oder weiblich. Häufig weist die Endung des Substantivs auf das Genus hin.

Männliche Substantive

Männliche Substantive sind in der Regel an folgenden **Endungen** zu erkennen:	
• *-o*	el mundo, el centro
• *-ma* (diese Substantive sind häufig griechischen Ursprungs)	el clima, el programa, el tema
• *-e, -í, -u*	el tomate, el jabalí (*Wildschwein*), el espíritu
• *-ón, -or, -aje, -án*	el sillón, el color, el traje, el volcán **Aber:** la razón, la flor
Beachte:	
• Einige Substantive auf *-a* sind ebenfalls männlich.	el mapa, el poeta, el profeta, el planeta
• Das Substantiv ***arte*** ist männlich im Singular und weiblich im Plural.	el arte románico las bellas artes

Substantive aus folgenden **Bedeutungsgruppen** sind meist ebenfalls männlich:	
• **Wochentage**	el día → el lunes, el martes, etc.
• **Flüsse**	el río → el Amazonas, el Rin
• **Bäume**	el árbol → el pino, el manzano
• **Meere** und **Ozeane**	el mar → el Mediterráneo, el Pacífico **Aber:** en alta mar (*auf hoher See*), la bajamar (*die Ebbe*)
• **Automarken**	el coche → el BMW, el Seat
• **Farben**	el color → el rojo, el amarillo, etc.

Weibliche Substantive

Weibliche Substantive sind in der Regel an folgenden **Endungen** zu erkennen:	
• *-a*	la casa, la maleta
• *-dad, -ud, -ez, -ción/-sión, -triz, -is*	la ciudad, la salud, la niñez, la exposición, la cicatriz, la tesis
	Aber: el pez
Beachte: Einige Substantive auf *-o* sind ebenfalls weiblich, darunter häufig die Abkürzungen von Langformen.	la mano, la libido, la foto (fotografía), la moto (motocicleta), la radio (radiotelefonía)

Substantive aus folgenden **Bedeutungsgruppen** sind meist ebenfalls weiblich:	
• **Inseln**	la isla → las Canarias, las Baleares
• **Städte** und **Länder** auf *-a*	la Córdoba musulmana, la Francia medieval
• **Buchstaben**	la letra → la ñ (eñe), la m (eme)

Weibliche Substantive, die mit betontem *a-* oder *ha-* beginnen, erhalten im Singular den Artikel *el/un*. Sie bleiben jedoch weiblich. Im Plural steht *las/unas*.	El aula está cerrada./Las aulas están cerradas. *Ebenso*: el agua, el hada, el alma, el área, el hambre, etc.

Besonderheiten bei Personenbezeichnungen

Eine Reihe von Substantiven weist nur **eine** Form für beide Geschlechter auf:	
• Substantive auf *-ista*	el/la artista, el/la futbolista, el/la periodista
• Substantive auf *-nte*	el/la cantante, el/la estudiante
Beachte: Bei einigen dieser Substantive setzt sich immer mehr eine weibliche Form auf *-a* durch.	el presidente/la presidenta, el cliente/la clienta
• Weitere Substantive auf *-a*	el/la atleta, el/la colega, el/la guardia

Substantive mit Bedeutungsänderung

Einige Substantive ändern ihre Bedeutung, je nachdem, ob sie männlich oder weiblich sind. Dazu gehören z. B.:

männlich		weiblich	
el capital	*Kapital*	**la** capital	*Hauptstadt*
el cólera	*Cholera*	**la** cólera	*Wut*
el coma	*Koma*	**la** coma	*Komma*
el corte	*Schnitt*	**la** corte	*Hof*
el editorial	*Leitartikel*	**la** editorial	*Verlag*
el final	*Ende*	**la** final	*Endspiel, Finale*
el frente	*Front*	**la** frente	*Stirn*
el orden	*Reihenfolge*	**la** orden	*Befehl*
el parte	*Bericht*	**la** parte	*Teil*

Einige weitere ähnlich klingende Substantive, die sich nur in Genus und Endung unterscheiden, werden häufig verwechselt, z. B.:

männlich		weiblich	
el banco	*(Sitz-)Bank*	**la** banca	*Bankwesen*
el bolso	*(Hand-)Tasche*	**la** bolsa	*Tüte*
el partido	*Partei, (Fußball-)Spiel*	**la** partida	*Abfahrt, Weggang*
el punto	*Punkt*	**la** punta	*Spitze*

1.2 Der Numerus: die Pluralbildung

Der Plural spanischer Substantive wird durch das Anhängen von *-s* bzw. *-es* an die Singularform gebildet.

Substantive, die auf (unbetonten oder betonten) **Vokal** enden, bilden den Plural auf **-s**.

la casa → las casas
el dominó → los dominós

Substantive, die auf einen **Konsonanten** oder auf **-y** enden, bilden den Plural auf **-*es***.	la ciudad → las ciudades el convoy → los convoyes

Die Pluralbildung bei Substantiven auf *-s* oder *-x*

Die Pluralbildung bei Substantiven auf *-s* oder *-x* ist unterschiedlich:

• Einige bleiben **unverändert**.	la crisis → las crisis el lunes → los lunes el virus → los virus el tórax → los tórax
• **Einsilbige** Substantive bilden den Plural auf *-es*.	el mes → los meses el gas → los gases el fax → los faxes
• **Mehrsilbige** Substantive, die auf eine **betonte** Silbe enden, bilden den Plural ebenfalls auf *-es*.	el país → los países el interés → los intereses

Orthografische Besonderheiten bei der Pluralbildung

• Substantive auf *-z* bilden den Plural auf *-ces*.	el lápiz → los lápices la nariz → las narices
• Bei Substantiven auf *-n* oder *-s*, die im Singular auf der **vorletzten** Silbe betont werden, erhält diese im Plural einen **grafischen Akzent**.	la imagen → las imágenes el examen → los exámenes el/la joven → los/las jóvenes
• Bei Substantiven auf *-n* oder *-s*, die im Singular auf der **letzten** Silbe betont werden, **entfällt** im Plural der grafische Akzent.	el limón → los limones la nación → las naciones el francés → los franceses
• Bei **diesen** drei Substantiven **verschiebt** sich im Plural die **Betonung**:	el carácter → los caracteres el régimen → los regímenes el espécimen → los especímenes

Substantive in der Pluralform

Einige Substantive und präpositionale Ausdrücke werden im Spanischen nur im Plural verwendet.

los alrededores, las gafas, las vacaciones, a espaldas de (*hinter dem Rücken von*), a duras penas (*mit Mühe und Not*)

Beachte: Das Wort ***gente*** hingegen steht immer im **Singular**.

La gente es muy amable.
→ *Die Leute sind sehr freundlich.*

Eine Reihe von Wörtern hat in der Pluralform eine **andere Bedeutung** als im Singular:

Singular		Plural	
la cercanía	*Nähe*	**las** cercanías	*Umgebung*
la letra	*Buchstabe*	**las** letras	*Geisteswissenschaften*
el celo	*Eifer*	**los** celos	*Eifersucht*
el servicio	*Dienst*	**los** servicios	*Dienste, Toiletten*
la esposa	*Ehefrau*	**las** esposas	*Handschellen*

1.3 Zusammengesetzte Substantive

Im Spanischen gibt es verschiedene Verfahren zur Bildung von zusammengesetzten Wörtern. Die Bestimmung des Genus sowie die Pluralbildung erfolgen bei diesen zusammengesetzten Wörtern nach bestimmten Regeln.

Substantiv + Substantiv

- Ein **nicht zusammengeschriebenes** Wort aus zwei Substantiven (mit oder ohne Bindestrich oder mit Präposition) richtet sich im Genus nach dem **ersten** Substantiv. Nur dieses wird in den Plural gesetzt.

el coche cama (*Schlafwagen*) →
los coche<u>s</u> cama
el buque fantasma (*Geisterschiff*) →
los buque<u>s</u> fantasma
el zumo de naranja →
los zumo<u>s</u> de naranja

- Ein **zusammengeschriebenes** Wort aus zwei Substantiven richtet sich im Genus nach dem **zweiten** Substantiv. Nur dieses wird in den Plural gesetzt.

la autopista → las autopista<u>s</u>
el ferrocarril → los ferrocarril<u>es</u>

Substantiv + andere Wortarten

• Das zusammengesetzte Wort richtet sich im Genus nach dem **Substantiv**.	el cumpleaños, la sinrazón *(Unsinn)*
• Der Plural wird entsprechend den allgemeinen Regeln gebildet.	el sinsabor *(Ärgernis, Verdruss)* → los sinsabores el sacacorchos *(Korkenzieher)* → los sacacorchos

Zusammengesetzte Wörter ohne Substantiv

• Zusammengesetzte Wörter, die kein Substantiv enthalten, sind **maskulin**.	el malestar *(Unwohlsein)*
• Ihr Plural wird entsprechend den allgemeinen Regeln gebildet.	el sabelotodo *(Besserwisser)* → los sabelotodos

Ejercicios

1 *Busca el intruso: uno de los sustantivos tiene el género distinto a los demás.*

a) clima ♦ mapa ♦ sofá ♦ mano ♦ día
b) camión ♦ avión ♦ algodón ♦ habitación ♦ empujón
c) sistema ♦ cama ♦ problema ♦ tema ♦ programa
d) poema ♦ hambre ♦ salud ♦ moto ♦ maleta
e) flor ♦ error ♦ temor ♦ huracán ♦ pan
f) tatuaje ♦ gris ♦ árbol ♦ clase ♦ masaje

2 *¿Masculino o femenino? Escoge la opción correcta.*

Tengo dos hermanos y mi hermana pequeña no me deja en paz. Siempre está haciendo mucho ruido en mi habitación. A mí me gusta estudiar siguiendo **un/una** sistema especial, pero la verdad es que con **los/las** interrupciones de mi hermana es muy difícil concentrarse.

Ayer, por ejemplo, yo estaba estudiando **algunos/algunas** temas difíciles de matemáticas para el examen final. Ella entró en mi habitación y puso **el radio muy alto/la radio muy alta**. ¡Qué susto me dio! Me enfadé, claro, pero ella rápidamente me pidió perdón e hicimos **los/las** paces *(Frieden schließen)*. **Otro/Otra** problema es que mis hermanos con frecuencia «toman prestadas» mis cosas sin preguntarme y luego, en el instituto, al entrar en **el/la** aula, me doy cuenta de que me faltan cosas importantes: **el/la** mapa de **los/las** planetas para Astronomía, **el/la** foto **del primer Seat/de la primera Seat** para Economía, la tableta *(Tablet-PC)* con la ponencia sobre **el/la** Amazonas para Geografía, etc. El martes incluso encontré **algunos/algunas** hojas de mi trabajo sobre el turismo en **los/las** Baleares sobre el escritorio de mi hermano, convertidas en **varios/varias** aviones de papel. ¡Increíble!

3 *¿Qué dice Lena? Elige la opción adecuada para cada frase.*

a) **La parte práctica/El parte práctico** de la clase es la más interesante. Lamentablemente, nuestro profesor siempre deja las tareas prácticas para **el final/la final** y no siempre tenemos tiempo de hacerlas. Además, los viernes acabamos la clase antes de hora, ya que el profesor necesita tiempo para escribir **el parte/la parte** de la semana.

b) El viernes pasado fuimos a ver **el final/la final** de la Liga de Campeones. Quedamos muy decepcionados porque «nuestro» equipo jugó muy mal. Los jugadores no siguieron **los órdenes/las órdenes** del entrenador.

c) La moda de ahora genera **un gran capital/una gran capital** a marcas comerciales que fabrican la ropa a precios bajos en países asiáticos. Leí sobre este tema en **el editorial/la editorial** de «El Mundo» el fin de semana. Ahora tengo mala conciencia porque **mi nuevo bolso/mi nueva bolsa** también es «made in India».

4 *Este fin de semana la señora Martínez ha estado de viaje. Al regresar a su hogar el lunes por la mañana, su familia no está en casa. Sus hijos y su marido le han dejado varias notas. Completa la información de las notas con el artículo (determinado o indeterminado) adecuado.*

a)

Mamá, _______ domingo jugué al fútbol y rompí _______ ropa de deporte. ¿Me puedes coser _____ pantalones y ______ camiseta hasta el próximo partido, por favor? Gracias y ______ beso.
Miguelito

b)

______ sábado por ______ mañana te llamó _______ periodista Elena Sánchez. Trabaja para ______ editorial TIERRA y quiere hacerte ______ entrevista sobre ______ gases de efecto invernadero[1].
Jaime

1 Treibhausgase

c)

Querida, mi madre quiere hablar contigo de _______ vacaciones de Navidad. Ella quiere que pasemos _______ Nochebuena con ella, le preocupa _______ tema. Llámala, por favor.
Jaime

d)

Mamá, durante _______ fin de semana he tenido de nuevo _______ fuerte malestar en _______ espalda, ¿puedes comprarme _______ medicamentos otra vez?
Almudena ♡

e)

¿Puedes llevarme _______ moto al taller? Está en _______ garaje. Se me ha estropeado (_______ motor hace _______ ruido raro)...
Almudena

f)

Mamá, tengo que escribir ______ redacción sobre ______ España medieval, ¿puedes ayudarme a buscar información en Internet?
Miguelito

5 *¡Pague uno y llévese dos por poco más! A este cartel de ofertas le faltan palabras, ¿puedes completarlo?*

OFERTA

UN PARAGUAS **4 €**

DOS ____________ **5 €**

UN KILO DE ARROZ **2 €**

DOS KILOS DE ____________ **3 €**

UN ____________ **4 €**

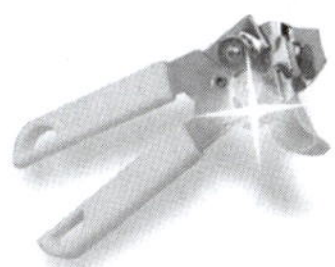

DOS ABRELATAS **6 €**

UN LÁPIZ DE LABIOS DE COLOR ROJO **5 €**

DOS ____________ DE LABIOS DE COLOR ROJO **6 €**

UN PAR DE ____________ DE SOL NEGRAS **15 €**

DOS ____________ DE GAFAS DE SOL NEGRAS **18 €**

UN ZUMO DE NARANJA DE UN LITRO **1€**

DOS ZUMOS DE ____________ DE UN LITRO **1.25 €**

UNA FALDA PANTALÓN **20 €**

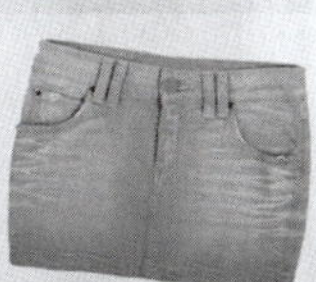

DOS ____________ ____________ **22 €**

Lösungen zu diesem Kapitel

2 Artikel • *Los artículos*

2.1 Besonderheiten beim Gebrauch des bestimmten und unbestimmten Artikels

Der Gebrauch des bestimmten und des unbestimmten Artikels ist im Spanischen ähnlich wie im Deutschen, es gibt jedoch einige Abweichungen.

Bestimmter Artikel im Spanischen, kein Artikel im Deutschen

Im Spanischen steht der bestimmte Artikel vor:

- Substantiven, die in **verallgemeinerndem Sinne** gebraucht werden (insbesondere, wenn das Substantiv Subjekt des Satzes ist)

  El alcohol es perjudicial para la salud.
  → *Alkohol ist schädlich für die Gesundheit.*
  El español se habla en más de 20 países.
  → *Spanisch wird in mehr als 20 Ländern gesprochen.*

- **Körperteilen** (insbesondere in Verbindung mit den Verben *tener* und *doler*)

  Carolina tiene los ojos verdes.
  → *Carolina hat grüne Augen.*
  Me duele la espalda.
  → *Ich habe Rückenschmerzen.*

- **Wochentagen** und **Uhrzeit**

  Beachte: *el martes* = am Dienstag, *los martes* = dienstags

  Los lunes voy a la piscina.
  → *Montags gehe ich ins Schwimmbad.*
  Tengo cita en el médico a las dos.
  → *Um zwei Uhr habe ich einen Arzttermin.*

- **Prozent-** und **Mengenangaben**

  Beachte: Vor Prozentangaben kann auch *un* in der Bedeutung von „in etwa, ungefähr" stehen.

  El 13% de la población no tiene acceso al agua limpia.
  → *13 % der Bevölkerung haben keinen Zugang zu sauberem Wasser.*

- Ergänzungen zu den Verben ***gustar***, ***jugar a*** und ***tocar***

  Me gusta la música jazz.
  → *Ich mag Jazzmusik.*
  Mi hijo quiere tocar el piano.
  → *Mein Sohn möchte Klavier spielen.*

- **Titeln**

  La doctora Pérez está haciendo una pausa.
  → *Frau Doktor Pérez macht gerade eine Pause.*

  Beachte: In der direkten Anrede wird **kein** Artikel verwendet.

  ¿Señor Moreno, puede venir un momento?
  → *Herr Moreno, können Sie kurz kommen?*

Kein Artikel im Spanischen, bestimmter Artikel im Deutschen

Im Spanischen steht **kein** Artikel vor:

- ***San/Santo/Santa* + Heiligenname**

  Santa Teresa → *die heilige Theresa*

- **Monatsnamen**

  Este año febrero tiene 29 días.
  → *Dieses Jahr hat der Februar 29 Tage.*

- **Jahreszeiten** und **religiösen Feiertagen** in Verbindung mit der Präposition ***en***

  en verano → *im Sommer*
  en Semana Santa → *in der Karwoche*

- **Transportmitteln** in Verbindung mit der Präposition ***en***

  Voy en autobús a la oficina.
  → *Ich fahre mit dem Bus zum Büro.*

- Bestimmten Wendungen, z. B.:

  en casa de *(bei)*
  a casa *(zu Hause/nach Hause)*
  a principios de… *(Anfang …)*
  a mediados de… *(Mitte …)*
  a finales de… *(Ende …)*
  de día/de noche *(tagsüber/nachts)*
  en nombre de *(im Namen von)*

  Dejamos a María en casa de los abuelos.
  → *Wir haben María bei den Großeltern gelassen.*
  Me voy de vacaciones a principios de julio.
  → *Ich fahre Anfang Juli in Urlaub.*
  Trabajo mejor de noche.
  → *Ich arbeite nachts besser.*
  Vengo a recoger el paquete en nombre de mi mujer.
  → *Ich komme, um im Namen meiner Frau das Paket abzuholen.*

Kein Artikel im Spanischen, unbestimmter Artikel im Deutschen

Auch in folgenden Fällen steht im Spanischen **kein** Artikel:

- Vor Indefinitbegleitern wie ***otro/-a***, ***cualquier***, ***igual***, ***medio/-a***, ***semejante*** und ***tal***

  Mamá, ¿me compras otro helado?
  → *Mama, kaufst du mir noch ein Eis?*
  No había visto semejante comportamiento.
  → *Ich hatte noch nie ein derartiges Benehmen gesehen.*

- Nach den Verben ***tener*** und ***hay***, wenn es um Dinge geht, die man normalerweise nur einmal besitzt

  ¿Tienes novio? → *Hast du einen Freund?*
  En nuestra casa siempre hay cama para ti.
  → *Bei uns gibt es immer ein Bett für dich.*

  Beachte: Wird das Substantiv näher bestimmt, muss der unbestimmte Artikel verwendet werden.

  Tengo un novio sueco.
  → *Mein Freund ist Schwede.*

2.2 Der neutrale Artikel *lo*

Der neutrale Artikel *lo* wird zur Substantivierung verschiedener Wortarten verwendet und auch in bestimmten festen Wendungen.

Substantivierung mit *lo*

• ***Lo*** **+ Adjektiv**	Lo más importante es la salud. → *Das Wichtigste ist die Gesundheit.*
• ***Lo*** **+ Partizip**	Lo prometido es deuda. → *Versprochen ist versprochen.*
• ***Lo*** **+ Ordnungszahl**	Es lo primero que hay que hacer. → *Es ist das Erste, was man tun muss.*
• ***Lo*** **+ Possessivpronomen**	Esto es lo tuyo. → *Es ist das, was du am besten kannst/magst.*
• ***Lo*** **+ Adverb**	Es fantástico lo bien que se está aquí. → *Es ist fantastisch, wie gut es einem hier geht.*
• ***Lo*** **+ Relativpronomen**	¿Ya has olvidado lo que aprendiste ayer? → *Hast du schon vergessen, was du gestern gelernt hast?*

Feste Wendungen mit *lo*

• ***Lo*** **+ *de* + Substantiv** („Das mit …“)	Lo del accidente ocurrió ayer. → *Das mit dem Unfall ist gestern passiert.*
• ***Pasarlo bien*** („sich amüsieren“)	Lo pasamos muy bien ayer. → *Wir hatten gestern viel Spaß.*
• Wendungen, die mit den Präpositionen ***a***, ***de*** oder ***por*** eingeleitet werden, z. B.:	
a lo largo de *(entlang, im Laufe von)* a lo mejor *(vielleicht)* a lo sumo *(höchstens)* de lo contrario *(andernfalls)* por lo general *(im Allgemeinen)* por lo menos *(mindestens)* por lo visto *(offenbar, anscheinend)*	Había muchos kioskos a lo largo del río. → *Entlang des Flusses gibt es viele Kioske.* A lo mejor Eva no viene porque está enferma. → *Vielleicht kommt Eva nicht, weil sie krank ist.* Por lo general, la adolescencia es una etapa de la vida difícil. → *Im Allgemeinen ist die Pubertät ein schwieriger Lebensabschnitt.* Haz por lo menos la cama. El resto lo hago yo. → *Mach wenigstens das Bett. Den Rest mache ich.*

Ejercicios

6 *Madrid, capital del ocio. Rellena los huecos con el artículo adecuado (determinado o indeterminado) si es necesa rio.*

_______ noche madrileña es muy especial y ofrece infinitas posibilidades de ocio a sus visitantes. Por ejemplo, en numerosas zonas de ________ ciudad hay locales donde se pueden tomar copas y saborear _______ deliciosas tapas de _______ capital de España. En _______ barrio de Malasaña, los clubs de bohemios y artistas tienen gran tradición. No importa si te gusta _______ música jazz, rock, electrónica, hip hop o indie, seguro que vas a encontrar _______ bar a tu gusto. En Chueca, el ambiente gay se vive en _______ calle gracias a la variedad de bares con afluencia de público homosexual. El centro de la ciudad también esconde muchas plazas con encanto. ___________ plaza especial es la de Santa Ana. ➡

En ______ verano, _____ vida nocturna está en _______ terrazas de bodegas y bares que ofrecen tapas y raciones hasta _______ tres o cuatro de la madrugada.

Por supuesto, también de ________ día Madrid tiene mucho que ofrecer. Por ejemplo, la Puerta del Sol (donde los madrileños celebran _______ Nochevieja) o el Museo del Prado. El Retiro es un hermoso parque en pleno centro de la ciudad y es _____ otro ejemplo de la vida en _____ calle y del ambiente cosmopolita de Madrid.

7 *El fútbol, el deporte rey. Rellena los huecos con el artículo determinado o* lo *y relaciona las dos columnas.*

a) ¡_______ nuestro es el fútbol! Así que

b) _____ del fútbol es muy cansado,

c) _____ bueno del fútbol

d) _____ mejor del telediario

e) ¿Quieres ver _____ partido en _____ estadio?

f) _____ más espectacular del partido de ayer

g) ______ importante en el deporte es participar

1) es que gusta a casi todo el mundo.

2) por eso no es ________ mío.

3) y lo de menos es quien gane.

4) fueron _____ goles de Messi.

5) —¿Por qué? ¡Con _________ bien que se ve por la tele!

6) siempre son las noticias de fútbol y de los deportes en general.

7) entrenaremos toda la semana, jugaremos _____ sábado y ganaremos.

8 *Elige la opción correcta. Los artículos pueden repetirse en una misma frase.*

a) **¿el, un, (/)?**

¿Tienes ________ móvil* aquí? Necesito llamar por teléfono.

No, no tengo ________ móvil aquí y eso que tengo dos, pero hoy ________ móvil lo tengo en casa. Y ______ otro me lo he olvidado en ______ coche.

b) **¿el, lo, la, (/)?**

¿______ pasaste bien anoche?

Sí, muy bien. Por ________ general no me gusta ________ música jazz, pero ver un concierto en vivo con mis amigos fue interesante.

c) **¿la, el, los, (/)?**

Me gustaría aprender a tocar ________ guitarra, pero no encuentro ________ profesor.

¿De veras? Pregúntale a Miguel. Da clases de guitarra ________ miércoles en ________ centro cívico.

* „**Móvil**" bedeutet in Spanien „Handy", wird aber auch oft benutzt, um das Smartphone zu bezeichnen (in Lateinamerika sagt man „el celular"). Auch der Begriff „smartphone" ist gebräuchlich; wenig benutzt wird „teléfono inteligente". Der Tablet-PC wird übrigens mit „tableta" übersetzt.

9 *Estás haciendo unas prácticas en un supermercado en Sevilla durante las Navidades y escribes un correo a tus compañeros de clase de español explicando tu experiencia. Elige la opción correcta de las que aparecen en azul.*

Mensaje nuevo

Para Klasse12A@lgm.de Cc Bcc

Asunto Saludos desde Sevilla

Hola chic@s*:

Sevilla es una ciudad fantástica. Incluso ahora en **unas | las | (/)** Navidades, el clima es estupendo. **Lo | Las | (/)** estoy pasando muy bien. Me gusta mucho el ambiente nocturno, imaginaos que tengo **unos | los | (/)** pies hinchados *(geschwollen)* de tanto caminar por las calles, seguramente porque voy de tapas casi cada noche.

Sin embargo, mi trabajo en el supermercado no es tan sencillo. Cada día tengo que distribuir todos los productos de forma adecuada en las estanterías. Desde **el | un | (/)** martes de **una | la | (/)** semana pasada también tengo que seleccionar algunas especialidades para las cestas de regalo navideñas. **Un | El | (/)** 20,5% de los productos que llegan ahora se consumen solo durante **unas | las | (/)** Navidades y me resulta complicado familiarizarme con ellos, pues son muy distintos a los nuestros.

Los | Unos | (/) turrones son el postre más típico en estas fechas, aunque también se comen **unos | los | (/)** polvorones, **unos | los | (/)** mazapanes y **unos | los | (/)** mantecados. ¡Todo está muy rico! Sin embargo, estos dulces son de origen árabe y son muy densos. No se parecen en nada a nuestras especialidades alemanas.

¡**Un | El | (/)** saludo a tod@s!

Enviar

* Das Zeichen „@“ (oder der Buchstabe „x“) wird im spanischen Sprachraum immer häufiger benutzt, um eine eindeutige Genus-Markierung („o“ oder „a“) zu vermeiden. Die maßgebende spanische Institution in Fragen der Sprache, die Real Academia Española, lehnt diese Praxis jedoch ab.

Lösungen zu diesem Kapitel

3 Weitere Begleiter des Substantivs • *Otros acompañantes del sustantivo*

3.1 Zum Gebrauch der Demonstrativa

Die Demonstrativa *este, ese* und *aquel* können sowohl einen räumlichen als auch einen zeitlichen Bezug ausdrücken.

Räumlicher Bezug

Este/esta verweist auf Personen oder Dinge, die sich in unmittelbarer Nähe des/der Sprechenden befinden. → ***aquí***	Mira, en esta foto tenía dos años. → *Schau, auf diesem Foto war ich zwei Jahre alt.* Siéntate en esta silla de aquí. → *Setz dich auf diesen Stuhl hier.*
Ese/esa verweist auf Personen oder Dinge, die sich eher in der Nähe des/der Angesprochenen befinden. → ***ahí***	¿Me pasas ese bolígrafo que está a tu lado, por favor? → *Reichst du mir bitte diesen Kuli neben dir?* Dame esos papeles que están ahí. → *Gib mir diese Papiere, die dort liegen.*
Aquel/aquella verweist auf Personen oder Dinge, die sowohl vom/von der Sprechenden als auch vom/von der Angesprochenen weiter entfernt sind. → ***allí***	Aquella chica que está sentada en la última fila es mi hermana. → *Das Mädchen dort, das in der letzten Reihe sitzt, ist meine Schwester.* Aquellas sillas las ponéis allí, al final del pasillo. → *Diese Stühle stellt ihr dorthin, ans Ende des Flurs.*

Zeitlicher Bezug

Este/esta verweist auf die unmittelbare Vergangenheit, Gegenwart oder Zukunft. **Beachte:** In Verbindung mit der Tageszeit wird *este/esta* im Deutschen mit „heute" wiedergegeben.	Este año han aprobado todas las asignaturas. → *Dieses Jahr haben sie in allen Fächern bestanden.* Esta noche voy a volver muy tarde. → *Heute Nacht werde ich sehr spät zurückkommen.*
Ese/esa verweist auf die nahe Vergangenheit oder die Zukunft.	Ese día tenía cuarenta de fiebre y no pude ir a clase. → *An diesem Tag hatte ich vierzig Grad Fieber und konnte nicht zum Unterricht kommen.* Cuando sea mayor, me iré de casa. Ese día vendrá. → *Wenn ich groß bin, werde ich ausziehen. Dieser Tag wird kommen.*
Aquel/aquella verweist auf eine weit zurückliegende Vergangenheit.	Aquel día hizo muchísimo frío. → *An diesem/jenem Tag war es sehr kalt.*

Esto/eso/aquello als Demonstrativpronomen

Die neutralen Demonstrativa *esto/eso/aquello* kommen nur als **Pronomen** vor. Für ihre Verwendung gelten die gleichen Regeln wie für die Demonstrativbegleiter.	¿Qué es eso? —¿Esto? Es un botón. → *Was ist das da? – Das hier? Das ist ein Knopf.* Aquello que hiciste el otro día no estuvo bien. → *Das, was du vor ein paar Tagen gemacht hast, war nicht in Ordnung.*

3.2 Zum Gebrauch der Possessiva

Wie im Deutschen dienen die Possessiva zur näheren Bestimmung des Besitzers/der Besitzerin. Die Possessivbegleiter können im Spanischen vor oder nach dem Substantiv stehen.

Zum Gebrauch der vorangestellten (unbetonten) Possessivbegleiter

Die vorangestellten (unbetonten) Possessivbegleiter lauten ***mi***, ***tu***, ***su***, ***nuestro/-a*** und ***vuestro/-a***.

• Beim Possessivbegleiter ***su/sus*** ist das Besitzverhältnis nicht immer eindeutig. In solchen Fällen kann er durch ***de* + Subjektpronomen** ersetzt werden.	María está con su amigo y su hermano. → *María ist mit ihrem Freund und ihrem/seinem Bruder da.* María está con su amigo y el hermano de ella. → *María ist mit ihrem Freund und ihrem Bruder da.*
• Anstatt des Possessivbegleiters wird der **bestimmte Artikel** benutzt, wenn die Besitzverhältnisse eindeutig sind (z. B. bei Körperteilen, Kleidungsstücken, persönlichen Gebrauchsgegenständen).	Me duelen los pies. → *Meine Füße tun weh.* **Aber:** ¿Me dejas tu paraguas? No llevo y está lloviendo. → *Gibst du mir deinen Regenschirm? Ich habe keinen dabei und es regnet gerade.*

Zum Gebrauch der nachgestellten (betonten) Possessivbegleiter

Die nachgestellten (betonten) Possessivbegleiter lauten ***mío/-a***, ***tuyo/-a***, ***suyo/-a***, ***nuestro/-a*** und ***vuestro/-a***.

Sie **müssen** in folgenden Fällen verwendet werden:	
• Vor dem Substantiv steht ein **Artikel**	El amigo nuestro que me llamó ayer se ha casado. → *Der Freund von uns, der mich gestern angerufen hat, hat geheiratet.*
• Vor dem Substantiv steht ein **Demonstrativbegleiter**	Este libro tuyo me gusta mucho. → *Dieses Buch von dir gefällt mir sehr.*
• Vor dem Substantiv steht ein **Zahlwort**	He conocido a dos amigos tuyos. → *Ich habe zwei Freunde von dir kennengelernt.*
• Vor dem Substantiv steht ein **Indefinitbegleiter**	En la fiesta Jaime bailó con algunas colegas suyas. → *Auf der Party hat Jaime mit einigen seiner Kolleginnen getanzt.*
• Possessiva werden in Verbindung mit dem Verb ***ser*** gebraucht (kann mit „gehören" übersetzt werden)	Este abrigo es suyo. → *Dieser Mantel gehört ihm/ihr.*

Die betonten Possessivbegleiter können auch als **Pronomen** verwendet werden. In dem Fall werden sie von einem **bestimmten Artikel** begleitet.	¿Esta es tu bufanda? —Sí, es la mía. → *Ist das dein Schal? – Ja, das ist meiner.*

3.3 Zum Gebrauch der Indefinita

Die Indefinita sagen etwas über die Menge an bzw. die Verteilung von Personen oder Dingen aus.

Cada (jeder/jede/jedes, alle)

Cada ist **unveränderlich.**	
• In Verbindung mit einem Substantiv bedeutet *cada* **„jeder/jede/jedes"**.	Se sabe cada poesía del libro de memoria. → *Er/Sie kennt jedes Gedicht des Buches auswendig.*
• In Verbindung mit einem Zahlwort oder anderen Indefinitbegleitern bedeutet es **„alle"**.	Cada cierto día corre diez kilómetros. → *Alle paar Tage läuft er/sie zehn Kilometer.*
• Beachte folgende feste Wendungen:	
cada vez que *(jedes Mal, wenn)*	Cada vez que lo miraba, José se ponía rojo. → *Jedes Mal, wenn er/sie ihn ansah, wurde José rot.*
cada vez ... más *(immer mehr/häufiger/öfter)*	Cada vez te pareces más a tu padre. → *Du siehst deinem Vater immer ähnlicher.*
a cada rato *(andauernd)*	El niño tiene mucha sed. A cada rato me pide agua. → *Der Junge ist sehr durstig. Andauernd bittet er mich um Wasser.*

Cualquier/-a (irgendein/-e, ein beliebiger/eine beliebige/ein beliebiges)

Cualquier/-a hat zwei **unveränderliche** Formen:	
• **Vor** dem Substantiv steht die verkürzte Form *cualquier.*	Puedes llamar a cualquier hora. → *Du kannst jederzeit anrufen.*

- **Nach** dem Substantiv steht die volle Form *cualquiera*.

  Beachte: Die Pluralform *cualesquiera* wird nur in der Schriftsprache verwendet.

No podéis poneros un vestido cualquiera.
→ *Ihr könnt kein beliebiges Kleid anziehen.*

- *Cualquiera* kann einen **Nebensatz** einleiten, der mit „wer auch immer" übersetzt werden kann.

Cualquiera que haya roto este jarrón, lo voy a saber.
→ *Wer auch immer diese Vase kaputt gemacht hat, ich werde es erfahren.*

Los/las demás (die anderen, die übrigen)

Demás ist **unveränderlich** und steht in Verbindung mit dem bestimmten Artikel vor Substantiven im Plural.

Las demás niñas han preferido leer un libro.
→ *Die anderen Mädchen wollten lieber ein Buch lesen.*

Beachte: *Demás* kann auch vor Substantiven verwendet werden, die keine Pluralform haben, wie *familia*, *gente* oder *población*.

La demás población no tiene acceso al agua.
→ *Die übrige Bevölkerung hat keinen Zugang zum Wasser.*

Diferentes (verschiedene, unterschiedliche)

Beachte den Bedeutungsunterschied:

- Steht *diferentes* **vor** dem Substantiv, bedeutet es „verschiedene" (im Sinne von „mehrere").

Hay diferentes maneras de resolver este problema.
→ *Es gibt verschiedene Wege, dieses Problem zu lösen.*

- Steht *diferentes* **nach** dem Substantiv, bedeutet es „unterschiedliche" (im Sinne von „nicht übereinstimmend").

Tenían gustos diferentes y no se pusieron de acuerdo.
→ *Sie hatten unterschiedliche Geschmäcke und einigten sich nicht.*

Algún/alguno/alguna (irgendein/-e) und *ningún/ninguno/ninguna* (kein/-e)

Vor männlichen Substantiven werden *alguno* und *ninguno* zu ***algún*** und ***ningún*** **verkürzt**.

Todavía tengo algún chicle en el bolso.
→ *Ich habe noch irgendeinen Kaugummi in der Tasche.*

Wenn ***ninguno/-a*** **nach** dem Verb steht, muss dieses mit ***no*** verneint werden (zur Verneinung siehe auch Kap. 8).	Mi coche tiene que estar por aquí. —Pues yo no veo ningún coche en esta calle… → *Mein Auto muss irgendwo hier sein. – Also, ich sehe auf dieser Straße kein Auto …*
Beachte: • Im **Singular** bedeutet ***alguno/-a*** „irgendein/-e". Im **Plural** bedeutet es „einige, manche".	¿Tienes alguna idea para hacer hoy por la noche? —No, ninguna. → *Hast du irgendeine Idee, was wir heute Abend machen könnten? – Nein, keine.* Tengo algunas ideas para la fiesta. → *Ich habe einige Ideen für das Fest.*
• Wird ***alguno/-a*** bei einem **verneinten** Verb **hinter** das Substantiv gestellt, bedeutet es „überhaupt kein/-e".	José no expresó dolor alguno cuando le sacaron la muela. → *José hat überhaupt keinen Schmerz gezeigt, als ihm der Backenzahn gezogen wurde.*

Bastante/-s **(ziemlich viel/viele, genug, ausreichend)**

Bastante weist eine Pluralform auf, ist aber ansonsten **unveränderlich**.	El año pasado hizo bastantes viajes de negocio. → *Letztes Jahr machte er/sie ziemlich viele Geschäftsreisen.* Tenemos bastante harina para hacer el pastel. → *Wir haben genug Mehl, um den Kuchen zu backen.*

Tal/-es, semejante/-s **(ein solcher/eine solche/ein solches)**

Tal und *semejante* weisen eine Pluralform auf, sind aber ansonsten **unveränderlich**.	Con semejantes demandas no vas a conseguir nada. → *Mit derartigen Ansprüchen wirst du nichts erreichen.*
Tal und *semejante* werden in der Regel **ohne Artikel** benutzt.	No voy a hablar con tal persona. → *Ich werde mit einem solchen Menschen nicht sprechen.*
Beachte: *Tal* + *un/-a* vor **Eigennamen** bedeutet „ein gewisser/eine gewisse".	Han llamado pidiendo por un tal José. → *Sie haben am Telefon nach einem gewissen José gefragt.*

Todo/-a (jeder/jede/jedes, alle)

Zwischen *todo/-a* und dem Substantiv steht ein **Artikel** (bestimmt oder unbestimmt), ein **Possessiv-** oder ein **Demonstrativbegleiter**.	Todo este tiempo he esperado que me lo diga. → *Die ganze Zeit habe ich darauf gewartet, dass er/sie es mir sagt.*
Todo/-a + Begleiter bedeutet im **Singular** „ganz". Im **Plural** bedeutet es „jeder/jede/jedes" bzw. „alle".	Estudié toda la tarde. → *Ich habe den ganzen Nachmittag gelernt.* Todos los años vamos a la playa una semana. → *Jedes Jahr fahren wir für eine Woche ans Meer.*
Beachte: Ohne Begleiter bezeichnet *todo/-a* eine **Gesamtheit** von Personen oder Dingen.	Todo niño tiene derecho a la educación. → *Jedes Kind hat das Recht auf Bildung.*

Ejercicios

10 ¿Este, ese *o* aquel? *Elige la opción correcta.*

a) Mira, justo aquí delante en la barra, ¡qué buena pinta tiene! Y con el hambre que tengo…	☐ ¿me compras este bocadillo? ☐ ¿me compras aquel bocadillo?
b) Llevo ya 20 minutos en la cola para entrar al cine y aún tengo mucha gente delante de mí.	☐ Parece que esta cola no se acaba nunca. ☐ Parece que esa cola no se acaba nunca.
c) Mañana tengo un examen importante y hoy trabajo en el bar hasta las 24h.	☐ ¡Esa noche dormiré poco! ☐ ¡Esta noche dormiré poco!
d) Sin duda, estás en una situación delicada. Yo pasé por lo mismo hace años y…	☐ en estos momentos pedí ayuda profesional. ☐ en esos momentos pedí ayuda profesional.
e) La conocí en un bar musical una noche en Barcelona hace muchos años.	☐ Esta noche fue única. ☐ Aquella noche fue única.
f) Me llevo muy bien con los compañeros de mi casa.	☐ ¡Este piso de estudiantes es estupendo! ☐ ¡Aquel piso de estudiantes es estupendo!
g) ¡No entiendo nada de lo que estoy estudiando ahora!	☐ Esa lección es la peor del libro. ☐ Esta lección es la peor del libro.

11 *Llega el verano y el piso de estudiantes en el que vives tiene que quedar vacío. Por eso, tus compañeros y tú os repartís vuestras cosas. Completa el diálogo con los adjetivos posesivos adecuados, según la información de la lista.*

Mike	Gabriela & Alex	Tú
reloj de pared	plantas	microondas
toallas	novelas y libros varios	batidora (Mixer)
colgadores (Kleiderbügel)	tazas y platos	alfombra
diccionario español/inglés	jarrón (Vase)	posters
cafetera	mantel (Tischdecke)	revistero (Zeitungsständer)

MIKE.—El reloj de pared es ________, y los colgadores también son ________, pero ahora no recuerdo si la cafetera de la cocina también es ________.

TÚ.—Sí, Mike, es ________ cafetera. El microondas, sin embargo, es ________.

GABRIELA Y ALEX.—¿Y la batidora? ¿Es ________, Mike?

MIKE.—No, no es ________, yo creía que era ________________ *(eure)*.

TÚ.—No, no es de Alex y Gabriela, pero las tazas y los platos son ________. La batidora es ________ y también es ________ el revistero de la entrada.

MIKE.—Respecto al baño, estas son ________ toallas y esta es ________ alfombra, ¿verdad?

TÚ.—Sí, la alfombra es ________. No tengo muchas cosas en la casa, pero los posters del salón son ________ también.

GABRIELA Y ALEX.—Del salón, vamos a ver, los posters sí son ________, pero la planta es ____________ *(unsere)* y el jarrón y el mantel de la mesa son ________________ también.

TÚ.—Ya solo nos faltan los libros, y ________ no son.

GABRIELA Y ALEX.—Los libros son todos ________________ *(unsere)*. Esperad, este diccionario no lo conozco. ¿Es ________ el diccionario, Mike?

MIKE.— Sí, es ____________.

12 *Completa el texto con los acompañantes indefinitos correspondientes.*

Mensaje nuevo

Para gabalex@espnet.com; mike222@rodriguez.net — Cc Bcc

Asunto nuevo piso

Queridos Mike, Gabriela y Alex:

Espero que estéis bien y que aún os queden ________________ (*einige*) días de vacaciones. Mis vacaciones han sido cortas este año y ya he vuelto a Salamanca. Acabo de instalarme en mi nuevo piso de estudiantes y os echo de menos a cada rato. Aquí, por el momento estoy solo y no tengo idea ______________ (*keine*) de quiénes van a ser mis nuevos compañeros. Es algo normal, __________ (*jedes*) los años los estudiantes esperan hasta el último momento para mudarse. Aunque he tenido ________________ (*ziemlich viel*) suerte con la habitación, en el piso hay ______________ (*verschiedene*) problemas. _____________ (*Jedes*) vez que me ducho, el calentador hace _____________ (*viel*) ruido y _____________ (*alle*) los vecinos lo oyen. Imaginad que ________________ (*einige*) señoras ya se han quejado al portero (*Pförtner*). Además, faltan _____________ (*viele*) cosas y como tengo poco dinero, no puedo comprar mucho. He gastado ________________ (*ziemlich viel*) dinero estas vacaciones.

@ Mike, ¿qué has hecho de tu reloj de pared y de los colgadores? Este fin de semana estaré en Madrid y si no los necesitas, podría recogerlos.

@ Alex y Gabriela, ¿tenéis aún los platos y las tazas?, ¿vive todavía la planta? Naturalmente, podría comprarme ______________________ (*irgendeine*) otra planta, pero la vuestra era muy bonita.

Espero vuestras respuestas. Por cierto, ¿cuándo venís a visitarme? _____________ (*jedes beliebige*) fecha es buena, menos durante la época de exámenes.

Saludos desde Salamanca

Enviar

Lösungen zu diesem Kapitel

4 Adjektive • *Los adjetivos*

4.1 Die Angleichung des Adjektivs

Adjektive werden in der Regel in Genus und Numerus an das zugehörige Substantiv angeglichen. Es gibt jedoch einige Ausnahmen:

Farbadjektive

Farbadjektive, die sich von einem gleichfarbigen Gegenstand ableiten (z. B. *rosa, violeta, lila, naranja*) oder aus einer anderen Sprache stammen (z. B. *beige*), werden in der Regel **nicht** angeglichen.

Estos pantalones rosa no me gustan.
→ *Die rosa(farbenen) Hosen gefallen mir nicht.*
El vestido lila te sienta muy bien.
→ *Das lila(farbene) Kleid steht dir sehr gut.*

Aber: ¿Has visto mis pantalones negros?
→ *Hast du meine schwarzen Hosen gesehen?*

Adjektive, die sich auf mehrere Substantive beziehen

Bezieht sich das Adjektiv auf **mehrere** Substantive mit **unterschiedlichem Genus**, steht das Adjektiv in der **männlichen** Pluralform.

Aber: Würde somit ein weibliches Substantiv neben einem männlichen Adjektiv stehen, wird die **weibliche** Pluralform verwendet.

En la mesa había dos cucharas y tres tenedores sucios.
→ *Auf dem Tisch lagen zwei schmutzige Löffel und drei schmutzige Gabeln.*

En la mesa había dos tenedores y tres cucharas sucias.
→ *Auf dem Tisch lagen zwei schmutzige Gabeln und drei schmutzige Löffel.*

Zusammengesetzte Adjektive

Zusammengesetzte Adjektive, die ein **einziges Wort** bilden, folgen den allgemeinen Regeln zur Angleichung.

Fue la primera mujer afroamericana en recibir un Premio Nobel.
→ *Als erste Afroamerikanerin bekam sie den Nobelpreis.*
En la mayoría de los países hispanohablantes conviven varias lenguas.
→ *In den meisten spanischsprachigen Ländern existieren mehrere Sprachen nebeneinander.*

Bei zusammengesetzten Adjektiven mit **Bindestrich** bleibt das erste Adjektiv unverändert in der **männlichen Singularform**.	En el congreso se presentaron los avances técnico-científicos del área. → *Auf dem Kongress wurden die technisch-wissenschaftlichen Fortschritte in diesem Bereich vorgestellt.* Esta semana se celebra la amistad franco-alemana en ambos países. → *Diese Woche wird in beiden Ländern die deutsch-französische Freundschaft gefeiert.*

4.2 Die Stellung des Adjektivs

Im Spanischen stehen die meisten Adjektive nach dem Substantiv.

Nachgestellte Adjektive

Das nachgestellte Adjektiv bestimmt das Substantiv näher. Es hat eine **unterscheidende** Funktion.

Folgende Adjektive stehen in der Regel **nach** dem Substantiv:	
• Adjektive, die **Farben** oder **Formen** bezeichnen	Los zapatos negros son míos. → *Die schwarzen Schuhe gehören mir.* Me gusta esa ventana redonda. → *Mir gefällt das runde Fenster dort.*
• Adjektive, die die **Herkunft**, **Religion** oder **politische Zugehörigkeit** bezeichnen	El partido comunista apoya el plan. → *Die kommunistische Partei unterstützt den Plan.* Los vinos chilenos son famosos. → *Die chilenischen Weine sind berühmt.* El seminario se reúne en la iglesia baptista. → *Das Seminar trifft sich in der baptistischen Kirche.*
• **Partizipien**, die als Adjektive gebraucht werden	No encuentro una puerta abierta. → *Ich finde keine offene Tür.* Sacó una fotografía del árbol muerto. → *Er holte ein Foto des toten Baumes heraus.*
• Adjektive mit **präpositionaler Ergänzung**	Soy el jefe responsable de personal. → *Ich bin der Personalchef.* El fútbol es una afición común a casi todos. → *Fußball ist eine Leidenschaft, die fast alle teilen.*

• Adjektive, die von **Adverbien** begleitet werden	Han comprado una casa bastante vieja. → *Sie haben ein ziemlich altes Haus gekauft.*
Beachte: Es können auch mehrere Adjektive hintereinanderstehen.	Los partidos democráticos europeos se reunieron en Estrasburgo. → *Die demokratischen Parteien Europas versammelten sich in Straßburg.* Busco una casa grande y bonita. → *Ich suche ein großes, schönes Haus.*
Häufig dient das nachgestellte Adjektiv zur Bildung von **Fachbegriffen**, die im Deutschen einem Kompositum aus zwei Substantiven entsprechen.	la relación comercial → *Geschäftsbeziehung* la cuestión jurídica → *Rechtsfrage* la biología celular → *Zellbiologie* la comunicación aérea → *Flugverbindung*

Vorangestellte Adjektive

Das vorangestellte Adjektiv ist häufig **beschreibend** oder auch **wertend**.

Folgende Adjektive stehen in der Regel vor dem Substantiv:	
• **Possessivbegleiter**, **Demonstrativbegleiter** sowie **Indefinitbegleiter**	¿Dónde están tus padres? → *Wo sind deine Eltern?*
• Ausgeschriebene **Ordnungszahlen** und Adjektive, die eine **Reihenfolge** ausdrücken (z. B. *siguiente, próximo/-a, último/-a*) sowie **Superlative** in Funktion eines Adjektivs	Hoy es el primer día de clase. → *Heute ist der erste Schultag.* La Sra. Jiménez es la mejor profesora que jamás he conocido. → *Frau Jiménez ist die beste Lehrerin, die ich je kennengelernt habe.*
• Adjektive, die eigentlich überflüssig sind und nur eine **stilistische** Aufgabe erfüllen	La blanca nieve cubría todo el prado. → *Der weiße Schnee bedeckte das gesamte Feld. (Es ist klar, dass Schnee weiß ist.)*
• Adjektive, die **emphatisch** oder **wertend** gebraucht werden	Le comunicaron el terrible diagnóstico ayer. → *Sie haben ihm die schreckliche Diagnose gestern mitgeteilt.* Lucía tiene una admirable paciencia. → *Lucía hat eine bewundernswerte Geduld.*
• Adjektive in **festen Wendungen**, z. B.:	
tener buena suerte/mala suerte *(Glück/Pech haben)*	Pedro tiene mucha mala suerte con sus amigos. → *Pedro hat viel Pech mit seinen Freunden.*

rara vez (*selten*)
a corto/largo plazo (*auf kurze/lange Sicht*)
en alta mar (*auf hoher See*)
la alta tensión (*Hochspannung*)
el nuevo año (*das neue Jahr*)
por pura cortesía (*nur aus Höflichkeit*)

Ya verás cómo esta inversión va a ser un éxito a largo plazo.
→ *Du wirst schon sehen, dass sich diese Investition langfristig lohnt.*
Marcos se encontraba en alta mar cuando recibió la noticia de que había sido padre.
→ *Marcos war auf hoher See, als er erfuhr, dass er Vater geworden war.*
Aceptó las galletas que le ofrecían por pura cortesía.
→ *Er/Sie nahm die Kekse, die sie ihm/ihr anboten, nur aus Höflichkeit an.*

Adjektive mit Bedeutungsunterschieden je nach Stellung

antiguo/-a	un antiguo alumno *ein ehemaliger Schüler*	un puente antiguo *eine alte Brücke*
bueno/-a	un buen chico *ein anständiger/braver Junge*	un chico bueno *ein guter/ehrlicher Junge*
cierto/-a	un cierto hecho *eine gewisse Tatsache*	un hecho cierto *eine wahre Tatsache*
extraño/-a	un lugar extraño *ein fremder/nicht bekannter Ort*	un extraño lugar *ein seltsamer Ort*
grande/-a	una gran jefa *eine großartige Chefin*	una jefa grande *eine (physisch) große Chefin*
mayor	la mayor parte *der größte Teil*	una persona mayor *ein älterer Mensch*
nuevo/-a	una nueva casa *ein neues Haus (noch ein) Haus*	una casa nueva *ein neues (neu gebautes) Haus*
pobre	una pobre pintora *eine bedauernswerte Malerin*	una pintora pobre *eine arme Malerin (mit wenig Geld)*
puro/-a	una pura coincidencia *ein reiner Zufall*	agua pura *reines/sauberes Wasser*
simple	un simple rasguño *nur ein Kratzer*	un procedimiento simple *ein einfaches Verfahren*
solo/-a	un solo hombre *ein einziger Mann*	un hombre solo *ein alleinstehender Mann*

único/-a	una única mujer *eine einzige Frau*	una mujer única *eine einzigartige/einmalige Frau*
verdadero/-a	una verdadera amiga *eine echte Freundin*	un caso verdadero *ein wahrer Fall*
viejo/-a	una vieja historia *eine alte Geschichte*	un perro viejo *ein alter/betagter Hund*

Verkürzung einiger vorangestellter Adjektive (*apócope*)

Einige Adjektive werden **verkürzt**, wenn sie vor dem Substantiv stehen:

- Vor männlichem Substantiv im Singular verlieren ***bueno***, ***malo***, ***primero*** und ***tercero*** die Endung -o.

Hoy ha sido un buen día.
→ *Heute war ein guter Tag.*
Fue un mal amigo por no estar ahí.
→ *Er war ein schlechter Freund, weil er nicht da war.*
Vivo en el primer piso.
→ *Ich wohne im ersten Stock.*

- Die Indefinita ***alguno*** und ***ninguno*** werden vor männlichem Substantiv im Singular zu ***algún*** bzw. ***ningún*** verkürzt.

Algún día le voy a decir la verdad.
→ *Eines Tages werde ich ihm/ihr die Wahrheit sagen.*
No tienes ningún motivo para estar preocupado.
→ *Du hast keinen Grund, dir Sorgen zu machen.*

- Vor männlichen Namen wird bei ***santo*** die Endung -to häufig weggelassen.

San Francisco de Asís fundó tres órdenes.
→ *Der hl. Franz von Assisi gründete drei Orden.*

Aber: Santo Domingo, Santo Tomás

- ***Grande*** und ***cualquiera*** werden vor maskulinen und femininen Substantiven im Singular zu ***gran*** bzw. ***cualquier*** verkürzt.

«Corazón tan blanco» es una gran novela.
→ *„Mein Herz so weiß" ist ein großartiger Roman.*
Cualquier hombre y cualquier mujer lo pueden hacer.
→ *Jeder beliebige Mann und jede beliebige Frau kann es machen.*

Ejercicios

13 *Completa los mensajes con la ayuda de las palabras del recuadro escogiendo la posición correcta: ¿antes o después del sustantivo?*

poco • segunda • próximo • razonable • nuevo • corto • puntuales • buen • libres • buena • todos • nuevos • sencillo

Se vende bicicleta de __________ mano __________ por __________ dinero __________. El precio es bajo porque necesito el dinero a __________ plazo __________ para comprarme un __________ modelo __________ de esquis. El primero que pase por mi clase y me ofrezca un __________ __________ precio __________ se la queda.
Juan Antonio, Clase 2B

Vendo esta guitarra en __________ estado __________, con __________ auriculares __________ y de __________ calidad __________.
Andrés,
Clase 5.C

Busco dos __________ compañeros o compañeras __________ para compartir el viaje en coche al instituto. Cada mañana salgo a las 8.30 de la plaza Central. Los gastos de gasolina los repartimos entre __________ nosotros __________. Tengo 2 __________ plazas __________ a partir de lunes. Ángeles, Clase 3.A

Nuestro grupo de rock «Los locos» necesita un/una cantante. Si te gusta el rock, ¡apúntate a la lista en la clase 4.B! El __________ sábado __________ haremos las pruebas de voz. Es un __________ proceso __________: nos quedaremos con el cantante o la cantante que mejor se adapte a nuestro estilo.
Clase 4.B

14 *¿Antes o después del sustantivo? Elige la opción correcta para cada oración.*

a) Mi **nuevo ordenador/ordenador nuevo** es de segunda mano.
b) Te deseo unas **buenas vacaciones/vacaciones buenas**.
c) En esta tarjeta te mando mis **mejores deseos/deseos mejores** para las Navidades.
d) Aunque no tengas **mala intención/intención mala**, me ha molestado tu actitud.
e) ¡Vaya pareja de estrellas! Shakira es una **gran cantante/cantante grande** y Piqué un **gran futbolista/futbolista grande**.
f) ¡Que tengas un **buen día/día bueno**!
g) Mi **única hermana/hermana única** vive aún con mis padres.
h) Tomo un **solo café/café solo** con azúcar cada mañana en el bar. No me gusta la leche.
i) Hoy he tomado un **solo café/café solo** en todo el día. Para mí esto es muy poco.
j) **Ciertas actitudes/Actitudes ciertas** de los políticos son intencionadas.
k) Luís es ahora el marido de mi madre, pero mi **verdadero padre/padre verdadero** es Juan.

15 *Elige la terminación adecuada para cada adjetivo en este diálogo.*

MARTA.—El examen, las clases y el trabajo escrit______ son obligatori______ y son estresant___ también. Todo junto me está poniendo nervios____. Tengo que estudiar mucho, además, por el día tengo poc____ tiempo y las noches son tan cort______...

SONIA.—¡Venga Marta!, ya te queda poco, y seguro que la primer_____ noche tras el maldit___ examen será maravillos_____.

MARTA.—Ojalá fuera así, pero después del examen tengo que preparar mi ponencia sobre las relaciones hispan_____-frances_____...

SONIA.—¿Sabes qué? Necesitas una pausa. Ahora te pones tus pantalones beig___ y tu jersey violet______ y nos vamos de marcha.

16 *A este texto sobre las costas canarias le falta alguna información. Rellena todos los huecos con los adjetivos españoles correspondientes, respetando la concordancia.*

negro/-a • espectacular • gris • amarillo/-a • exótico/-a • colorido/-a • oscuro/-a • verde • fino/-a • marrón • inhabitado/-a • ecológico/-a • grande

La costa de las Islas Canarias es muy hermosa. A veces, la luna brilla con tanta fuerza sobre el mar que la noche no es ______________ *(dunkel)*. De día, el sol, las plantas y las flores ________________ *(bunt, farbig)* hacen que los acantilados *(Felsküsten)* sean ____________ *(grün)* y ________________ *(gelb)*. Las playas son muy diversas según la isla: en Fuerteventura y en Gran Canaria son doradas, de arena muy __________ *(fein)*; en Tenerife hay playas ________________ *(braun)* y en algunas islas como Lanzarote encontramos playas en las que la arena es ___________ *(grau)* y ____________ *(schwarz)*. En La Palma la costa es ____________________ *(spektakulär)* gracias a la vegetación _______________ *(exotisch)* que tiene la isla.

Las islas y los islotes ____________________ *(unbewohnt)* del archipiélago Chinijo, al norte de Lanzarote, constituyen una zona de ____________ *(groß)* importancia ________________ *(ökologisch)*: encontramos allí la reserva marina más grande de la UE.

17 *Ordena las palabras conjugando los verbos y modificando las terminaciones de los adjetivos si es necesario.*

a) pequeño | Madrid | ser | de | la zona peatonal

b) y | la Casa Real Española | estar | por | formado | el Rey | su | directo | familia

c) España | no | constitucional | en | ser | sencillo | la reforma

d) un templo modernista | en | grande | todo el mundo | ser | y | famoso | la Sagrada Familia*

e) la | oposición | ser | el | Partido Popular | el | partido | principal | de

f) formar parte | la vida | de | de | los | jóvenes | digital | el mundo | españoles

* Die Kathedrale *La Sagrada Familia* ist eines der Wahrzeichen der Stadt Barcelona. Entworfen wurde sie vom Architekten Antoni Gaudí im Stil des Modernismus. Der Bau wurde bereits im Jahr 1882 begonnen, ist aber bis heute nicht fertiggestellt. Finanziert werden die Bauarbeiten durch Spenden und die Eintrittsgelder der jährlich ca. vier Millionen Besucher.

Lösungen zu diesem Kapitel

5 Adverbien • *Los adverbios*

Adverbien dienen der näheren Bestimmung von Verben, Adjektiven, anderen Adverbien oder ganzen Aussagen. Sie sind unveränderlich.

5.1 Abgeleitete Adverbien

Abgeleitete Adverbien werden aus der **weiblichen** Form des **Adjektivs** und dem Suffix ***-mente*** gebildet.

inmediato/-a → inmediat<u>amente</u>
entero/-a → enter<u>amente</u>

Beachte:

- Bei Adjektiven ohne weibliche Endung wird *-mente* ohne Änderungen an das Adjektiv angehängt.

amable → amable<u>mente</u>
feliz → feliz<u>mente</u>

- Der **grafische Akzent** des Adjektivs bleibt beim Adverb erhalten.

r<u>á</u>pido → r<u>á</u>pidamente
f<u>á</u>cil → f<u>á</u>cilmente

- Wenn **mehrere** Adverbien aufeinanderfolgen, entfällt bei allen außer dem **letzten** die Endung *-mente*.

Esto es <u>teórica</u> y <u>prácticamente</u> posible de hacer.
→ *Das ist theoretisch und praktisch möglich.*

5.2 Ursprüngliche Adverbien

Ursprüngliche Adverbien sind nicht von einem anderen Wort abgeleitet. Sie können in folgende Gruppen unterteilt werden:

Adverbien des Ortes

Zu den Adverbien des Ortes, von denen einige auch eine **Bewegungsrichtung** angeben können, zählen z. B.:

aquí/acá *(hier)*	ahí *(da)*	allí/allá *(dort)*
al lado *(neben)*	alrededor *(rundherum)*	enfrente *(gegenüber)*
debajo *(unter, darunter)*	encima *(oben)*	dentro *(drinnen)*
fuera *(draußen)*	cerca *(nahe)*	lejos *(weit)*
delante *(vor)*	detrás *(hinter)*	adelante *(vorwärts)*
atrás *(rückwärts)*	adentro *(hinein)*	afuera *(hinaus)*
abajo *(unten, hinunter)*	arriba *(oben, hinauf)*	

Beachte:

- Die Adverbien ***aquí***, ***ahí*** und ***allí*** zeigen den Abstand zwischen dem Sprecher/der Sprecherin und der bezeichneten Person oder Sache an (vgl. Gebrauch der Demonstrativa, Kap. 3.1).

  Mis libros están aquí.
  Mis libros están ahí.
  Mis libros están allí.

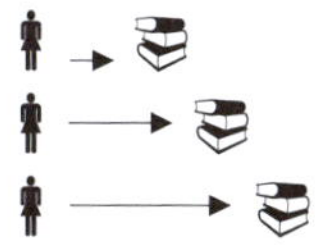

- Die Adverbien ***acá*** und ***allá*** sind Synonyme von *aquí* und *allí*. Sie werden vorwiegend in Lateinamerika verwendet.

  María vive aquí. *(Spanien)*/
  María vive acá. *(Lateinamerika)*
  → *María lebt hier.*

- Es gibt einige **feste Wendungen** mit ***allá***, die in allen spanischsprachigen Ländern gebräuchlich sind, z. B.:

  más allá de *(jenseits von)*
  el más allá *(das Jenseits)*
  allá por el año x *(um das Jahr x herum)*

  El mar está más allá de las montañas.
  → *Das Meer ist jenseits der Berge.*
  En el más allá siguen existiendo las almas de las personas que murieron.
  → *Im Jenseits existieren die Seelen der Verstorbenen weiter.*
  Se conocieron allá por el año 1970.
  → *Sie lernten sich um 1970 herum kennen.*

- Adverbien des Ortes können in präpositionalen Wendungen benutzt werden, meist mit der Präposition ***de***.

  La biblioteca está detrás.
  → *Die Bibliothek ist dahinter.*
  La biblioteca está detrás de la iglesia.
  → *Die Bibliothek ist hinter der Kirche.*

Adverbien der Zeit

Zu den temporalen Adverbien zählen z. B.:

ahora *(jetzt)*	antes *(vorher)*	luego *(dann, danach)*
hoy *(heute)*	mañana *(morgen)*	ayer/anteayer *(gestern/vorgestern)*
siempre *(immer)*	nunca/jamás *(nie)*	ya *(schon)*
temprano *(früh)*	tarde *(spät)*	entonces *(dann, damals)*
después *(danach)*	todavía/aún *(noch)*	

Beachte: • Stehen *nunca* und *jamás* **nach** dem Verb, muss es zusätzlich mit ***no*** negiert werden.	Nunca nos mientas./No nos mientas nunca. → *Lüg uns nie an.*
• ***Jamás*** drückt eine stärkere Verneinung aus als ***nunca***.	No voy a casarme nunca. —¿De verdad? —No, ¡jamás! → *Ich werde nie heiraten. – Wirklich? – Nein, niemals!*
• Die Adverbien ***antes*** und ***después*** können in präpositionalen Wendungen mit ***de*** benutzt werden, auf die eine Zeitangabe oder ein Infinitiv folgt.	Tengo que salir de casa antes de las ocho. → *Ich muss vor acht das Haus verlassen.* Después de comer dimos un paseo. → *Nach dem Essen gingen wir spazieren.*

Adverbien der Art und Weise

Zu den modalen Adverbien zählen z. B.:

alto *(laut)*	bajo *(leise)*	fatal *(sehr schlecht)*
así *(so)*	bien *(gut)*	mal *(schlecht, schlimm)*
regular *(mittelmäßig)*	mejor *(besser)*	más o menos *(einigermaßen)*
rápido *(schnell)*	despacio *(langsam)*	

Beachte: Die Adverbien *bien* und *mal* werden in Verbindung mit dem Verb ***estar*** verwendet, nie aber mit dem Verb *ser*.	Esta novela está bien. → *Dieser Roman ist ganz in Ordnung.* Esto que has hecho está muy mal. → *Was du getan ist, ist sehr schlecht.*

Adverbien der Menge

Zu den Adverbien der Menge zählen z. B.:

algo *(etwas)*	poco *(wenig)*	mucho *(viel)*
más *(mehr)*	apenas *(kaum)*	solo *(nur)*
bastante *(ziemlich)*	tan *(so)*	casi *(fast)*
muy *(sehr)*	tanto *(so viel, sehr)*	demasiado *(zu viel, zu sehr)*
nada *(nichts)*		

Beachte:

• Wenn ***nada*** **nach** dem Verb steht, muss das Verb mit ***no*** negiert werden.	No he visto nada. → *Ich habe nichts gesehen.*
• Das Adverb ***muy*** steht vor Adjektiven oder anderen Adverbien.	Este libro es muy interesante. → *Dieses Buch ist sehr interessant.*
• ***Mucho*** steht hinter Verben oder vor ***más***, ***menos***, ***mejor***, ***peor***, ***antes*** und ***después***.	Hoy he estudiado mucho. → *Heute habe ich viel gelernt.* Estos zapatos me gustan mucho más. → *Diese Schuhe gefallen mir besser.*
• ***Tan*** bezieht sich auf Adjektive, andere Adverbien und adverbiale Ausdrücke, ***tanto*** auf Verben.	¡Esta canción es tan bonita! → *Dieses Lied ist so schön!* Gloria llora tanto que da pena de verdad. → *Gloria weint so viel, dass man wirklich Mitleid bekommt.*

Adverbien der Bejahung, der Verneinung und der Vermutung

Zu den Adverbien der Bejahung, Verneinung und Vermutung zählen z. B.:

sí *(ja, schon, doch)*	acaso *(vielleicht, etwa)*	a lo mejor *(vielleicht)*
tal vez *(vielleicht)*	quizá(s) *(vielleicht)*	cierto *(gewiss)*
también *(auch)*	tampoco *(auch nicht)*	ni *(weder/noch)*
asimismo *(genauso)*		

Beachte:

• ***Sí*** bedeutet neben „ja" auch „schon" oder „doch", je nach Kontext.	No voy a ir a la fiesta. —Yo sí (voy a ir). → *Ich gehe nicht zu der Party. – Ich schon.* ¿No llamas a tu amiga? —Sí, ahora lo hago. → *Rufst du deine Freundin nicht an? – Doch, ich mache es jetzt.*
• Wenn ***tampoco*** **nach** dem Verb steht, muss das Verb mit ***no*** negiert werden.	Yo tampoco he comido./No he comido tampoco. → *Ich habe ebenfalls noch nicht gegessen.*

5.3 Adjektive als Adverbien

Manche Adverbien sind identisch mit der männlichen Form des entsprechenden Adjektivs, z. B. *solo* (nur), *claro* (klar), *rápido* (bald). Als Adverbien sind sie aber **unveränderlich**.

Zu einigen dieser Adverbien existiert **zusätzlich** eine auf ***-mente*** abgeleitete Form:

rápido/rápidamente
solo/solamente
claro/claramente

Ven aquí rápido/rápidamente.
→ *Komm schnell her.*
La profesora lo ha explicado todo muy claro/muy claramente.
→ *Die Lehrerin hat alles sehr gut erklärt.*

Beachte:

- Früher war es üblich, das Adverb *sólo* und das Adjektiv *solo/-a* durch einen grafischen Akzent zu unterscheiden. Diese Regel gilt heute nicht mehr.

Hoy Juan se queda solo en casa. *(Adjektiv)*
→ *Juan bleibt heute alleine zu Hause.*
Solo dices tonterías. *(Adverb)*
→ *Du redest nur Unsinn.*

- Die Adverbien *alto* („laut") und *altamente* („höchst") haben unterschiedliche Bedeutung.

Los niños están cantando muy alto.
→ *Die Kinder singen sehr laut.*
Estos documentos son altamente confidenciales.
→ *Diese Dokumente sind höchst vertraulich.*

5.4 Adverbiale Ausdrücke

Adverbiale Ausdrücke sind z. B.:

a tiempo *(rechtzeitig)*
a veces *(manchmal)*
cada vez más *(immer öfter)*
con frecuencia *(häufig)*
con gusto *(gern)*
cosa de *(ungefähr)*
en general *(im Allgemeinen)*
de memoria *(auswendig)*
de repente *(plötzlich)*
de verdad *(wirklich)*
de vez en cuando *(ab und zu)*
de inmediato *(sofort)*
en seguida *(gleich, sofort)*
en realidad *(eigentlich)*
por cierto *(übrigens)*
por desgracia *(leider)*
por fin *(endlich)*

Beachte:

- Zu einigen adverbialen Ausdrücken existiert auch ein entsprechendes Adverb auf *-mente*. In der Umgangssprache werden meist die **adverbialen Ausdrücke** verwendet.

Me pidió el coche de nuevo/nuevamente.
→ *Er bat mich erneut um das Auto.*
Por desgracia/Desgraciadamente, no sé qué pasó.
→ *Leider weiß ich nicht, was passiert ist.*

- Der adverbiale Ausdruck ***de manera/ de forma* + Adjektiv** ersetzt häufig entsprechende Adverbien auf *-mente*.

Nos fuimos de manera precipitada/precipitadamente.
→ *Wir gingen übereilt nach Hause.*

5.5 Die Stellung der Adverbien im Satz

Die Stellung des Adverbs im Satz ist verhältnismäßig frei.	
• Bestimmt das Adverb ein Verb, steht es in der Regel **nach** diesem.	Durmió tranquilamente. → *Er/Sie schlief ruhig.*
Beachte: Die Adverbien ***solo, incluso, casi, todavía, ya, también, tampoco*** stehen **vor** dem Verb.	¿Vosotros también suspendisteis? → *Seid ihr auch durchgefallen?* Ya se ha hecho tarde. → *Es ist schon spät.* Esther incluso sabe japonés. → *Esther kann sogar Japanisch.*
• Bestimmt das Adverb ein Adjektiv, steht es in der Regel **vor** diesem.	Andrés es muy pequeño. → *Andrés ist sehr klein.*
• Einige Adverbien können einen **Satz einleiten**, vor allem modale und temporale Adverbien sowie Adverbien des Ortes.	Afortunadamente tenemos dinero. → *Zum Glück haben wir Geld.* Ayer comí demasiado. → *Gestern habe ich zu viel gegessen.*

Ejercicios

18 *Completa las frases con los adverbios adecuados. Para ello, escoge el adjetivo adecuado de la lista y transfórmalo en adverbio con el sufijo* -mente.

a) rápido, bien, mal, regular, desgraciado

__________ no puedo ir a tu fiesta el sábado.

b) mal, alegre, cómodo, claro

Nos sentamos __________ y __________ a la mesa para celebrar el cumpleaños.

c) mal, fácil, rápido, torpe, especial

Estas reglas no son complicadas, se aprenden __________ y __________.

d) raro, único, probable, fuerte

Cuando he estudiado lo suficiente, __________ me pongo nerviosa antes de un examen, porque sé que __________ lo aprobaré.

e) normal, exterior, rápido, interior, escrupuloso (gründlich), excepcional

__________ escribo los correos electrónicos __________ desde mi móvil. Sin embargo, hoy __________ he escrito un correo importante a un profesor y lo he revisado __________.

19 *Esta tarde vas al cine con un grupo de amigos y llegas tarde a recoger tu entrada. Completa este diálogo por WhatsApp con la ayuda de los adverbios del cuadro.*

detrás • mucho • allí (2x) • lejos • más • delante (2x) • exactamente • muy • más o menos • aún • ya (2x) • rápido • justo • al lado

Compañeros
Juan, Marcos, Maite, tú

Chicos, lo siento, he perdido el metro y me retraso. ¿Estáis ______ ya?

Juan Santos
Sí, yo ______ estoy en el cine y acabo de ponerme en la cola de la caja 1.

Marcos Hernández
Yo ______ hace mucho rato que he llegado y también estoy en la cola de la caja 1. Tengo suerte y estoy ______ de todo. ¿Dónde estás ______, Juan?, ¡no te veo!

Juan Santos
Claro que no me ves, la cola es ______ larga y aún estoy ______ de la caja, soy el último de la cola.

Maite Galán
Yo también estoy haciendo cola y me encuentro a una distancia media de la caja. Te estoy viendo Juan, ¡eres el último! Mira hacia ______. ¿Ves a la señora del abrigo rojo? Estoy justo ______ de ella.

Chicos, ¡que yo estoy ______ en el metro! y además necesito ______ de media hora para llegar. ¿Podéis recoger mi entrada? Está reservada con el código 39.

Marcos Hernández

Tranquilos 😎, yo estoy ________ delante la caja 1. ________ ________ en un minuto me tocará y puedo comprar todas las entradas. Juan y Maite, dadme vuestros códigos de reserva. ¡________!

Juan Santos

El mío es el 24. ¡Muchas gracias! Te espero ________ de la caja.

Maite Galán

Gracias Marcos, pero la mía no la recojas, ya está pagada y sería un lío. Además, ya no me falta ________. Esperadme ________ mismo, al lado de la caja.

20 *Elige la opción adecuada para cada frase.*

a) Es fácil entender al profesor porque habla **muy/mucho** claro y **muy/mucho** alto. A pesar de todo, cuando habla **muy/mucho**, me pierdo y no sé **exactamente/exacto** lo que dice.

b) En la central nuclear hay zonas de acceso restringido, ya que son **altamente/alto** radioactivas.

c) Habla más **alto/altamente**, por favor. No te oigo bien.

d) Durante el partido el entrenador ha gritado **tan/tanto** que ahora tiene la voz ronca.

e) Estaba **tan/tanto** cansado que me quedé dormido enseguida.

f) **No/(/)** se acuerda de mí jamás, y nunca **no/(/)** me llama al móvil.

21 *A estos anuncios publicitarios les faltan los adverbios. Complétalos con la ayuda de las palabras siguientes:* tranquilamente, también, especialmente, más (2x), todavía, fácilmente, ya (2x), increíblemente, nunca, rápidamente, fuera.

¡__________ es tarde para divertirse! Discoteca **AFTER DARK**, abre todos los fines de semana hasta la madrugada del domingo.

¡__________ no pasará __________ noches en blanco! Compre el colchón **SIESTA** y duerma __________.

¡No pierdas __________ tiempo buscando la palabra adecuada! La aplicación *palabraexprés* te ofrece un diccionario español-alemán __________ rápido. __________ práctico para tareas y redacciones.

Mira a tu alrededor: todos están conectados. No te quedes __________ de la red. Con nosotros, conéctate __________ y __________ dónde y cuándo quieras.

Cursos de teatro de verano en tu ciudad

¡Matricúlate __________! No dejes pasar esta oportunidad. ¡Tú __________ puedes ser protagonista! __________ hay plazas libres.

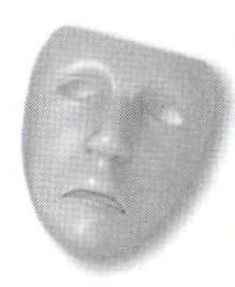

22 *El viaje de graduación a Valencia ha sido fantástico. Forma oraciones con sentido para explicárselo a tus compañeros.*

a) bien | muy | he pasado | lo

b) es | una ciudad | Valencia | e interesante | grande | bastante

c) de aquí | la arquitectura moderna | lo que | más | es | me ha sorprendido

d) pero | mucho calor | las playas | afortunadamente | no están | hace | lejos

e) y pequeños | ayer | peces grandes | y | observamos | de cerca | hicimos esnórquel

f) los peces | rápidamente | y | por ello es | imposible | nadan | ágil | atraparlos | y

g) paella valenciana | ya | naturalmente | hemos comido

h) la gente | tarde | cena | muy | aquí

____

i) bailamos | hasta | el amanecer | y | al hotel | en la discoteca | llegamos | para el desayuno | a tiempo | anoche

____

____

j) Alemania | y | muy largo | un viaje | volvemos a | mañana | en avión y tren | nos espera

____

____

k) olvidaré | viaje | Valencia | mi | de graduación | a | nunca

____

____

In der **Kathedrale** von Valencia wird ein Kelch aufbewahrt, bei dem es sich der Überlieferung nach um den Heiligen Kelch des letzten Abendmahls von Christus und seinen Jüngern handelt.

Der Anbau von **Orangen** (und Mandarinen) spielt in der Region Valencia eine wichtige Rolle. Die meisten Orangen, die man hierzulande im Supermarkt kaufen kann, stammen aus Spanien.

Die **Ciudad de las Artes y las Ciencias** (u. a. vom bekannten Architekten Santiago Calatrava entworfen) beherbergt u. a. ein Aquarium, ein Opernhaus, ein Museum und ein 3-D-Kino.

Lösungen zu diesem Kapitel

6 Vergleichsstrukturen • *Las estructuras de comparación*

6.1 Der Vergleich von Substantiven

Substantive werden folgendermaßen miteinander verglichen:

- **Gleichheit** wird durch *tanto/-a* + Substantiv + *como* ausgedrückt.

Ella tiene tanta suerte como tú.
→ *Sie hat genauso viel Glück wie du.*
Hoy he comido tantos caramelos como ayer.
→ *Heute habe ich genauso viele Bonbons gegessen wie gestern.*

- **Ungleichheit** wird durch *más/menos* + Substantiv + *que* ausgedrückt.

Sé más idiomas que tú.
→ *Ich kann mehr Sprachen als du.*
Mi hermano gana menos dinero que yo.
→ *Mein Bruder verdient weniger Geld als ich.*

Beachte: Folgt dabei auf *que* ein Verb, wird ***de* + best. Artikel** eingefügt (die Form richtet sich nach dem Substantiv).

Has comprado más pepinos de los que te he pedido.
→ *Du hast mehr Gurken gekauft, als ich dich gebeten habe.*

- Der **Superlativ** wird durch eine Hervorhebungsstruktur mit Relativpronomen + *más/menos* + Substantiv + Verb ausgedrückt. (Das Verb steht in diesem Fall also **hinter** dem Substantiv.)

La chica que más amigos tiene es Ana.
→ *Ana ist das Mädchen, das die meisten Freunde hat.*
El que menos palabras ha escrito es Jorge.
→ *Jorge hat am wenigsten Wörter geschrieben.*

6.2 Der Vergleich von Verben

Verben werden folgendermaßen miteinander verglichen:

• **Gleichheit** wird durch Verb + *tanto como* ausgedrückt.	Marta no estudia tanto como su hermana. → *Marta lernt nicht so viel wie ihre Schwester.* La camisa azul cuesta tanto como la blanca. → *Das blaue Hemd kostet genauso viel wie das weiße.*
• **Ungleichheit** wird durch Verb + *más/menos* + *que* ausgedrückt.	Antes trabajaba más que ahora. → *Früher habe ich mehr gearbeitet als jetzt.* En verano como menos que en invierno. → *Im Sommer esse ich weniger als im Winter.*
• Der **Superlativ** wird durch eine Hervorhebungsstruktur mit Relativpronomen + *más/menos* + Verb ausgedrückt.	La ciudad que más me gusta es Sevilla. → *Die Stadt, die mir am besten gefällt, ist Sevilla.* Sergio es el que menos trabaja de todos. → *Sergio arbeitet am wenigsten von allen.*

6.3 Der Vergleich von Zahlen und anderen Mengenangaben

Kommen in einem Vergleich Zahlen (oder andere Mengenangaben) vor, so wird die Vergleichspartikel *que* durch ***de*** ersetzt.	Vivo aquí desde hace más de diez años. → *Ich wohne hier seit mehr als zehn Jahren.* Este libro cuesta menos de cinco euros. → *Dieses Buch kostet weniger als fünf Euro.* Ya he leído más de la mitad del libro. → *Ich habe schon mehr als die Hälfte des Buches gelesen.*
Beachte: In einem **verneinten** Satz kann sowohl ***más que*** + Zahl als auch ***más de*** + Zahl stehen, jedoch mit unterschiedlicher Bedeutung:	
• ***no … más que*** + Zahl = „nur“	No he comido más que dos manzanas. → *Ich habe nur zwei Äpfel gegessen.*
• ***no … más de*** + Zahl = „höchstens“	No he comido más de dos manzanas. → *Ich habe höchstens zwei Äpfel gegessen.*

6.4 Der Vergleich von Adjektiven

Gleichheit und Ungleichheit

Adjektive werden folgendermaßen miteinander verglichen:

- **Gleichheit** wird durch *tan* + Adjektiv + *como* ausgedrückt. Dabei wird das Adjektiv wie üblich an das zugehörige Substantiv angeglichen.

  La fiesta de ayer fue tan divertida como la del año pasado.
  → *Das gestrige Fest war so lustig wie das vom letzten Jahr.*

  Beachte: Gleichheit kann auch durch *igual de* + Adjektiv + *que* ausgedrückt werden.

  Estoy igual de cansada que ayer.
  → *Ich bin genauso müde wie gestern.*

- **Ungleichheit** wird durch *más/menos* + Adjektiv + *que* ausgedrückt.

  Los tomates son menos caros que la lechuga.
  → *Die Tomaten sind billiger als der Kopfsalat.*

  Beachte: Folgt auf einen Vergleich mit *más/menos* + Adjektiv ein **Verb**, steht nach dem Adjektiv ***de lo que***.

  El examen ha sido menos difícil de lo que pensaba.
  → *Die Prüfung war weniger schwierig, als ich dachte.*

Unregelmäßige Komparativformen

Folgende Adjektive weisen unregelmäßige Komparativformen auf:

bueno/-a →	**mejor**	malo/-a →	**peor**
grande →	**mayor**	pequeño/-a →	**menor**
mucho/-a →	**más**	poco/-a →	**menos**
alto/-a →	**superior**	bajo/-a →	**inferior**

Beachte:

- Vor den unregelmäßigen Komparativformen **entfällt** *más/menos*.

Esta canción es mejor que la otra.
→ *Dieses Lied ist besser als das andere.*
Ayer tuve pocas ganas, pero hoy tengo aun menos ganas que ayer.
→ *Gestern hatte ich wenig Lust, aber heute habe ich noch weniger Lust als gestern.*

• Auf ***superior*** („höher, besser“) und ***inferior*** („niedriger, minderwertiger“) folgt die Präposition ***a***.	La nota de María es superior a la media. → *Marías Note ist besser als der Durchschnitt.* Este año la inflación ha sido inferior a la del año pasado. → *Dieses Jahr war die Inflation niedriger als im letzten Jahr.*

Regelmäßige und unregelmäßige Komparative mit Bedeutungsunterschied

In einigen Fällen können die Komparativformen regelmäßig oder unregelmäßig gebildet werden, jedoch mit unterschiedlicher Bedeutung. Die regelmäßigen Formen haben meist eine **konkrete**, wörtliche Bedeutung, während die unregelmäßigen im übertragenen Sinne oder **abstrakt** verwendet werden.

	regelmäßiger Komparativ	**unregelmäßiger Komparativ**
bueno/-a	El perro de Rosalía es **el más bueno** de todos. → *Rosalías Hund ist der bravste von allen.*	Este restaurante es **mejor** que el otro. → *Dieses Restaurant ist besser als das andere.*
malo/-a	El perro de Ana es **el más malo** de todos. → *Anas Hund ist der schlimmste von allen.*	El tiempo en verano ha sido **peor** que el año pasado. → *Das Wetter war diesen Sommer schlechter als letztes Jahr.*
grande	El televisor negro es **más grande** que el gris. → *Der schwarze Fernseher ist größer (messbare, reale Größe) als der graue.*	Mi hermana es **mayor** que la tuya. → *Meine Schwester ist älter als deine.* Su problema es **mayor** que el tuyo. → *Sein/ihr Problem ist größer (abstrakte Größe) als deines.*
pequeño/-a	La mesa azul es **más pequeña** que la roja, pero es más cara. → *Der blaue Tisch ist kleiner (messbare, reale Größe) als der rote, aber er ist teurer.*	Mi hermano es **menor** que yo, aunque más alto. → *Mein Bruder ist jünger als ich, obwohl er größer ist.* Tus problemas son **menores** que los míos. → *Deine Probleme sind kleiner (= geringfügiger; abstrakte Größe) als meine.*

Der relative Superlativ

Der relative Superlativ wird in der Regel durch **bestimmten Artikel + (Substantiv +) *más/menos* + Adjektiv** ausgedrückt.

Lucía es la (alumna) más aplicada de la clase.
→ *Lucía ist die fleißigste (Schülerin) der Klasse.*
El Sr. Díaz es el profesor menos estricto.
→ *Hr. Díaz ist der am wenigsten strenge Lehrer.*

Beachte:

- Bei Adjektiven mit unregelmäßiger Komparativform **entfällt** *más/menos*.

Este es nuestro mayor problema.
→ *Das ist unser größtes Problem.*
Carlos es el menor de mis hermanos.
→ *Carlos ist der kleinste meiner Brüder.*

- Ist das zweite Vergleichselement ein Satz, wird dieser mit ***que*** angeschlossen.

«Amanecer» es el libro más aburrido que he leído de esta autora.
→ *„Amanecer" ist das langweiligste Buch, das ich von dieser Autorin gelesen habe.*

Der absolute Superlativ

Der absolute Superlativ hat im Deutschen keine direkte Entsprechung. Er bezeichnet eine Eigenschaft, die in **hohem Maße** vorhanden ist. Im Deutschen wird dies mit Adverbien wie „äußerst", „überaus", „höchst" oder bildhaften Wortzusammensetzungen wie „kreidebleich", „bildschön", „bettelarm", „klapperdürr" ausgedrückt.

Bei Adjektiven wird der absolute Superlativ gebildet, indem an den Stamm die Endung ***-ísimo/-ísima*** angehängt wird.

Este libro es malísimo.
→ *Dieses Buch ist äußerst schlecht.*
Estas manzanas están buenísimas.
→ *Diese Äpfel schmecken überaus gut.*

Beachte:

- Sowohl der **grafische Akzent** als auch die **Rechtschreibung** müssen dabei an die Regeln der Akzentuierung bzw. der Orthografie angepasst werden.

difícil → dificilísimo
fácil → facilísimo
rico → riquísimo
largo → larguísimo
feliz → felicísimo
veloz → velocísimo

- Bei einigen Adjektiven wird der Superlativ **unregelmäßig** gebildet (v. a. in der gehobenen Sprache; umgangssprachlich verwendet man ***muy* + Adjektiv**):

amable	→ amabilísimo/-a	La jefa ha sido amabilísima/muy amable conmigo. → *Die Chefin war äußerst nett zu mir.*
antiguo/-a	→ antiquísimo/-a	
célebre	→ celebérrimo/-a	
cruel	→ crudelísimo/-a	La gente de este país es paupérrima/muy pobre. → *Die Leute in diesem Land sind bettelarm.*
fiel	→ fidelísimo/-a	
libre	→ libérrimo/-a	
mísero/-a	→ misérrimo/-a	
noble	→ nobilísimo/-a	
pobre	→ paupérrimo/-a	
sabio/-a	→ sapientísimo/-a	

- Manche Adjektive weisen **zwei Superlativformen** auf. Die unregelmäßigen Formen werden in der gehobenen Sprache oder in bestimmten Ausdrücken verwendet.

alto/-a	→ altísimo/-a, supremo/-a	La Corte Suprema confirmó la condena. → *Der Oberste Gerichtshof bestätigte das Urteil.*
bajo/-a	→ bajísimo/-a, ínfimo/-a	
bueno/-a	→ buenísimo/-a, óptimo/-a	
grande	→ grandísimo/-a, máximo/-a	La temperatura mínima va a ser de 10 grados. → *Die niedrigste Temperatur wird bei 10 Grad liegen.*
malo/-a	→ malísimo/-a, pésimo/-a	
pequeño/-a	→ pequeñísimo/-a, mínimo/-a	

Andere Arten, um den absoluten Superlativ auszudrücken

Der absolute Superlativ kann im Spanischen auch auf andere Arten ausgedrückt werden:

- In der **Umgangssprache** kann der Superlativ durch bestimmte Präfixe und Wörter ausgedrückt werden, z. B. ***requete-*, *super-*, *archi-***.

  Esta ensalada está requeterica.
  → *Dieser Salat ist superlecker.*
  Vimos una película superdivertida.
  → *Wir haben einen sehr lustigen Film gesehen.*
  Mi abuelo era archiburgués.
  → *Mein Großvater war megaspießig.*

- Die Konstruktion ***de lo más* + Adjektiv** hat ebenfalls superlativische Bedeutung.

  Ayer tu hermana estuvo de lo más trabajadora.
  → *Gestern war deine Schwester äußerst fleißig.*

- In der gehobenen Sprache können Adverbien wie *sumamente, extraordinariamente, altamente, enormemente* oder *horrorosamente* den Superlativ ausdrücken.

  Este informe es sumamente secreto.
  → *Dieser Bericht ist streng geheim.*
  Se cree enormemente importante.
  → *Er/Sie hält sich für ungeheuer wichtig.*

6.5 Der Vergleich von Adverbien

Der Vergleich von Adverbien erfolgt nach der gleichen Struktur wie der von Adjektiven:

- **Gleichheit** wird durch *tan* + Adverb + *como* ausgedrückt.

  Javi se viste tan lentamente como su padre.
  → *Javi zieht sich so langsam an wie sein Vater.*

  Beachte: Gleichheit kann auch durch *igual de* + Adverb + *que* ausgedrückt werden.

  Hablas igual de bien que tu madre.
  → *Du sprichst genauso gut wie deine Mutter.*

- **Ungleichheit** wird durch *más/menos* + Adverb + *que* ausgedrückt.

  La silla está más cerca de la ventana que la mesa.
  → *Der Stuhl ist näher am Fenster als der Tisch.*

  Beachte: Folgende Adverbien weisen **unregelmäßige** Komparativformen auf, vor denen *más/menos* entfällt:

  bien → mejor
  mal → peor

  Hoy ya me siento mejor que ayer.
  → *Heute fühle ich mich schon besser als gestern.*

Der relative Superlativ

Der relative Superlativ der Adverbien wird durch eine Hervorhebungsstruktur gebildet: ***el/la* + (Substantiv +) *que* + *más/menos* + Adverb + Verb** (das Verb steht also **hinter** dem Adverb).

Merche es la alumna que menos rápido corre.
→ *Merche ist die Schülerin, die am langsamsten läuft.*
Abdul es el que más claramente habla de todos.
→ *Abdul spricht am deutlichsten von allen.*

Der absolute Superlativ

Die Superlativform für abgeleitete Adverbien wird folgendermaßen gebildet:

- Bei **abgeleiteten** Adverbien wird ***-ísima*** zwischen Stamm und *-mente* eingefügt.

  Creo que te lo he explicado clarísimamente.
  → *Ich glaube, ich habe es dir sonnenklar erklärt.*

  Beachte: Der **grafische Akzent** muss dabei angepasst werden.

  rápidamente → rapidísimamente

- Die Adverbien *bien* und *mal* weisen **zwei Superlativformen** auf. Die unregelmäßigen Formen werden in der Schriftsprache oder in bestimmten Ausdrücken verwendet.

  bien → muy bien/óptimamente
  mal → malísimamente/pésimamente

El examen ha ido muy bien. Han aprobado todos.
→ *Die Prüfung war sehr gut. Alle haben bestanden.*
Han bailado pésimamente.
→ *Sie haben sehr schlecht getanzt.*

6.6 Weitere Vergleichsstrukturen

- ***Cada vez* + Komparativ** drückt eine zu- bzw. abnehmende Progression aus.

Julia canta cada vez mejor.
→ *Julia singt immer besser.*
Ricardo fuma cada vez menos.
→ *Ricardo raucht immer weniger.*

- Das deutsche „je … desto“ wird im Spanischen durch ***cuanto más/menos … tanto más/menos*** wiedergegeben (*tanto* kann dabei entfallen).

Cuanto más se quiere, (tanto) más se tiene.
→ *Je mehr man liebt, desto mehr hat man.*
Cuanto más la observaba, (tanto) más le gustaba.
→ *Je mehr er/sie sie beobachtete, desto mehr gefiel sie ihm/ihr.*

- Das deutsche „so … wie nur möglich“ wird im Spanischen mit ***lo + más/ menos* + Adjektiv/Adverb + *posible*** wiedergegeben.

Gritó lo más fuerte posible para que la oyeran.
→ *Sie schrie so laut wie möglich, damit man sie hörte.*
Quiero terminar este trabajo lo más pronto posible.
→ *Ich möchte diese Arbeit möglichst bald beenden.*

Ejercicios

23 *Completa el crucigrama con los adjetivos en comparativo o superlativo.*

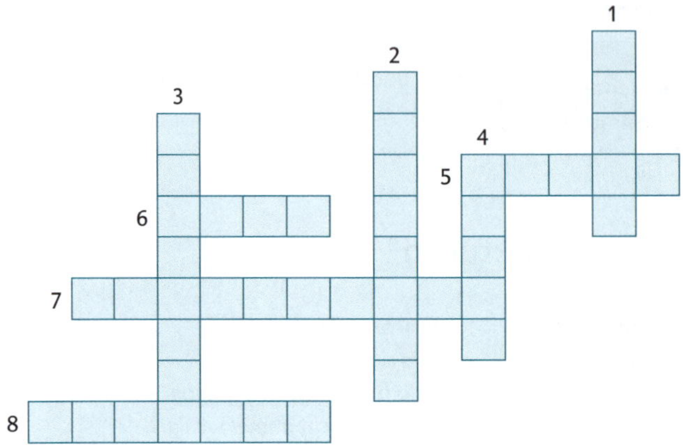

palabras verticales

1 comparativo de «grande» (en cuanto a la edad)
2 contrario de «buenísimo»
3 es una forma irregular y se traduce como: «besser» o «höher»
4 comparativo de «poco»

palabras horizontales

5 superlativo irregular de «bueno»
6 comparativo irregular de «malo»
7 contrario de «carísimo»
8 los tribunales superiores en España son el Tribunal Constitucional y el Tribunal…

24 *Leyla está decidiendo dónde estudiar el primer semestre de su carrera. La Universidad Complutense de Madrid y la LMU de Múnich son las que más le interesan. Ayúdala a compararlas: completa las frases utilizando las estructuras de comparación adecuadas.*

	Madrid	Múnich
hora de inicio de las clases	9:30 h	8:15 h
precio de la matrícula	tasas universitarias	no hay tasas
alojamiento	piso de estudiantes	casa de los padres
asignaturas en el primer semestre	4 en español, 1 en inglés, 1 en alemán	5 asignaturas en alemán, 1 en inglés
amigos en Madrid	2 españoles y 1 alemán	muchos alemanes y 1 español
conciertos (y otros eventos interesantes)	muchísimos	muchísimos
abono mensual de metro y autobús	35 €	59 €
sueldo de trabajo como camarera los fines de semana	gano 200 €	gano 350 €

a) **temprano**
En Múnich las clases empiezan ______________________________

____

b) **caro**
La universidad en Madrid es ______________________________

____

c) **divertido**
Vivir en un piso de estudiantes es ______________________________

____

d) **idiomas**
En Madrid aprendo ______________________________

____

asignaturas
y en Madrid tengo ______________________________

____

e) **amigos**
En Madrid tengo ______________________________

____

f) **conciertos**
En Madrid hay ______________________________

____

g) **barato**
Viajar en transporte público en Madrid es ______________________________

____

h) **dinero**
En Madrid gano ______________________________

____

25 *Forma oraciones uniendo las dos columnas.*

a) —¿Más paella?	1) mejor.
b) Ayer me acosté a las seis de la mañana	2) que tú para desayunar?
c) ¿Tu hermano tiene solo 15 años? No sabía que tu hermano era	3) ricas como la tortilla.
d) Juan es mucho más alto	4) peor, pero aún tengo dolor de estómago.
e) Las aceitunas están tan	5) menor que tú.
f) Mi vecino es tan	6) rico que tiene tres barcos.
g) Corro por las mañanas y por ello me siento cada día	7) y hoy estoy cansadísimo.
h) No me siento	8) como tú para desayunar?
i) ¡No puede ser! ¿He comido más churros	9) —Está buenísima, pero ya estoy llena, gracias.
j) ¿Crees que he comido tantos churros	10) que yo. Por eso parece mayor.

a	b	c	d	e	f	g	h	i	j

26 *Ocho hechos sobre México. Completa el texto con las estructuras de comparación adecuadas.*

¿Sabías que...

1 ... Ciudad de México es una de ______________________ ______________________ **(ciudades/grande/++)** del mundo y una de ______________________ **(ciudades/crecer rápidamente/++)**?

2 ... en su tiempo, Frida Kahlo fue ______________________ **(conocido/-)** su marido, el pintor Diego Rivera? Hoy Frida es considerada una de las figuras fundamentales del arte latinoamericano. Por cierto, su padre nació en Pforzheim en 1871 y llegó a México en 1891.

3 ... México es uno de ______________________ **(países/visitado/++)** del mundo? Los turistas vienen tanto por la belleza de la naturaleza como por los más de 30 sitios considerados Patrimonio de la Humanidad.

4 ... México es uno de los países con ______________________ **(diversidad/grande/++)** climática del mundo? Por ejemplo, en el estado de Durango las temperaturas pueden bajar a los -26°C, mientras que en Baja California alcanzan incluso los 50°C.

5 ... México es ______________________ ______________________ **(país hispanohablante/poblado/++)**? Para la mayoría de los mexicanos, el castellano es la lengua materna. Sin embargo, en el país se hablan casi 290 idiomas diferentes.

6

… los mexicanos son ______________________________ ______________________________ **(consumir agua embotellada/++)** en todo el mundo? Muchos no confían en la calidad del agua del grifo.

7

… Ciudad de México tiene ______________________________ ____________________ **(días lluviosos/+)** Londres, pero sufre una escasez (Mangel) de agua comparable con la del desierto? Por eso, el precio por litro de agua es my alto.

8

… para los periodistas trabajar en México es casi ______________ ________ **(peligroso/=)** trabajar en Afganistán o Siria? Según informa Reporteros Sin Fronteras, México es el país en paz donde __________ ____________________ **(reporteros/++)** fueron asesinados en 2019.*

* **Mexiko** ist ein wunderschönes Land, hat aber mit zahlreichen Problemen zu kämpfen, die in den meisten Fällen mit dem Drogenhandel in Verbindung stehen: Gewalt auf den Straßen, Entführungen, Korruption etc.

27 *Tom ha escrito un correo a su compañero de piso peruano en Karlsruhe explicándole su estancia en Salamanca. Completa el texto traduciendo al español la información en alemán. Utiliza las estructuras de comparación.*

Querido Juan:

Anoche salimos por Salamanca, y salir de noche aquí ______________ ______________________________ *(ist unterhaltsamer als)* salir por Karlsruhe. Nos sentamos en la Plaza Mayor y vimos cantar a la tuna. ¿Sabes qué es la tuna? Es un grupo de chicos ______________________ *(sehr, sehr nett)* que van vestidos como estudiantes antiguos y cantan canciones típicas por la calle. La mayoría de los tuneros ______________________ ____________________ *(sind älter als ich)*. Algunos incluso han acabado sus estudios.

(Die beste Art) ______________________ de terminar la noche es desayunar churros con chocolate antes de acostarse. Aquí lo hace mucha gente.

Los churros son ______________________ *(sehr, sehr süss)* y el chocolate caliente aun lo es más. Así que, ¡imagínate! El problema de acostarse tarde y con la barriga _______________ *(sehr, sehr voll)* es que levantarse _______________ _____________________________ *(ist schwieriger als)* en Alemania. Suerte que las clases empiezan a las 10h y acaban a las 14h. Pero aquí no todo __________ ________________________ *(ist besser als)* en Karlsruhe: a las 14h apenas se puede comprar nada y hay ____ _________________________________ *(mehr geschlossene als geöffnete Geschäfte)*. Por ello, después de clase como algo y me echo una siesta.

A final del mes tengo el examen de español. Por cierto, se dice que en Salamanca se habla ________________________________ *(das beste Spanisch)*. Lo dicen sobre todo los salmantinos ;). ¿Y sabías que la universidad de Salamanca ayuda a elaborar y evaluar los Diplomas de Español como Lengua Extranjera (DELE)? Además, es ____ _____________________________ *(die älteste Universität Spaniens)*. *(Immer mehr Studenten)* ____ de todo el mundo vienen a Salamanca para aprender castellano.

Cada día tengo ___________________________________ *(weniger Lust)* de volver a casa. ¡Salamanca es fantástica!

Saludos,
Tom

Salamanca liegt in der autonomen Region Kastilien und León und ist eine der historisch bedeutendsten Städte Spaniens. Von den circa 145 000 Einwohnern sind 40 000 Studierende. Die Einwohner der Stadt heißen auf Spanisch übrigens *salmantinos* oder *charros*.

Lösungen zu diesem Kapitel

7 Personalpronomen • *Los pronombres personales*

Die Personalpronomen ersetzen das Subjekt oder Objekt (Lebewesen oder Ding) im Satz.

7.1 Subjektpronomen

	Singular	Plural
1. Person	yo	nosotros/nosotras
2. Person	tú	vosotros/vosotras
3. Person	él/ella, usted	ellos/ellas, ustedes

Beachte:

- In Teilen Andalusiens, auf den Kanaren und in Lateinamerika wird häufig die 3. Person Plural *(ustedes)* anstelle der 2. Person Plural *(vosotros)* verwendet.

No puedo leer esto. David y María, ¿lo pueden leer ustedes?
→ *Ich kann das nicht lesen. David und María, könnt ihr es lesen?*

- In manchen Ländern Lateinamerikas, v. a. in Mittelamerika und Ecuador, wird die 3. Person Singular *(usted)* anstelle der 2. Person Singular *(tú)* verwendet.

Hoy no estoy en casa para dar de comer al perro. ¿Lo puede hacer usted, mamá?
→ *Ich bin heute nicht zu Hause, um den Hund zu füttern. Kannst du das machen, Mama?*

- In manchen Ländern Lateinamerikas, v. a. in Argentinien, Uruguay und Paraguay, verwendet man das Pronomen *vos* anstelle von *tú* **(voseo)**. Die Verben haben dabei ganz eigene Endungen.

¿Y vos, tenés hambre? Tomá mi bocadillo, ya estoy llena.
→ *Und du, hast du Hunger? Nimm mein Brot, ich bin schon satt.*

Gebrauch der Subjektpronomen

Die Subjektpronomen werden im Spanischen meist weggelassen, da die Endung des Verbs bereits auf die jeweilige Person verweist. Sie werden v. a. in folgenden Fällen verwendet:

- Um eine **Betonung** oder einen **Gegensatz** auszudrücken

Hoy tengo libre, ¿y tú?
→ *Heute habe ich frei, und du?*
Yo no toco la guitarra, pero ella sí.
→ *Ich spiele nicht Gitarre, aber sie schon.*

- Um Missverständnisse zu vermeiden, wenn die Verbform sich auf **verschiedene Personen** beziehen kann

Rosa dice que yo salga de casa cuando ella llame.
→ *Rosa sagt, ich solle aus dem Haus gehen, wenn sie anruft.*

Beachte:
Die Höflichkeitsformen *usted/ustedes* werden häufig verwendet, ohne dass eine Betonung oder ein Gegensatz ausgedrückt wird.

Espere usted un momento, por favor.
→ *Warten Sie kurz, bitte.*
¿Quieren ustedes un café?
→ *Möchten Sie einen Kaffee?*

7.2 Objektpronomen

Man unterscheidet direkte und indirekte Objektpronomen. Es hängt vom jeweiligen Verb ab, ob ein direktes oder indirektes Objekt benötigt wird.

		direkte Objektpronomen	indirekte Objektpronomen
Singular	1. Person	me	me
	2. Person	te	te
	3. Person	lo/la	le
Plural	1. Person	nos	nos
	2. Person	os	os
	3. Person	los/las	les

Gebrauch der direkten und indirekten Objektpronomen

Direkte Objektpronomen stimmen häufig mit dem deutschen Akkusativ überein, indirekte Objektpronomen mit dem Dativ. In einigen Fällen ist der Gebrauch im Spanischen und Deutschen aber unterschiedlich.

Verben mit **direktem** Objekt im Spanischen und **indirektem** Objekt im Deutschen:

ayudar a alg. *(jdm. helfen)*
contradecir a alg. *(jdm. widersprechen)*
escuchar a alg. *(jdm. zuhören)*
felicitar a alg. *(jdm. gratulieren)*
obedecer a alg. *(jdm. gehorchen)*
perdonar a alg. *(jdm. verzeihen)*
seguir a alg. *(jdm. folgen)*

¿Me ayudas? → *Hilfst du mir?*
No la contradigas. → *Widersprich ihr nicht.*
Los está escuchando. → *Er/Sie hört ihnen zu.*
¡Te felicito! → *Ich gratuliere dir!*
No te puedo perdonar.
→ *Ich kann dir nicht verzeihen.*
¿Ya los obedecéis a vuestros padres?
→ *Gehorcht ihr wohl euren Eltern?*

Verben mit **indirektem** Objekt im Spanischen und **direktem** Objekt im Deutschen:

doler a alguien *(jdn. schmerzen)*
interesar a alguien *(jdn. interessieren)*
hablar a alguien *(jdn. ansprechen)*
mentir a alguien *(jdn. anlügen)*
molestar a alguien *(jdn. stören)*
pedir algo a alguien *(jdn. um etwas bitten)*
preguntar a alguien *(jdn. fragen)*
recordar algo a alguien *(jdn. an etwas erinnern)*

Nos duele que mientas.
→ *Es schmerzt uns, dass du lügst.*
Te está mintiendo y tú no te enteras.
→ *Er/Sie lügt dich an und du merkst es nicht.*
Me molesta que no me hablen.
→ *Es stört mich, dass sie nicht mit mir reden.*
Quiero pedirle a tu padre un favor.
→ *Ich möchte deinen Vater um einen Gefallen bitten.*

Beachte:

- In Spanien wird häufig das Pronomen ***le*** anstatt *lo* verwendet, wenn es sich auf eine **männliche Person** im **Singular** bezieht **(leísmo)**.

¿Conoces a Pablo? —No, no lo/le conozco.
→ *Kennst du Pablo? – Nein, ich kenne ihn nicht.*

- Bei der direkten Ansprache von gesiezten Personen werden in Spanien häufig die Pronomen ***le/les*** anstatt *lo/los* bzw. *la/las* verwendet.

Esperando sus noticias, lo/le saludo atentamente.
→ *In Erwartung Ihrer Antwort grüße ich Sie hochachtungsvoll.*

betonte Objektpronomen

Die **betonten** Objektpronomen entsprechen – mit Ausnahme der 1. und 2. Person Singular – den Subjektpronomen.

	Singular	**Plural**
1. Person	mí	nosotros/nosotras
2. Person	ti	vosotros/vosotras
3. Person	él/ella/ello, usted	ellos/ellas, ustedes

Die betonten Objektpronomen werden im Zusammenhang mit **Präpositionen** verwendet.

El fútbol es importante para él.
→ *Fußball ist wichtig für ihn.*
No puedo hacer esto sin ti.
→ *Ich kann das nicht ohne dich tun.*
A mí esto no me interesa nada.
→ *Mich interessiert das überhaupt nicht.*

Beachte:
Con in Verbindung mit den betonten Objektpronomen *mí, ti* und *sí* wird zu ***contigo***, ***conmigo*** und ***consigo***.

¿Quieres ir al concierto conmigo?
→ *Willst du mit mir ins Konzert gehen?*

7.3 Reflexivpronomen

Im Spanischen gibt es (wie im Deutschen) nur für die 3. Person ein eigenes Reflexivpronomen. Die übrigen Pronomen sind identisch mit den jeweiligen Objektpronomen.

	Singular	**Plural**
1. Person	me	nos
2. Person	te	os
3. Person betont:	se sí	se sí

Nicht immer stimmen die reflexiven Verben auf Spanisch und auf Deutsch überein. Es gibt:

- Verben, die nur im **Spanischen reflexiv** verwendet werden, z. B.:

  acostarse *(schlafen gehen)*
  bañarse *(baden)*
  caerse *(fallen)*
  callarse *(schweigen)*

Andrés se cayó de un caballo y se rompió un brazo.
→ *Andrés ist vom Pferd gefallen und hat sich den Arm gebrochen.*

casarse *(heiraten)*
darse cuenta de algo *(etw. bemerken)*
despertarse *(aufwachen)*
dormirse *(einschlafen)*
enterarse de algo *(etw. erfahren)*
irse *(weggehen)*
levantarse *(aufstehen)*
quedarse *(bleiben)*

No nos dimos cuenta de que la gente se estaba yendo.
→ *Wir haben nicht gemerkt, dass die Leute langsam weggegangen sind.*
El bebé se durmió en seguida.
→ *Das Baby ist sofort eingeschlafen.*
Quédate un rato más.
→ *Bleib noch ein bisschen länger.*

- Verben, die nur im **Deutschen reflexiv** verwendet werden, z. B.:

cambiar *(sich verändern)*
descansar *(sich ausruhen)*
empeorar *(sich verschlechtern)*
mejorar *(sich verbessern)*
quedar *(sich verabreden)*
recordar *(sich erinnern)*

Necesitas descansar un momento.
→ *Du musst dich einen Moment ausruhen.*
¿A qué hora quieres quedar?
→ *Um wie viel Uhr wollen wir uns treffen?*
Cuando vengo aquí, recuerdo siempre cómo jugábamos todos juntos.
→ *Wenn ich hierherkomme, erinnere ich mich immer daran, wie wir alle zusammen gespielt haben.*

Manche spanischen Verben ändern ihre **Bedeutung**, je nachdem, ob sie reflexiv oder nicht reflexiv verwendet werden:

nicht reflexiv		**reflexiv**	
acordar	*vereinbaren*	acordarse	*sich erinnern*
cambiar	*wechseln*	cambiarse	*sich umziehen*
despedir	*verabschieden, kündigen*	despedirse	*sich verabschieden*
despertar	*aufwecken*	despertarse	*aufwachen*
dormir	*schlafen*	dormirse	*einschlafen*
encontrar	*finden*	encontrarse	*sich befinden, sich treffen*
levantar	*hochheben*	levantarse	*aufstehen*
llamar	*rufen*	llamarse	*heißen*
negar	*verneinen, verweigern*	negarse	*sich weigern*
quedar	*sich verabreden*	quedarse	*bleiben*

7.4 Die Stellung der Objektpronomen im Satz

Ein Objektpronomen im Satz

In der Regel stehen die (unbetonten) Objekt- und Reflexivpronomen **vor dem konjugierten Verb**.

Las he visto. → *Ich habe sie gesehen.*
Me visto. → *Ich ziehe mich an.*

Zwei Objektpronomen im Satz

Wenn ein direktes und ein indirektes Pronomen zusammentreffen, so steht das **indirekte** vor dem **direkten** Pronomen.

Me lo voy a poner ahora.
→ *Ich ziehe ihn/es jetzt an.*

Beachte: *Le/les* kann nicht mit *lo/la/los/las* kombiniert werden. Würden diese Pronomen aufeinandertreffen, wird ***le/les*** durch ***se*** ersetzt.

Papá les ha regalado una entrada. → Papá se la ha regalado.
→ *Papa hat ihnen eine Eintrittskarte geschenkt./Papa hat sie ihnen geschenkt.*
No se lo digas, por favor.
→ *Bitte sag es ihm/ihr/ihnen nicht.*

Die Objektpronomen beim Imperativ

Wenn das Verb im **bejahten** Imperativ auftritt, werden die Pronomen an das Verb **angehängt**. Beim **verneinten** Imperativ stehen sie aber wie üblich **vor** dem Verb.

Hazlo ahora mismo, por favor.
→ *Tu es jetzt gleich, bitte.*
No lo hagas, por favor.
→ *Tu es nicht, bitte.*

Beachte: Damit die Betonung des Verbs sich durch das angehängte Pronomen nicht verändert, muss ein **grafischer Akzent** gesetzt werden.

Pónganlo en el salón, por favor.
→ *Bitte stellen Sie ihn/es ins Wohnzimmer.*

Die Objektpronomen beim *gerundio*

Beim *gerundio* können die Pronomen **vorangestellt** oder **angehängt** werden. Auch hier muss ggf. ein **grafischer Akzent** gesetzt werden (zum *gerundio* siehe auch Kap. 17).

Mi madre nos está saludando./Mi madre está saludándonos.
→ *Meine Mutter grüßt uns gerade.*

Die Objektpronomen beim Infinitiv

Bei **Modalverben** (*querer, poder, saber* etc.) **+ Infinitiv** sowie ***perífrasis verbales*** können die Pronomen ebenfalls **vorangestellt** oder **angehängt** werden. Auch hier muss ggf. ein **grafischer Akzent** gesetzt werden.

Las quiero ver./Quiero verlas.
→ *Ich möchte sie sehen.*
Te lo voy a contar./Voy a contártelo ahora mismo.
→ *Ich werde es dir jetzt gleich erzählen.*

Beachte: Steht vor dem Infinitiv ein Verb der **Wahrnehmung** wie *oír* oder *ver*, wird das Pronomen vorangestellt.

Las vi llegar.
→ *Ich sah sie kommen.*

Die Verdoppelung des direkten und indirekten Pronomens

Im Spanischen wird das unbetonte Objektpronomen oft **zusätzlich** zum nominalen Objekt verwendet. Es gibt zwei Arten dieser Verdoppelung:

- Beginnt ein Satz zur **Hervorhebung** mit dem **direkten/indirekten Objekt** (statt mit dem Subjekt), wird dieses vor dem Verb durch das entsprechende unbetonte **Objektpronomen** noch einmal aufgegriffen.

  Las flores las compré ayer.
  → *Die Blumen habe ich gestern gekauft.*
  A él le encanta el chocolate.
  → *Er liebt Schokolade.*

- Die zweite Art der Verdoppelung ist die **Vorwegnahme** des **Objekts** durch das entsprechende unbetonte **Objektpronomen**.

  ¿Le pasas la sal a tu abuela?
  → *Reichst du deiner Großmutter das Salz?*

  Beachte: Beim direkten Objekt ist diese Art der Verdoppelung nur in Verbindung mit *todo/-a*, dem Indefinitpronomen *uno/-a* sowie Zahlwörtern möglich.

  No me mientas, lo sé todo.
  → *Lüg mich nicht an, ich weiß alles.*

Ejercicios

28 *Un diálogo en un piso compartido. Elimina los pronombres personales innecesarios.*

Teresa.—**Yo** estoy muy cansada. Y **tú**, María, ¿estás **tú** cansada?

María.—Sí, **yo** estoy más cansada que **tú**. **Yo** llevo todo el día haciendo deporte. Y **tú**, ¿qué has hecho **tú** hoy?

Teresa.—La verdad es que hoy **yo** no he hecho mucho, **yo** no sé por qué **yo** estoy tan cansada.

María.—**Tú** no has hecho nada, pero **yo** sí, así que te toca cocinar. ¡**Yo** tengo hambre!

Teresa.—Vaya, pues **yo** tengo tanta hambre como **tú** y **yo** no tengo ganas de cocinar. ¿Llamamos **nosotras** un servicio de pizza?

María.—Uhmmm, vale. ¿Llamas **tú** o llamo **yo**?

Teresa.—Mejor llamas **tú**...

29 *Rellena los huecos con el pronombre adecuado.*

lo (4x) • conmigo (2x) • te (4x) • ella (2x) • me (9x) • le (7x) • la

YO

Estoy estudiando mucho para el examen, pero sin tu ayuda no voy a conseguir aprobar________. ¿________ ayudas? ¿Estudias un rato ____________ en la biblioteca?

KHALID

No puedo ayudar______, tengo que ayudar a mi hermana. Su examen es mañana. Mi hermana es muy complicada y ayudar______ a ________ no _________ resulta fácil porque siempre _________ contradice.

YO

Sí, _____ sé, a veces he estudiado con tu hermana y es una chica lista, pero muy, muy terca. Por eso, ________ felicito por ser capaz de trabajar con _______. A mí, ella normalmente no ______ escucha ni ______ entiende.

KHALID

Mañana por la tarde sí tengo tiempo y podré ayudar________. Si no ________ molesta, prefiero quedar en mi casa.

YO

Vale, pero primero tengo que preguntar________ a mi padre si _____ necesita. A él ________ interesa que ________ ayude por las tardes en la tienda.

KHALID

¿Tienes que pedir_____ permiso a tu padre para estudiar _______________ en mi casa?

YO

No, hombre, no, ¡pedir________ permiso no! Sin embargo, tengo que preguntar________ si mañana ________ necesita en la tienda. Ahora no recuerdo si tenía que hacer________ algún recado (*Besorgung*) urgente.

KHALID

Vale, pues ________ llamas luego y ________ ________ confirmas.

YO

Así ________ haré.

30 *Rellena los huecos con el pronombre/los pronombres adecuado(s).*

a) Las medicinas, no puedo tomárme________ todas juntas.

b) La corbata, pónte______ recta, tal y como ______ llevas no __________ queda bien.

c) El secreto, no ________ ________ voy a explicar a ________ porque ________ ____________ cuentas a todos.

d) A mi novia ___________ regalaré un anillo para las fiestas y ___________ ___________ pondré en el zapato el día de Reyes.

e) Vivo con mis padres y me gusta vivir con ___________. Sin embargo, voy a marcharme porque Juan me ha pedido que vaya a vivir con ___________. Pienso llevarme a mi perro con___________ y él piensa llevarse a su gato con___________. ¡Será divertido!

31 *Completa el texto con los pronombres reflexivos correspondientes.*

Por la mañana en casa siempre hay mucho estrés, _________ levantamos muy temprano y siempre hay prisas. Aunque no todos _________ levantamos tan temprano. Mi hermana ya ha acabado el semestre y _______ levanta más tarde. Mi hermano pequeño y yo sí _______ apresuramos para no llegar tarde al colegio y mis padres _______ apresuran para llegar puntuales a su trabajo. Mi hermana, sin embargo, _______ lo toma con calma y _______ levanta y desayuna cuando los demás ya ________ hemos marchado de casa. Respecto a la ducha, tengo que decir que para estar más tranquilo, me gusta duchar________ por la noche. Mis padres y mi hermano pequeño _______ duchan por la mañana y siempre hay problemas. Mientras ellos _______ duchan, yo desayuno solo tranquilamente.

¿Y tú?, cuéntanos de tus mañanas, ¿cuándo _______ levantas? ¿Tienes hermanos y también tenéis que apresurar_______ para llegar puntuales por la mañana?

32 *Abajo ves algunos de los mensajes de Andrés en un día normal… Formula sus respuestas según las indicaciones utilizando el imperativo, el subjuntivo, una perífrasis verbal, etc. Sustituye los objetos por pronombres.*

a) Papá: Quiero **regalar estos pendientes a Rosa**, ¿crees que le van a gustar?	Son muy bonitos. ¡Regálaselos! ______ ! *(imperativo)*
b) Mónica: Estoy pensando en **comprarme una tableta nueva** porque la mía es muy lenta, ¿qué te parece?	Es mejor que no ______ *(subjuntivo)* ahora mismo, después de Reyes hay ofertas más baratas.
c) Abuela Ana: ¿Quieres que **te compre un jersey** para tus cumpleaños?	En realidad prefiero ______ *(infinitivo)* yo. Oye, ¿por qué no vamos de compras juntos?
d) Jaime: ¿Puedes **prestarme tu mochila** para las vacaciones? Gracias.	Sí, claro, ______ *(ir a + prestar)*.
e) La Sra. Jiménez: Andrés, ¿**puedes entregarme tu ensayo** mañana?	Lo siento, pero no ______ *(poder + entregar)* mañana. Necesito al menos un día más.
f) Carla: Roberto está muy enfadado conmigo, ¿**le escribo un mensaje** para pedirle perdón?	Me parece una buena idea, ______ *(imperativo)* lo antes posible. No es bueno estar enfadado.

Lösungen zu diesem Kapitel

8 Die Verneinung • *La negación*

Die Verneinung kann im Spanischen einteilig („no") oder mehrteilig („no … nada", „no … nadie" etc.) sein.

Die mehrteilige Verneinung

Bei der mehrteiligen Verneinung wird ***no*** mit Adverbien und Pronomen kombiniert.

Luis y Raquel todavía no se conocen.
→ *Luis und Raquel kennen sich noch nicht.*
No te lo ha pedido nadie.
→ *Niemand hat dich darum gebeten.*
No hablan ni inglés ni alemán.
→ *Sie sprechen weder Englisch noch Deutsch.*

afirmativo		**negativo**	
algo, todo	*etwas, alles*	no … nada	*nichts*
alguien, cualquiera	*jemand, irgendwer*	no … nadie	*niemand*
alguno/-a	*irgendein/-e*	no … ninguno/-a	*kein/-e*
en todas partes	*überall*	no … en ninguna parte	*nirgends*
siempre, a menudo	*immer, oft*	no … nunca/jamás	*nie*
ya	*schon*	no … todavía	*noch nicht*
también	*auch*	no … tampoco	*auch nicht*
tanto … como	*ebenso … wie*	no … ni …ni/ni … ni	*weder … noch*
todavía/aún	*immer noch*	ya no …	*nicht mehr*
incluso	*sogar*	no … ni siquiera	*nicht einmal*

Beachte: Stehen *nunca, nada, nadie, ninguno/-a, ni siquiera, tampoco* oder *en ninguna parte* **vor** dem Verb, **entfällt *no***.

Nadie te lo ha pedido.
→ *Niemand hat dich darum gebeten.*
Yo tampoco voy a ir a la exposición.
→ *Ich werde auch nicht zur Ausstellung gehen.*
Adela ni sabe lo que hace ni ha pensado en las consecuencias.
→ *Adela weiß weder, was sie tut, noch hat sie über die Folgen nachgedacht.*

No … nada (nichts)

• *Nada* wird mit **„etwas"** übersetzt, wenn im Satz ein zweites Verneinungswort wie *nunca, nadie* oder *sin* steht.	No sabéis nada. → *Ihr wisst nichts.* Nunca sabéis nada. → *Ihr wisst nie etwas.*
• Es gibt einige **feste Wendungen** mit *nada*: de nada – *gern geschehen/nichts zu danken* para nada – *gar nicht, überhaupt nicht* pues nada – *also gut, na dann* nada de nada – *überhaupt nichts*	La película de ayer no me gustó para nada. → *Der Film gestern hat mir gar nicht gefallen.* Bueno, ya es hora de irse. —Pues nada, hasta mañana. → *Gut, ich muss jetzt gehen. – Na dann, bis morgen.* Los niños no han hecho nada de nada en toda la tarde. → *Die Kinder haben den ganzen Nachmittag lang überhaupt nichts gemacht.*

No … nadie (niemand, keiner)

• Wenn *nadie* direktes Objekt eines Satzes ist, steht die Präposition ***a*** davor.	Ricarda no conocía a nadie en la fiesta. → *Ricarda kannte niemanden auf der Party.*
• *Nadie* wird mit **„jemand"** übersetzt, wenn im Satz ein anderes Verneinungswort wie *nunca, nada* oder *sin* steht.	Nunca me llama nadie. → *Nie ruft mich jemand an.*

No … ninguno/-a (kein/-e)

Ninguno/-a kann als Begleiter oder Pronomen gebraucht werden. Es steht nur im **Singular**.	No he visto a ninguna alumna. → *Ich habe keine Schülerin gesehen.* Ninguno de ellos sabía la respuesta. → *Keiner von ihnen kannte die Antwort.*
Beachte: • Vor **männlichem Substantiv** wird es zu ***ningún*** verkürzt.	No hay ningún restaurante aquí. → *Hier gibt es kein Restaurant.*
• *Ninguno/-a* wird mit **„ein/-e"** übersetzt, wenn im Satz schon ein Verneinungswort wie *nunca* oder *nadie* steht.	Nunca bailó con ninguna de las hermanas. → *Er hat nie mit einer der Schwestern getanzt.*

Ejercicios

33 *Elige la opción correcta o las opciones correctas para cada oración.*

a) En este mundo _______ es perfecto.	☐ nadie ☐ ninguno
b) —¿Esperas que los Reyes Magos te traigan algo bonito? —La verdad, no lo espero. Como lo he suspendido todo, quizá no me traigan _______.	☐ ninguno ☐ ningún ☐ nada
c) _________ país me ha gustado tanto como Chile.	☐ Ninguno ☐ Ningún ☐ Nunca
d) _________ de ellos me parece simpático.	☐ Ningún ☐ Nadie ☐ Ninguno
e) —¿Conoces alguna película de Luis Buñuel? —No, no conozco ________.	☐ ninguna ☐ ninguno ☐ nada
f) Él no quería ayudar ________.	☐ nadie ☐ a nadie ☐ a ninguno

34 *Completa estos diálogos.*

nada (5x) • de nada • nada de nada • para nada • pues nada

a) —¡Es un regalo precioso! Muchas gracias.
—____________, chica, no tiene importancia. En el fondo no es ________ del otro mundo *(nichts Besonderes)*, solo es un detalle.

b) —Juan y yo hemos terminado nuestra relación.
—Lo siento mucho, ¿puedes hacer algo para volver con él?
—Prefiero no hacer ________________. Sería una tontería, porque entre nosotros ya no hay ________________________.

c) —Hoy hace una semana que llevo *brackets* en los dientes, ¡por fin me he acostumbrado! Y ahora el aparato no me molesta ____________________.

—¿De veras? ____________________________, a ver si me animo yo y pido cita a tu ortodontista.

d) —¿Vienes esta tarde al concierto de *Jarabe de Palo*?*

—¡Claro! Es su único concierto en Zaragoza y yo no me lo pierdo por _____________ del mundo.

e) —Manuel, ¿no tienes _____________ que decirme? He buscado mis auriculares durante media hora y los he encontrado en tu escritorio.

—Mira, tú haces lo mismo con mis cosas. Yo no tengo _____________ que esconder.

* **Jarabe de Palo** ist eine der bekanntesten spanischen Rockbands. Die Gruppe um den Leadsänger Pau Donés existiert seit 1996, der Erfolg kam im Jahr 2000 mit der Single „La Flaca".

35 *Ordena las siguientes palabras y forma oraciones correctas. Decide si necesitas el «no». Si hay varias posibilidades de colocar las palabras, escoge una.*

a) en/casa/no/nadie/hay/mi	
b) pararme/nada ni nadie/puede/no	
c) de ordenar/tu habitación/nunca/no/ganas/tienes	
d) ninguno/es/mío/no	

e) nunca/haré/algo así/no	
f) ¡soy así!/nada/no/me/ cambiará	
g) ¿Novelas rosas (*Liebesromane*)?/he leído/no/ ninguna	

36 *El festival de cine no ha salido muy bien. Explica tus quejas en este correo, transformando las partes marcadas a la forma negativa. Utiliza los tiempos del pasado adecuados.*

Festival de Cine Hispanohablante

Los alumnos de los cursos 11 y 12 que tengan la asignatura de español pueden disfrutar durante el mes de octubre del festival de cine hispanohablante. **Todas las entradas** pueden reservarse por Internet. **Cada alumno de español** recibe una entrada de uso personal. Además, **todavía** quedan entradas gratuitas para los amigos y **también** hay entradas con un 50% de descuento. Si quieres entradas, pásate por secretaría y pide un certificado de la asignatura. ¡No tardes demasiado! Las películas se exponen en versión original. Las películas **son interesantes y reflejan** la realidad sociocultural del mundo hispanohablante. **Muchas** tienen una buena banda sonora. **En todas las partes** de la sala es buena la acústica.

Estimados señores y señoras:

Lamentablemente tengo algunas quejas respecto al festival de cine que se celebró la semana pasada. Primero, no se podía reservar ninguna entrada por Internet.

9 Relativsätze • *Las oraciones de relativo*

Relativsätze werden mithilfe von Relativpronomen, Relativbegleitern und Relativadverbien gebildet, die Substantive, Pronomen oder Adverbien ersetzen und so zwei Sätze miteinander verbinden können.

9.1 Relativsätze mit *que*

Das Relativpronomen *que* ist **unveränderlich**. Im Relativsatz kann es Subjekt oder direktes Objekt sein und sich auf Personen oder Dinge beziehen.

Estoy leyendo el libro que me regalaste.
→ *Ich lese gerade das Buch, das du mir geschenkt hast.*

Bestimmter Artikel + *que*

El/la/los/las + que (der Artikel richtet sich nach dem Bezugswort des Hauptsatzes) wird verwendet:

- in Verbindung mit den Präpositionen ***a***, ***de***, ***en*** und ***con***

El chico con el que hablaste es mi hermano.
→ *Der Junge, mit dem du gesprochen hast, ist mein Bruder.*

- anstelle von *que*, um den **Bezug** des Relativpronomens zu verdeutlichen oder Missverständnisse zu vermeiden

La novia de mi hermano, el que vive en Londres, nos visitó ayer.
→ *Die Freundin meines Bruders, der in London lebt, hat uns gestern besucht.*

La novia de mi hermano, la que vive en Londres, nos visitó ayer.
→ *Die Freundin meines Bruders, die in London lebt, hat uns gestern besucht.*

Beachte: Ist *el/la/los/las + que* **Objekt** des Relativsatzes und bezieht sich auf eine **Person**, steht davor die Präposition ***a***.	Las chicas a las que miré me saludaron. *(las chicas = objeto directo)* → *Die Mädchen, die ich angeschaut habe, haben mich gegrüßt.* Esta es la profesora a la que doy clases de alemán. *(la profesora = objeto indirecto)* → *Das ist die Lehrerin, der ich Deutschunterricht gebe.*

Lo que

Lo que ist **unveränderlich**. Es bezieht sich nicht auf ein konkretes Bezugswort, sondern auf einen Sachverhalt. Es kann in etwa mit „(das,) was" übersetzt werden.	No puedo oír lo que dicen. → *Ich kann nicht hören, was sie sagen.* Ayer nació mi nieta, lo que me hace muy feliz. → *Gestern wurde meine Enkelin geboren, was mich sehr glücklich macht.*

9.2 Relativsätze mit *quien/-es, cual/-es, cuyo/-a*

Quien/-es

Das Relativpronomen *quien* bezieht sich auf **Personen**. Es wird v. a. in der Schriftsprache benutzt. Die Pluralform *quienes* ist selten.	
• *Quien* wird meist in Verbindung mit den Präpositionen ***a***, ***de***, ***en*** und ***con*** verwendet.	Este es el chico con quien (= con el que) jugué ayer. → *Das ist der Junge, mit dem ich gestern gespielt habe.*
• In Verbindung mit dem Verb ***hay*** wird immer *quien* verwendet. **Beachte:** Nach *no hay quien* steht das Verb immer im ***subjuntivo***.	Hay quien dice que ya no sales con Juan. → *Man sagt, Juan und du seid keine Freunde mehr.* No hay quien pueda respirar aquí dentro. → *Es gibt niemanden, der hier drin atmen könnte.*

El/la cual, los/las cuales

El/la + cual bzw. ***los/las + cuales*** kann auf gehobenem Sprachniveau anstelle von ***el/la/los/las + que*** benutzt werden.	He hablado con un amigo, al cual (= al que) no he visto desde hace tiempo. → *Ich habe mit einem Freund gesprochen, den ich seit Längerem nicht gesehen habe.*

Lo cual

Lo cual kann in der gehobenen Sprache anstelle von ***lo que*** verwendet werden.	Mónica todavía no ha llamado, lo cual (= lo que) me preocupa. → *Mónica hat noch nicht angerufen, was mir Sorgen macht.*

Cuyo/-a

Der Relativbegleiter *cuyo/-a* („dessen, deren") wird an das ihm **folgende Substantiv** angeglichen und kann auch in Verbindung mit Präpositionen verwendet werden. Er gehört einer gehobenen Sprachebene an.	No encuentro al chico cuya chaqueta se perdió. → *Ich finde den Jungen nicht, dessen Jacke verloren gegangen ist.* La mujer con cuyo amigo comiste ayer es la directora. → *Die Frau, mit deren Freund du gestern gegessen hast, ist die Leiterin.*

9.3 Relativsätze mit *donde, cuando, como*

Die Adverbien *donde, cuando* und *como* können **Relativpronomen** ersetzen.	Esta no es la manera como se trata a la gente mayor. → *Das ist nicht die Art, wie man ältere Menschen behandelt.* Ayer fui a la escuela donde (= en la que) estudié diez años. → *Gestern bin ich in die Schule gegangen, in der ich zehn Jahre gelernt habe.*
Beachte: *Donde* kann auch in Verbindung mit **Präpositionen** verwendet werden.	Este es el camino por donde (= por el que) paseo por las mañanas. → *Das ist der Weg, wo ich jeden Morgen spazieren gehe.*

9.4 Die Kommasetzung bei Relativsätzen

Im Spanischen unterscheidet man einschränkende bzw. **notwendige** Relativsätze *(oraciones especificativas)* und erläuternde bzw. **nicht notwendige** Relativsätze *(oraciones explicativas)*. Je nachdem, um welchen Typ es sich handelt, wird ein Komma gesetzt oder nicht.

- **Notwendige** Relativsätze bestimmen das Bezugswort näher. Sie werden **ohne Komma** geschrieben.

He vuelto a olvidar el libro que me prestaste.
→ *Ich habe wieder das Buch vergessen, das du mir geliehen hast.*

- **Nicht notwendige** Relativsätze fügen eine weitere Information hinzu, die für das Verständnis des Satzes nicht erforderlich ist. Diese Relativsätze werden durch ein **Komma** am **Anfang** und am **Ende** des Relativsatzes abgetrennt.

Este libro**,** que fue traducido a muchos idiomas**,** es una novela histórica.
→ *Dieses Buch, das in viele Sprachen übersetzt wurde, ist ein historischer Roman.*

Beachte: Vor Relativsätzen, die mit ***lo que/lo cual*** beginnen, steht immer ein **Komma**.

Nuestra hija ha terminado su carrera de Ingeniería**,** lo cual nos llena de satisfacción.
→ *Unsere Tochter hat ein Studium der Ingenieurwissenschaft abgeschlossen, was uns stolz macht.*

Ejercicios

37 *Manuel acaba de instalarse en Bilbao para hacer unas prácticas. En este correo electrónico a su amigo Max cuenta sus primeras impresiones. Elige los pronombres de relativo correspondientes. A veces existen varias posibilidades.*

Querido Max:

Ya hace dos días que he llegado a San Sebastián, la ciudad **donde/en la que** voy a realizar mis prácticas. La residencia **que/la que** me recomendaron está muy cerca de la empresa **en la que/en que** voy a trabajar. **Lo que/El que** significa que no voy a tener que madrugar, aspecto **al que/a que** yo doy mucha importancia. Sin embargo, no estoy contento con la habitación **que/la que** me han dado y sobre todo con el compañero **que/el que** me ha tocado, **a quien/al que** no parece importarle nada que yo quiera dormir por las mañanas. Es un chico extraño **que/el que** se levanta muy temprano.

Anoche salí con una chica vasca, **quien/a quien** conocí por Internet. Cenamos *pintxos*, una especialidad **que/quien** es muy famosa aquí. Son rebanadas de pan cubiertas con deliciosos ingredientes **los que/que** tienen muchos colores y sabores. Los *pintxos* se sujetan con un palillo *(Zahnstocher)*, **quien/el cual** se deja después, ya vacío, en el plato. Antes de irnos yo pedí la cuenta y mi amiga me contó que no se paga así. Para pagar se cuentan los palillos **que/quienes** hay en el plato y se paga por cada palillo. Te mando una foto **que/la que** hice ayer en el bar para que veas la buena pinta **que/la cual** tienen los *pintxos*.

Ahora te dejo. Mañana te escribo y te sigo contando todo **que/lo que** me va pasando.

Saludos,

Manuel

38 *En el tablón de anuncios del instituto cuelgan anuncios publicitarios de distintos ámbitos. A los anuncios les faltan los pronombres y/o los adverbios de relativo. ¿Puedes completarlos?*

¿Te aburres esperando el autobús?

Bájate nuestras aplicaciones de juegos gratuitas. Y no seas el único ________ mira al cielo cuando espera.

¿No hay ________ te entienda? ¿No sabes cómo solucionar tus problemas? Llámanos y explícanos los problemas ________ tienes. Nuestra ONG está formada por voluntarios y psicólogos ________ ayudan a todos aquellos ________ necesitan hablar.

Empieza el día con nosotros: ¡churros con chocolate! El desayuno ________ endulza tu día como ninguna otra cosa. A partir de las 6h de la mañana en la churrería del barrio.

¡Mira por donde andas! Las zapatillas deportivas con ________ siempre soñaste te esperan en nuestra tienda. ¡A 100 metros del instituto!

Noche Vieja

¿Buscas un lugar ________ pasar la Noche Vieja? ¡No te vayas lejos! En el instituto organizamos una fiesta ________ no te puedes perder.

39 *Relaciona las frases con los pronombres o adverbios adecuados formando oraciones del relativo.*

FERNANDO BOTERO,
geboren 1932 in Medellín, ist ein kolumbianischer Künstler von Weltrang. Mit 15 Jahren begann er eine Ausbildung zum Stierkämpfer, zeichnete die Stiere aber lieber und verdiente sich bald sein Auskommen als Illustrator.
Üppige Figuren kennzeichnen seine Skulpturen und Gemälde, so wie die Katze auf dem Foto rechts, die in Barcelona im Stadtviertel „El Raval" zu finden ist.

a) Fernando Botero es un artista colombiano con unas obras muy originales. **Estas obras** se exponen en muchos museos.
Fernando Botero es un artista colombiano con unas obras muy originales que se exponen en muchos museos.

b) En el barrio de El Raval de Barcelona hay una escultura de Botero muy conocida. Muchos turistas se fotografían **junto a esta escultura**.

c) Fernando Botero nació en Medellín en 1932 y en 1952 se trasladó a Madrid. **En Madrid**, estudió en la Academia de Bellas Artes de San Fernando.

d) En Francia, Italia y México estudió a artistas como Leonardo y Rubens. La pintura **de estos artistas** le interesaba mucho.

____

____

____

____

e) En la actualidad Botero vive en Francia e Italia con su tercera mujer, la pintora y escultora Sofia Vari. **La** conoció en París.

____

____

____

____

40 *¿Necesitan coma estas oraciones de relativo?*

a) Me he comprado un libro cuyos ejercicios son muy prácticos.

b) El examen de Matemáticas es difícil y me queda mucho que estudiar lo cual significa que este fin de semana no salgo.

c) Un compañero de clase que vive en mi calle y pasa por mi casa todos los días me pasó los apuntes de biología.

d) ¡Qué complicada eres, María! No hay quien te entienda.

e) El libro que necesitamos para el examen está agotado en todas las librerías en las que lo he buscado.

f) Los asientos del coche que se acaba de comprar son de cuero.

Lösungen zu diesem Kapitel

10 Interrogativa • *Los interrogativos*

Interrogativa können Begleiter, Pronomen oder Adverbien sein und nach Personen, Dingen oder Sachverhalten fragen. Sie tragen einen grafischen Akzent, der auch in der indirekten Rede erhalten bleibt.

Überblick

qué	*was; welche/-r/-s*	quién/-es	*wer*
cuál/-es	*welche/-r/-s*	cuánto/-a	*wie viel/-e*
cómo	*wie*	cuándo	*wann*
dónde	*wo*	por qué	*warum*

Beachte:

- Fragewörter können mit Präpositionen kombiniert werden.

Me gustaría saber en qué estás pensando.
→ *Ich möchte gerne wissen, woran du gerade denkst.*
¿De quién es esta maleta?
→ *Wessen (= von wem) Koffer ist das?*

- Vor Fragewörtern, die sich auf Personen beziehen (***quién/-es***, ***cuál/-es*** und ***cuánto/-a***) und nach einem **Objekt** („wem"/„wen") fragen, steht die Präposition ***a***.

¿A quién estás saludando? → *Wen grüßt du?*
¿A cuál de las dos crees más?
→ *Wem von den beiden (Mädchen) glaubst du mehr?*

10.1 *Qué* und *cuál/-es*

Qué

Das Fragewort *qué* ist **unveränderlich**. Es kann vor einem Substantiv oder einem Verb verwendet werden.

- Vor einem **Substantiv** hat *que* die Funktion eines **Begleiters** und bedeutet „welche/-r/-s".

¿Qué regalo has comprado?
→ *Welches Geschenk hast du gekauft?*

- Vor einem **Verb** hat *que* die Funktion eines **Pronomens** und bedeutet „was".

¿Qué hizo usted ayer por la noche?
→ *Was haben Sie gestern Abend gemacht?*

Cuál/-es

Cuál/-es bedeutet ebenfalls „welche/-r/-s". Es weist eine Singular- und eine Pluralform auf. **Beachte: Substantive** werden mit der Präposition ***de*** an *cuál/cuáles* angeschlossen.	Mira estas gafas. ¿Cuáles prefieres? → *Schau dir diese Brillen an. Welche bevorzugst du?* ¿Cuál de los dos libros puedo comprar? → *Welches der beiden Bücher darf ich kaufen?*

Der Gebrauch von *qué* vs. *cuál/-es*

Die Antwort auf die Frage mit ***qué*** ist **offen**.	Die Antwort auf die Frage mit ***cuál*** setzt voraus, dass das Substantiv schon erwähnt wurde. Es geht also um eine **Auswahl** aus bereits erwähnten Personen oder Dingen.
¿Qué hacemos? ¿Nos quedamos o salimos? → *Was machen wir? Bleiben wir hier oder gehen wir aus?* ¿Qué tipo de películas te gusta? → *Welche Art von Filmen gefällt dir?*	¿Cuáles te gustan más, los zapatos marrones o los negros? → *Welche gefallen dir besser, die braunen oder die schwarzen Schuhe?* ¿Cuál (de los niños) os ha dicho esto? → *Welches (der Kinder) hat euch das gesagt?*
Beachte: In Lateinamerika wird statt *qué* + Substantiv häufig *cuál* + Substantiv verwendet.	
Spanien: ¿Qué autobús vas a tomar? → *Welchen Bus nimmst du?*	**Lateinamerika:** ¿Cuál autobús vas a tomar? → *Welchen Bus nimmst du?*

10.2 Besonderheiten einiger weiterer Fragewörter

Cuánto/-a

Cuánto/-a („wie viel") wird an das Bezugswort **angeglichen**. Als Pronomen, ohne Bezugswort, ist *cuánto* **unveränderlich**.	¿Cuánta gente había en la sala? → *Wie viele Leute waren im Saal?* ¿Cuánto cuesta todo? → *Wie viel kostet alles zusammen?*
Beachte: • *Cuánto (tiempo)* bedeutet „wie lange".	¿Cuánto (tiempo) dura la película? → *Wie lange dauert der Film?*

- Mit der Präposition ***a*** bildet *cuánto* eigene Wendungen.

¿A cuánto estamos hoy?
→ *Den Wievielten haben wir heute?*
¿A cuánto está la merluza hoy?
→ *Was kostet der Seehecht heute?*
¿A cuánto está Madrid de Sevilla?
→ *Wie weit ist Madrid von Sevilla entfernt?*

Cómo

Cómo („wie") ist **unveränderlich**. Es fragt nach dem Zustand von Personen oder Dingen.

¿Cómo estás? → *Wie geht es dir?*
¿Cómo quieres el café?
→ *Wie trinkst du den Kaffee?*

Beachte: Nicht immer wird das deutsche „wie" mit *cómo* übersetzt.

- Die deutsche Wendung „Wie gefällt es dir?" wird mit ***gustar*** oder anderen Verben, die Gefallen ausdrücken, übersetzt.

¿Te gusta esta canción?/¿Qué te parece esta canción?
→ *Wie gefällt dir dieses Lied?*

- ***Qué tal*** kann ebenfalls „wie" bedeuten.

¿Qué tal? → *Wie geht's?*
¿Qué tal el concierto?
→ *Wie war das Konzert?*

Quién/-es

Quién („wer") wird bei **Personen** verwendet.

¿Quién ha llamado?
→ *Wer hat angerufen?*
¿Quiénes llegaron tarde?
→ *Wer ist zu spät gekommen?*

Beachte: In Verbindung mit der 1. oder 2. Person Plural des Verbs bedeutet *quiénes* „wer von uns/wer von euch".

¿Quiénes vais a la exposición?
→ *Wer von euch geht zur Ausstellung?*

10.3 Fragewörter in Ausrufesätzen

Einige Fragewörter (z. B. *qué, cuánto, cómo*) können auch in **Ausrufesätzen** verwendet werden.

¡Cómo canta!
→ *Wie er/sie singt!*
¡Cuántos niños hay aquí!
→ *Wie viele Kinder es hier gibt!*
¡Cuánto comimos ayer en la cena de familia!
→ *Wie viel wir gestern beim Familienfest gegessen haben!*
¡Qué rápido ha pintado el cuadro!
→ *Wie schnell er/sie das Bild gemalt hat!*

Beachte: Häufig wird bei wertenden Ausrufen mit *qué* noch *más* eingefügt.

¡Qué cuadro más caro!
→ *Was für ein teures Gemälde!*

Ejercicios

41 *Completa el crucigrama con los interrogativos adecuados (ver página 90).*

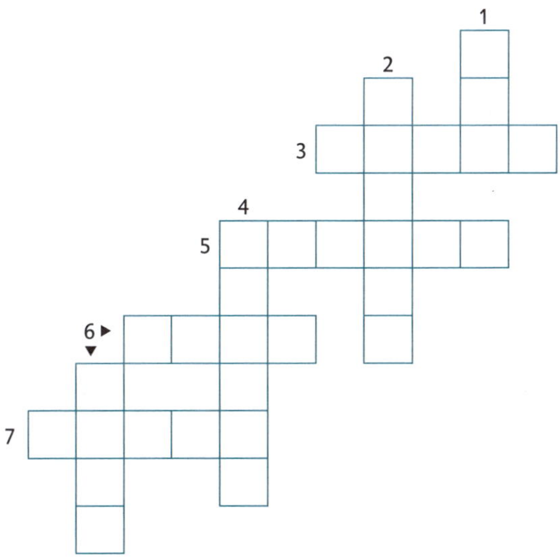

palabras verticales

1 ¿_____________ hora es?

2 ¿_____________ dinero llevamos encima? Quiero comprarme varias cosas.

4 Tengo novelas de amor, policíacas y de historia. ¿_____________ prefieres?

6 ¿_____________ se pronuncia tu nombre en español?

palabras horizontales

3 ¿_____________ es aquella chica? No la conozco.

5 ¿_____________ quieres ir al cine, hoy o mañana?

6 Tengo un helado de limón y otro de naranja. ¿_____________ prefieres?

7 No encuentro las llaves, ¿sabes tú _____________ están?

42 *Rellena los huecos con los interrogativos adecuados para crear oraciones con sentido.*

dónde • qué (4x) • quién (2x) • cuántas (3x) • cuánto • cuándo

a) ¿Por _____________ razón estás enfadado?

b) ¿Para _____________ personas cocinas hoy?, ¿vivís muchos en el piso?

c) ¡En _____________ mundo vives! Siempre soñando despierto.

d) ¿De _____________ lado estás? ¿Del mío o del suyo?

e) ¿Desde _____________ estudias en Sevilla?

f) ¿Para _____________ es el pastel? Hoy no esperamos visita.

g) ¿A _____________ has llamado esta tarde? Te he oído hablar.

h) ¿Por _____________ motivo estás llorando?

i) ¿Para _____________ personas es la reserva? Voy a ver si está en la lista.

j) ¿Por _____________ dinero lo vendes? Me interesa comprarlo.

k) ¿A _____________ chicas has invitado a la fiesta?

l) ¿Por _____________ quieres ir a pasear?

43 *Marcel está haciendo un intercambio en Valladolid. Esta mañana ha estado presente en una discusión sobre las corridas de toros en su clase del instituto y ha escrito un email a su amigo Ramón para explicárselo. Rellena todos los huecos con los interrogativos correspondientes.*

qué (4x) • cómo • quién • cuáles • dónde

¡__________ discusión se ha creado hoy en clase con el tema de los toros! ¿Por ______ será que el espectáculo taurino *(Stierkampf)* siempre es motivo de polémica?

En clase, muchos no entienden __________ es posible que haya personas interesadas en ver morir a un toro en una plaza. Yo no lo entiendo tampoco, pero a veces, según con ______________ hablo, tengo una impresión u otra. Algunos compañeros son aficionados a los toros y se preguntan ________________ son los motivos para prohibir una tradición tan antigua. A la mayoría, sin embargo, les parece algo terrible y no entienden con ___________ derecho se tortura y mata un animal. Por otra parte, dicen que según ______________ te encuentres, las opiniones son muy distintas. En Las Islas Canarias y en Cataluña las corridas de toros están prohibidas desde hace años. ¡____________ tema tan complicado y extraño!

Stierkämpfe (die übrigens nicht nur in Spanien stattfinden, sondern auch in Portugal, Südfrankreich und Teilen Lateinamerikas) haben eine lange Tradition. Ihre Anfänge gehen vermutlich bis in die römische Antike zurück. In Spanien werden sie mittlerweile hauptsächlich durch staatliche Zuschüsse und die Touristen am Leben erhalten. Vor allem die junge Generation interessiert sich kaum noch für die Corridas.

44 *En los diálogos de las hermanas María y Sofía no aparecen los acentos en los interrogativos y exclamativos. Decide tú qué pronombres, adjetivos o adverbios son interrogativos o exclamativos y acentúalos.*

Diálogo 1: En la cafetería

SOFÍA.—¿De quien será la tarjeta SIM que está en el suelo?

MARÍA.—¿De que tarjeta hablas? No veo que haya ninguna en el suelo.

SOFÍA.— ¡Que te pasa!, ¿como es que no la ves? La tienes delante mismo.

MARÍA.—¡Ah sí! ya la veo. ¡Que pequeña es! Se me han olvidado las gafas en casa otra vez. No digas nada, ya sé que soy un desastre. Siempre lo olvido todo…

SOFÍA.— Pues, la verdad es que sí eres algo distraída, pero hay mucha gente así. Oye, ¿y que hacemos ahora con la tarjeta?

MARÍA.— Deberíamos llevarla a la oficina de objetos perdidos. ¡Que bien que la hayas visto! El dueño se alegrará.

Diálogo 2: De camino al colegio

SOFÍA.—¿Por que no me explicas como te fue todo ayer?

MARÍA.—No sé, ¿que quieres que te explique exactamente? Ayer no ocurrió nada que pueda interesarte. Estuve en casa estudiando toda la tarde.

SOFÍA.—Pues yo oí como hablabas con gente. ¿Con quien hablabas?

MARÍA.—Ayer estudié con Marta, como siempre. ¿Con quien quieres que estudie?

SOFÍA.—Con Marta y ¿con quien más?, porque yo vi la moto de Ricardo estacionada delante de casa.

MARÍA.—¡Que pesada *(lästig)* eres! ¡Quien te crees que eres para vigilarme así!

SOFÍA.—¿Quien voy a ser? Tu hermana pequeña, la curiosa… Es que Ricardo es tan guapo y ¡que moto tan estupenda tiene!

Diálogo 3: En casa

MARÍA.—¿Cuantas entradas reservo por Internet para el concierto de Maná*?

SOFÍA.—Es mejor que reserves cuatro. No sé exactamente quien podrá venir, pero las entradas se agotarán rápido y tengo dos amigas a quienes les hace ilusión ir.

MARÍA.—Vale, cuatro, ¿cuales reservo? Mira, las que incluyen asiento son más caras.

SOFÍA.—¿Con asiento? ¡Que dices! No, esas no. ¡Que tontería ir a un concierto de Maná con asiento! Yo lo que quiero es bailar.

MARÍA.—¿Estás segura? ¿Cuanto tiempo aguantaremos de pie? Será agotador.

SOFÍA.—¡Que no, mujer! Ya verás, será estupendo. Bailaremos como locas y lo pasaremos como nunca.

MARÍA.—Vale, me has convencido. ¿Como quieres que las pague?

SOFÍA.—Por supuesto con la tarjeta de crédito de mamá… ¿quien la tiene?

MARÍA.—¿Quien la va a tener? Ella naturalmente, pero no sé donde.

SOFÍA.—Tendremos que esperar hasta que regrese a casa para pedírsela. ¡Que rollo!

* **Maná** ist eine der erfolgreichsten Rockbands Lateinamerikas. Ihren Durchbruch in Europa schafften sie Ende der 1990er-Jahre mit dem Hit „Corazón Espinado“, der in Zusammenarbeit mit dem bekannten Gitarristen Carlos Santana entstand. Ihr bisher letztes Album „Cama incendiada“ belegte 2015 in Spanien Platz 1 der Albumcharts. Auch die Single-Auskopplung „Mi verdad“, die Maná zusammen mit Shakira aufnahm, war ein großer Erfolg.

Lösungen zu diesem Kapitel

11 Das Präsens • *El presente*

Zusätzlich zu diesem Band steht Ihnen unsere „MindApp“ zur Verfügung. Sie enthält eine Übersicht über die Konjugation der spanischen Verben und ist für den Einsatz am Smartphone optimiert.

Bei der Bildung des Präsens können verschiedene Gruppen von Verben unterschieden werden: regelmäßige Verben, Verben mit Stammvokaländerung, Verben mit unregelmäßiger 1. Person Singular und unregelmäßige Verben. Bei einigen Verben sind zudem orthografische Besonderheiten zu beachten.

11.1 Regelmäßige Verben

Die regelmäßigen Verben werden entsprechend ihrer Infinitivendung in drei Konjugationsgruppen eingeteilt: Verben auf ***-ar***, ***-er*** und ***-ir***.

Beachte: Im Präsens haben alle Verben vier **stammbetonte** und zwei **endungsbetonte** Formen (vgl. die unterstrichenen Silben in der folgenden Tabelle).

	trabajar	**beber**	**vivir**
(yo)	trabajo	bebo	vivo
(tú)	trabajas	bebes	vives
(él/ella, usted)	trabaja	bebe	vive
(nosotros/-as)	trabajamos	bebemos	vivimos
(vosotros/-as)	trabajáis	bebéis	vivís
(ellos/-as, ustedes)	trabajan	beben	viven

11.2 Verben mit Änderung im Stammvokal

Bei einer Reihe von Verben wird der Stammvokal in den vier **stammbetonten** Verbformen durch einen **Diphthong** ersetzt. Zudem gibt es einige Verben, bei denen sich der Stammvokal von ***e*** zu ***i*** ändert. Im Folgenden findet sich eine Übersicht über diese sogenannten **Gruppenverben**.

Stammvokaländerung von *e* → *ie*

	pensar	**entender**	**preferir**
(yo)	pienso	entiendo	prefiero
(tú)	piensas	entiendes	prefieres
(él/ella, usted)	piensa	entiende	prefiere
(nosotros/-as)	pensamos	entendemos	preferimos
(vosotros/-as)	pensáis	entendéis	preferís
(ellos/-as, ustedes)	piensan	entienden	prefieren
Weitere Verben:	cerrar, comenzar, despertar, empezar, fregar, nevar, recomendar, sentarse…	defender, encender, entender, perder, querer…	divertir, herir, mentir, referir, sentir, sugerir…

Stammvokaländerung von *o* → *ue*

	encontrar	**poder**	**dormir**
(yo)	encuentro	puedo	duermo
(tú)	encuentras	puedes	duermes
(él/ella, usted)	encuentra	puede	duerme
(nosotros/-as)	encontramos	podemos	dormimos
(vosotros/-as)	encontráis	podéis	dormís
(ellos/-as, ustedes)	encuentran	pueden	duermen
Weitere Verben:	acordar, contar, costar, mostrar, probar, recordar, sonar, soñar, volar…	doler, llover, mover, resolver, soler, (de)volver…	morir

Stammvokaländerung von *u* → *ue* und *e* → *i*

	jugar	**pedir**
(yo)	juego	pido
(tú)	juegas	pides
(él/ella, usted)	juega	pide
(nosotros/-as)	jugamos	pedimos
(vosotros/-as)	jugáis	pedís
(ellos/-as, ustedes)	juegan	piden
Weitere Verben:	–	corregir, despedir, elegir, medir, repetir, (con)seguir, servir, vestir…

11.3 Verben mit unregelmäßiger 1. Person Singular

Bei einer Reihe von Verben wird die 1. Person Singular unregelmäßig gebildet. Dies gilt auch für Komposita mit diesen Verben. Einige häufig verwendete Verben mit unregelmäßiger 1. Person Singular sind:

Verb	1. Pers. Sing.	Verb	1. Pers. Sing.
caber	quepo	saber	sé
caer	caigo	salir	salgo
conocer	conozco*	tener (e → ie)	tengo
decir (e → i)	digo	traer	traigo
hacer	hago	venir (e → ie)	vengo
poner	pongo		

* Viele weitere Verben auf *-acer*, *-ecer* und *-ucir* bilden die 1. Person Singular wie *conocer*, z. B. *agradecer, conducir, crecer, introducir, nacer, ofrecer, producir, traducir.*

11.4 Unregelmäßige Verben

Einige wichtige Verben weisen Unregelmäßigkeiten auf, die sich nicht systematisieren lassen.

	dar	estar	haber	ir
(yo)	doy	estoy		voy
(tú)	das	estás		vas
(él/ella, usted)	da	está	hay	va
(nosotros/-as)	damos	estamos		vamos
(vosotros/-as)	dais	estáis		vais
(ellos/-as, ustedes)	dan	están		van

	oír	**oler**	**ser**	**ver**
(yo)	oigo	huelo	soy	veo
(tú)	oyes	hueles	eres	ves
(él/ ella, usted)	oye	huele	es	ve
(nosotros/-as)	oímos	olemos	somos	vemos
(vosotros/-as)	oís	oléis	sois	veis
(ellos/-as, ustedes)	oyen	huelen	son	ven

Beachte:
Das Verb ***haber*** kommt als **Vollverb** nur in der 3. Person Singular vor (***hay*** = „es gibt"). Als **Hilfsverb** wird es zur Bildung der zusammengesetzten Zeiten (z. B. *perfecto compuesto*) verwendet und folgendermaßen konjugiert: ***he, has, ha, hemos, habéis, han***.

11.5 Verben mit orthografischen Besonderheiten

Bei einigen Verben weisen die Präsens-Formen orthografische Besonderheiten auf, die mit der Aussprache bzw. den Orthografieregeln zusammenhängen.

Bei Verben auf ***-uir*** wie *construir, destruir* oder *incluir* wird in den stammbetonten Formen ein **y** vor der jeweiligen Endung eingefügt.

	construir	**huir**
(yo)	constru**y**o	hu**y**o
(tú)	constru**y**es	hu**y**es
(él/ella, usted)	constru**y**e	hu**y**e
(nosotros/-as)	construimos	huimos
(vosotros/-as)	construís	huis*
(ellos/-as, ustedes)	constru**y**en	hu**y**en

* Bei *huir* entfällt in der 2. Person Plural der grafische Akzent.

Einige Verben weisen orthografische Besonderheiten in der **1. Person Singular** auf, um die Aussprache vor dem dunklen Vokal *-o* zu erhalten bzw. um den Regeln der spanischen Rechtschreibung zu folgen:

- Bei Verben auf ***-ger*** und ***-gir*** wie *proteger, coger, escoger* und *dirigir* wird ***g*** zu ***j***.
- Bei Verben auf ***-cer*** wie *vencer, convencer* und *ejercer* wird **c** zu **z**.
- Bei Verben auf ***-guir*** wie *seguir* und *distinguir* entfällt das ***u***.

	proteger	**vencer**	**seguir** (e → i)
(yo)	protejo	venzo	sigo
(tú)	proteges	vences	sigues
(él/ella, usted)	protege	vence	sigue
(nosotros/-as)	protegemos	vencemos	seguimos
(vosotros/-as)	protegéis	vencéis	seguís
(ellos/-as, ustedes)	protegen	vencen	siguen

Bei diesen Verben wird in bestimmten Formen ein **grafischer Akzent** gesetzt:

- Bei vielen Verben auf ***-iar*** wie *enviar, confiar* und *fotografiar* erhält das ***i*** in den stammbetonten Formen einen grafischen Akzent.
- Ähnliches gilt für viele Verben auf ***-uar*** wie *continuar, actuar* und *situar*, bei denen das ***u*** in den stammbetonten Formen einen grafischen Akzent trägt.
- Alle Präsens-Formen der Verben *reír, sonreír* und *freír* tragen einen grafischen Akzent.

	enviar	**continuar**	**reír** (e → i)
(yo)	envío	continúo	río
(tú)	envías	continúas	ríes
(él, ella, usted)	envía	continúa	ríe
(nosotros/-as)	enviamos	continuamos	reímos
(vosotros/-as)	enviáis	continuáis	reís
(ellos/-as, ustedes)	envían	continúan	ríen
Weitere Verben:	ampliar, confiar, desafiar, espiar, esquiar, fotografiar, guiar, resfriar, tatuar, vaciar, variar…	efectuar, evaluar, insinuar, situar…	sonreír (e → i), freír (e → i)

Ejercicios

45 *Tu compañero no acudió a clase el día que explicaron los verbos con cambio vocálico en la raíz. Rellena el siguiente bocadillo con las palabras que faltan para explicarle de forma resumida cómo se conjugan dichos verbos en el presente de indicativo.*

> Algunos verbos como «empezar», «poder» o «dormir» cambian la vocal de su raíz en el **presente de indicativo**. Sin embargo, no la cambian en todas las personas: la ____________________ y la ____________________ persona del plural conservan la vocal del infinitivo y conjugan el presente como cualquier otro verbo regular.
> Un ejemplo concreto es el verbo «pedir». La «**e**» se transforma en «**i**». Por eso decimos: «yo p__________, tú ________________, él ______________, ellos ________________». Sin embargo, «nosotros ________________________» y «vosotros __________________» conservan la «e».

46 *Completa el crucigrama con la primera persona del presente (ver también página 100).*

palabras verticales

1) primera persona del presente del verbo *proponer*
2) primera persona del presente del verbo *conocer*
5) «—Ya lo sabes? —Sí, ya lo _____ (saber)».
8) «Me _____ (dirigir) a usted para presentarle una propuesta».
9) yo _____, tú ves, él ve…

palabras horizontales

3) primera persona del presente del verbo *traer*
4) verbos con *o* → *ue*: yo vuelvo, yo puedo, yo _____ (dormir)
6) yo _____, tú sales, él sale…
7) «Nunca lo haré, me_____ (negar) en rotundo *(sich kategorisch weigern)*».
10) verbos en *-uar*: yo actúo, yo acentúo, yo _____ (continuar)
11) «_____ (jugar, yo) al fútbol los lunes y los viernes».
12) _____, oyes, oye…

47 *Ana y Maite conversan como cada mañana al llegar al instituto. Completa el diálogo con el verbo en la forma del presente de la primera persona singular.*

ANA.— En verano, nunca ____________ *(darse, yo)* prisa y siempre __________ *(llegar)* puntual al instituto. ______________________ *(levantarse)* tranquilamente y ______________________________ *(vestirse)* en cinco minutos: ________________________ *(ponerse)* una camiseta y un pantalón vaquero y __________________ *(salir)* de casa rapidísimo. Ahora en invierno es distinto, ______________________ *(madrugar = früh aufstehen)* bastante y _______________________ *(abrigarse = sich warm anziehen)* bien antes de salir de casa. ¡Qué rollo!

MAITE.—Lo ________ *(saber)*, ________________ *(tener)* el mismo problema. Además, yo __________________ *(prepararse)* un termo con un té caliente. Después, _________________ *(ponerse)* los guantes y el gorro, __________ _______________ *(protegerse)* la nariz con la bufanda, y solo así _________ _____________________ *(atreverse)* a salir a la calle.

Lösungen zu diesem Kapitel

12 Vergangenheitszeiten • *Los tiempos del pasado*

Zusätzlich zu diesem Band steht Ihnen unsere „MindApp“ zur Verfügung. Sie enthält eine Übersicht über die Konjugation der spanischen Verben und ist für den Einsatz am Smartphone optimiert.

12.1 Die Bildung des *pretérito indefinido*

Ähnlich wie im Präsens kann man auch bei der Bildung des *pretérito indefinido* (auch *pretérito perfecto simple* genannt) die Verben in Kategorien unterteilen: regelmäßige Verben, Verben mit Änderung im Stammvokal, unregelmäßige Verben und Verben mit orthografischen Besonderheiten.

Regelmäßige Verben

Zur Bildung des *indefinido* werden die regelmäßigen Verben entsprechend ihrer Infinitivendung in zwei Konjugationsgruppen eingeteilt: Verben auf ***-ar*** und Verben auf ***-er*** und ***-ir***.

	trabajar	**beber**	**vivir**
(yo)	trabaj**é**	beb**í**	viv**í**
(tú)	trabaj**aste**	beb**iste**	viv**iste**
(él/ella, usted)	trabaj**ó**	beb**ió**	viv**ió**
(nosotros/-as)	trabaj**amos**	beb**imos**	viv**imos**
(vosotros/-as)	trabaj**asteis**	beb**isteis**	viv**isteis**
(ellos/-as, ustedes)	trabaj**aron**	beb**ieron**	viv**ieron**

Beachte:
- Die *indefinido*-Formen der 1. und 3. Person Singular werden auf der **letzten** Silbe betont.
- Bei den Verben auf *-ar* und *-ir* weist die 1. Person Plural im Präsens und *indefinido* die **gleiche** Form auf.

Vergleiche:
Präsens: viajo → *ich reise*
indefinido: viajó → *er ist gereist*

Vergleiche:
trabajamos → *wir arbeiten*
→ *wir haben gearbeitet*

Verben mit Änderung im Stammvokal

Bei einigen Verben ändert sich im *indefinido* der Stammvokal in der **3. Person Singular** und **Plural**:

- Bei Gruppenverben auf ***-ir***, deren Stammvokal sich im Präsens von *e* → *ie* bzw. *e* → *i* ändert, wird im *indefinido* das ***e*** zu ***i***.
- Ein Sonderfall ist dabei ***reír***, da in der 3. Person Singular der grafische Akzent **entfällt**.
- Bei ***dormir*** und ***morir*** wird das **o** zu **u**.

	sentir (e → ie)	**pedir** (e → i)	**reír** (e → i)	**dormir** (o → ue)
(yo)	sentí	pedí	reí	dormí
(tú)	sentiste	pediste	reíste	dormiste
(él/ella, usted)	s**i**ntió	p**i**dió	r**io**	d**u**rmió
(nosotros/-as)	sentimos	pedimos	reímos	dormimos
(vosotros/-as)	sentisteis	pedisteis	reísteis	dormisteis
(ellos/-as, ustedes)	s**i**ntieron	p**i**dieron	rieron	d**u**rmieron
Weitere Verben:	advertir, divertir, mentir, preferir...	despedir, servir, vestir...	freír	dormir

Unregelmäßige Verben

Eine Reihe von Verben ändert im *indefinido* den kompletten **Stamm**. Bei diesen Verben entfallen in der Regel alle **grafischen Akzente**. (Diese Unregelmäßigkeiten bleiben auch bei Komposita mit diesen Verben erhalten.)

Beachte: Die *indefinido*-Formen der Verben ***ser*** und ***ir*** sind **identisch**.

andar	**conducir***	**dar**	**decir**	**estar**	**caber**
anduve	conduje	di	dije	estuve	cupe
anduviste	condujiste	diste	dijiste	estuviste	cupiste
anduvo	condujo	dio	dijo	estuvo	cupo
anduvimos	condujimos	dimos	dijimos	estuvimos	cupimos
anduvisteis	condujisteis	disteis	dijisteis	estuvisteis	cupisteis
anduvieron	condu**je**ron	dieron	di**je**ron	estuvieron	cupieron

* Alle anderen Verben auf *-ducir* wie *introducir, producir* oder *traducir* werden ebenso konjugiert.

haber	hacer	huir	ir/ser	poder	poner
	hice	hui	fui	pude	puse
	hiciste	huiste	fuiste	pudiste	pusiste
hubo	hizo	huyó*	fue	pudo	puso
	hicimos	huimos	fuimos	pudimos	pusimos
	hicisteis	huisteis	fuisteis	pudisteis	pusisteis
	hicieron	huyeron	fueron	pudieron	pusieron

* Hier entfällt der grafische Akzent nicht.

querer	saber	tener	traer	venir	ver
quise	supe	tuve	traje	vine	vi
quisiste	supiste	tuviste	trajiste	viniste	viste
quiso	supo	tuvo	trajo	vino	vio
quisimos	supimos	tuvimos	trajimos	vinimos	vimos
quisisteis	supisteis	tuvisteis	trajisteis	vinisteis	visteis
quisieron	supieron	tuvieron	trajeron	vinieron	vieron

Verben mit orthografischen Besonderheiten

Einige Verben weisen bei der Bildung des *indefinido* orthografische Besonderheiten auf, die sich aus den Regeln zur spanischen Rechtschreibung oder zur Aussprache ergeben.

Folgende orthografische Besonderheiten in der **1. Person Singular** ergeben sich durch die Endung auf den hellen Vokal *-e*:

- Bei Verben auf ***-gar*** wird nach **g** ein ***u*** eingefügt.
- Bei Verben auf ***-car*** wird das **c** zu ***qu***.
- Bei Verben auf ***-zar*** wird das **z** zu **c**.

	pagar	buscar	empezar
(yo)	pagué	busqué	empecé
(tú)	pagaste	buscaste	empezaste
(él/ella, usted)	pagó	buscó	empezó
(nosotros/-as)	pagamos	buscamos	empezamos
(vosotros/-as)	pagasteis	buscasteis	empezasteis
(ellos/-as, ustedes)	pagaron	buscaron	empezaron
Weitere Verben:	apagar, castigar, jugar, llegar…	explicar, practicar, sacar…	analizar, comenzar, organizar…

- Bei Verben auf *-guar* wird in der **1. Person Singular** das *u* zu **ü**, damit es mitgesprochen wird.
- Bei Verben auf *-aer*, *-eer* und *-oír* wird in der **3. Person Singular** und **Plural** das *i* der Endung zu **y**. In den restlichen Formen trägt das *i* der Endung je einen **grafischen Akzent**.
- Bei Verben auf *-uir* wird in der **3. Person Singular** und **Plural** das *i* der Endung zu **y**.

	averiguar	**leer**	**destruir**
(yo)	averigüé	leí	destruí
(tú)	averiguaste	leíste	destruiste
(él, ella, usted)	averiguó	leyó	destruyó
(nosotros/-as)	averiguamos	leímos	destruimos
(vosotros/-as)	averiguasteis	leísteis	destruisteis
(ellos/-as, ustedes)	averiguaron	leyeron	destruyeron
Weitere Verben:	aguar, atestiguar…	caer, creer, oír	construir, concluir, disminuir, sustituir…

12.2 Die Bildung des *pretérito imperfecto*

Fast alle Verben bilden die Formen des *imperfecto* regelmäßig.

Regelmäßige Verben

Die regelmäßigen Verben werden zur Bildung des *imperfecto* entsprechend ihrer Infinitivendung in zwei Konjugationsgruppen eingeteilt: Verben auf *-ar* und Verben auf *-er* und *-ir*.

Beachte: Die *imperfecto*-Endungen der 1. und 3. Person Singular sind bei allen Verben jeweils **identisch**.

	trabajar	**beber**	**vivir**
(yo)	trabaj**aba**	beb**ía**	viv**ía**
(tú)	trabaj**abas**	beb**ías**	viv**ías**
(él/ella, usted)	trabaj**aba**	beb**ía**	viv**ía**
(nosotros/-as)	trabaj**ábamos**	beb**íamos**	viv**íamos**
(vosotros/-as)	trabaj**abais**	beb**íais**	viv**íais**
(ellos/-as, ustedes)	trabaj**aban**	beb**ían**	viv**ían**

Unregelmäßige Verben

Nur drei Verben weisen unregelmäßige Imperfekt-Formen auf: ***ser***, ***ver*** und ***ir***.

	ser	**ver**	**ir**
(yo)	era	veía	iba
(tú)	eras	veías	ibas
(él/ella, usted)	era	veía	iba
(nosotros/-as)	**é**ramos	veíamos	**í**bamos
(vosotros/-as)	erais	veíais	ibais
(ellos/-as, ustedes)	eran	veían	iban

12.3 Die Bildung des *pretérito perfecto*

Das *pretérito perfecto* (auch *perfecto compuesto* genannt) setzt sich aus der **Präsensform** des Hilfsverbs ***haber*** und dem **Partizip Perfekt** des jeweiligen Vollverbs zusammen. Zur Bildung des Partizips Perfekt wird an Verben auf *-ar* die Endung ***-ado*** angehängt, bei Verben auf *-er* und *-ir* die Endung ***-ido***.

Beachte: Das Partizip ist **unveränderlich** und steht direkt nach dem Hilfsverb *haber*.

	trabajar	**beber**	**vivir**
(yo)	he trabajado	he bebido	he vivido
(tú)	has trabajado	has bebido	has vivido
(él/ella, usted)	ha trabajado	ha bebido	ha vivido
(nosotros/-as)	hemos trabajado	hemos bebido	hemos vivido
(vosotros/-as)	habéis trabajado	habéis bebido	habéis vivido
(ellos/-as, ustedes)	han trabajado	han bebido	han vivido

Bildung der unregelmäßigen Partizipformen

Einige Verben auf ***-er*** und ***-ir*** weisen eine unregelmäßige Partizipform auf. Dies gilt auch für Komposita mit diesen Verben (z. B. *hacer* → *deshacer*, *cubrir* → *descubrir*).

infinitivo	**participio**	**infinitivo**	**participio**
hacer	hecho	abrir	abierto
poner	puesto	cubrir	cubierto
resolver	resuelto	decir	dicho

infinitivo	**participio**	**infinitivo**	**participio**
ver	visto	escribir	escrito
volver	vuelto	freír	frito
imprimir	impreso	romper	roto
morir	muerto		

Beachte: Das *pretérito perfecto* von *haber* lautet ***ha habido***.

12.4 Die Bildung des *pretérito pluscuamperfecto*

Das *pretérito pluscuamperfecto* wird durch das **Imperfekt** des Hilfsverbs ***haber*** und das **Partizip Perfekt** des jeweiligen Vollverbs gebildet.

Beachte: Die Formen der 1. und 3. Person Singular des *pluscuamperfecto* sind jeweils **identisch**.

	hablar	**beber**	**vivir**
(yo)	había hablado	había bebido	había vivido
(tú)	habías hablado	habías bebido	habías vivido
(él/ella, usted)	había hablado	había bebido	había vivido
(nosotros/-as)	habíamos hablado	habíamos bebido	habíamos vivido
(vosotros/-as)	habíais hablado	habíais bebido	habíais vivido
(ellos/-as, ustedes)	habían hablado	habían bebido	habían vivido

12.5 Der Gebrauch der Vergangenheitszeiten

Das *pretérito indefinido*

Mit dem *indefinido* wird über **einmalige Ereignisse** in der Vergangenheit berichtet, die der Sprecher/die Sprecherin als **abgeschlossen** betrachtet. Signalwörter dafür sind z. B.:

anoche, ayer
hace ... días/meses/años
en (el año) 1998, en el siglo XX
el otro día, aquel día
la semana pasada, el año pasado
de repente

Vi a María el otro día por el centro.
→ *Vor ein paar Tagen habe ich María im Zentrum gesehen.*

El año pasado suspendí dos asignaturas.
→ *Letztes Jahr bin ich in zwei Fächern durchgefallen.*

Das *indefinido* drückt zudem **Handlungen mit Anfang und Ende** aus. Signalwörter dafür sind z. B.: *desde … hasta* *tres años, cuatro horas, dos días*	Diego esperó media hora pero luego se fue. → *Diego hat eine halbe Stunde gewartet, aber dann ist er gegangen.*
Außerdem wird das *indefinido* in Berichten und Geschichten verwendet, um **aufeinanderfolgende Handlungen** zu schildern. Signalwörter dafür sind z. B.: *primero, al principio* *luego, después* *al fin*	Primero Ana se quitó los zapatos y después se tumbó en el sofá. → *Zuerst hat Ana sich die Schuhe ausgezogen und danach hat sie sich aufs Sofa gelegt.*

Das *pretérito imperfecto*

Mit dem *imperfecto* werden **wiederholte** oder **gleichzeitig stattfindende Handlungen** in der Vergangenheit ausgedrückt. Signalwörter dafür sind z. B.: *a veces, muchas veces* *antes, mientras* *siempre, todos los días* *en aquellos años, en aquella época* *antaño*	Antes Jorge fumaba un paquete al día. → *Früher hat Jorge eine Packung am Tag geraucht.* María llamaba a su madre todos los días. → *María hat ihre Mutter jeden Tag angerufen.*
Das *imperfecto* beschreibt zudem **Situationen** oder **Zustände** in der Vergangenheit (z. B. Wetter, Landschaft, Jahreszeit, Eigenschaften, Uhrzeit, Datum).	Nuestra casa era muy bonita. → *Unser Haus war sehr schön.* Julia se sentía triste y no tenía ganas de ver a nadie. → *Julia war traurig und hatte keine Lust, jemanden zu sehen.*

Das *imperfecto* wird auch verwendet, um **Erklärungen** oder **Gründe** für bestimmte Handlungen zu beschreiben. Signalwörter dafür sind z. B.: *como* *por que* *ya que, puesto que, dado que*	Ayer Andrés no vino a clase porque estaba enfermo. → *Gestern ist Andrés nicht zum Unterricht gekommen, weil er krank war.* Como llovía sin parar, nos quedamos en casa. → *Da es unaufhörlich regnete, blieben wir zu Hause.*
Außerdem drückt das *imperfecto* Vorgänge aus, die beim Einsetzen einer anderen Handlung noch **nicht abgeschlossen** sind.	Encontré esta moneda cuando iba por la calle. → *Ich habe diese Münze gefunden, als ich auf der Straße spazieren ging.*
Das *imperfecto* kann auch zum höflichen Äußern eines **Wunsches** gebraucht werden.	Quería preguntarle cuánto cuestan estas gafas. → *Ich wollte Sie fragen, wie viel diese Brille kostet.*

Gegenüberstellung von *pretérito imperfecto* und *pretérito indefinido*

Das *pretérito imperfecto* dient für **Hintergrundinformationen**, die die Handlung begleiten.	Das *pretérito indefinido* wird verwendet, um eine Erzählung **fortschreiten** zu lassen („Und was geschah dann?").
Era un sábado por la mañana. → *Es war ein Samstagmorgen. (Hintergrundinformation)* Estaba lloviendo y hacía mucho frío. → *Es regnete und war sehr kalt. (Hintergrundinformation, Beschreibung)*	Me levanté y miré por la ventana. → *Ich stand auf und sah aus dem Fenster. (Handlung beginnt und schreitet fort.)*

Wenn **weder Anfang noch Ende** einer Handlung wichtig sind, benutzt man das *pretérito imperfecto*.	Bei **zeitlich eingegrenzten Handlungen** wird das *pretérito indefinido* verwendet.
En esa época yo vivía en Viena. → *Während jener Zeit lebte ich in Wien. (kein Anfang oder Ende)*	Viví cinco años en Viena. → *Ich habe fünf Jahre in Wien gelebt. (klare zeitliche Begrenzung auf fünf Jahre)*

Das *pretérito perfecto*

Das *pretérito perfecto* drückt Ereignisse oder Handlungen aus, die einen Bezug zur **Gegenwart** haben.

- Das *pretérito perfecto* wird bei **einmaligen Handlungen** verwendet, deren **Zeitraum** im Moment des Sprechens als **noch nicht abgeschlossen** betrachtet wird. Signalwörter sind z. B.:

  hoy, esta mañana, esta tarde
  estos días, este mes, este año
  alguna vez, nunca
  todavía no, ya
  últimamente

¿Por qué no me has dicho nada estos días?
→ *Warum hast du mir die letzten Tage nichts gesagt?*
Nunca han estado en Alemania.
→ *Sie sind noch nie in Deutschland gewesen.*

- Auch bei Handlungen, deren **Zeitpunkt unbestimmt** oder **unwichtig** ist, wird das *perfecto* verwendet (ähnlich wie der Gebrauch des *present perfect* im Englischen).

¿Has leído «Cien años de soledad»?
→ *Hast du „Hundert Jahre Einsamkeit" gelesen?*
¿Has comido alguna vez caracoles?
→ *Have you ever eaten snails?*
→ *Hast du schon einmal Schnecken gegessen?*

Beachte: In einigen Regionen Spaniens und vor allem in Lateinamerika wird in der gesprochenen Sprache fast ausschließlich das *pretérito indefinido* anstelle des *perfecto* verwendet.

¿Por qué no me dijiste nada estos días?
→ *Warum hast du mir die letzten Tage nichts gesagt?*
¿Leíste «Cien años de soledad»?
→ *Hast du „Hundert Jahre Einsamkeit" gelesen?*

Gegenüberstellung von *pretérito perfecto* und *pretérito indefinido*

Das *pretérito perfecto* und das *pretérito indefinido* werden beide für **einmalige Handlungen** verwendet.	
Beim *pretérito perfecto* wird der Zeitraum der Handlung als **nicht abgeschlossen** bzw. unwichtig betrachtet oder hat Auswirkungen, die bis in die **Gegenwart** reichen.	Beim *pretérito indefinido* ist der Zeitraum der Handlung **bekannt** und **abgeschlossen**.
Esta tarde he corrido diez kilómetros. → *Heute Nachmittag bin ich zehn Kilometer gelaufen. (Handlung ist gerade geschehen bzw. Zeitraum reicht noch bis in die Gegenwart.)*	Ayer corrí diez kilómetros. → *Gestern bin ich zehn Kilometer gelaufen. (Zeitraum der Handlung ist abgeschlossen.)*

Das *pretérito pluscuamperfecto*

Das *pluscuamperfecto* beschreibt Ereignisse oder Handlungen, die sich **vor anderen Vorgängen** in der **Vergangenheit** abgespielt haben.	No pudimos hacer el pastel porque Carlos había olvidado comprar los huevos. → *Wir konnten den Kuchen nicht backen, weil Carlos vergessen hatte, die Eier zu kaufen.* Antes de ir a estudiar a Valencia, ya había encontrado una habitación en un piso compartido. → *Bevor ich zum Studium nach Valencia ging, hatte ich schon ein WG-Zimmer gefunden.*

Ejercicios

48 *Tu compañero no acudió a clase el día que explicaron los verbos con cambio vocálico en la raíz. Rellena el siguiente bocadillo con las palabras que faltan para explicarle de forma resumida cómo se conjugan dichos verbos en el pretérito indefinido.*

Algunos verbos cambian la vocal de su raíz en el **indefinido**. Por ejemplo, los verbos terminados en «-ir», que en el presente cambian la vocal «**e**» por «**i**» o por «**ie**», cambian también en el indefinido, pero solo lo hacen en la ______________________ persona del singular y del plural.
Veamos la conjugación del verbo «sentir» que en indefinido es la siguiente: «yo ______________, tú ____________________, él sintió, nosotros ______________, vosotros ______________, ellos ____________».

49 *Laura y Alba conversan al llegar al instituto. Completa los diálogos con la forma adecuada de los verbos en el pretérito indefinido.*

LAURA.— Como ayer ____________ *(empezar)* la primavera, ____________ *(alegrarse)* tanto que ________________ *(decidir)* olvidar el invierno, aunque hacía aún bastante frío. __________________ *(vestirse)* de un modo especial, con colores vivos. Antes de salir de casa ________________ *(peinarse)* bien y ________________ *(hacerse)* una cola de caballo. Después ____________ *(escribir)* un WhatsApp a Julia y se lo ________________ *(explicar)*. Ella __________ *(pensar)* en hacer lo mismo y me __________ *(pedir)* que la esperara para ir a clase juntas. Ella también ______________ *(vestirse)* con colores vivos y ________________ *(hacerse)* una trenza *(einen Zopf flechten)*. Lo malo es que como ______________ *(ponerse)* el gorro para salir, su peinado __________________ *(estropearse)*. De todos modos, cuando nos __________________ *(ver)* los de la clase en el instituto, nos __________________ *(decir)* que por fin alguien llenaba de colorido el cole.

ALBA.—¡Aha! ¡Por eso ibais vestidas tan raras! Cuando os ________ *(ver, yo)* en el pasillo, me ____________________ *(parecer)* tan extraño, con el frío que hacía... Pero, mira, yo también estoy harta del invierno. Por eso, ayer por la tarde mi prima y yo ____________________ *(ir)* de compras y nos ____________________ *(comprar)* una chaqueta amarilla cada una. Mañana mismo me la pongo.

50 *¿Conoces las montañas del sur de España? El parque nacional más grande del país se encuentra allí. Fíjate en estas formas del pretérito indefinido. Apunta de qué persona se trata y escribe el infinitivo en las casillas para obtener la solución.*

persona **infinitivo**

a) busqué ____________________
b) dijisteis ____________________
c) leyó ____________________
d) quisiste ____________________
e) dieron ____________________
f) estuvo ____________________
g) pusimos ____________________
h) traje ____________________
i) vimos ____________________
j) hicisteis ____________________
k) pediste ____________________
l) supo ____________________

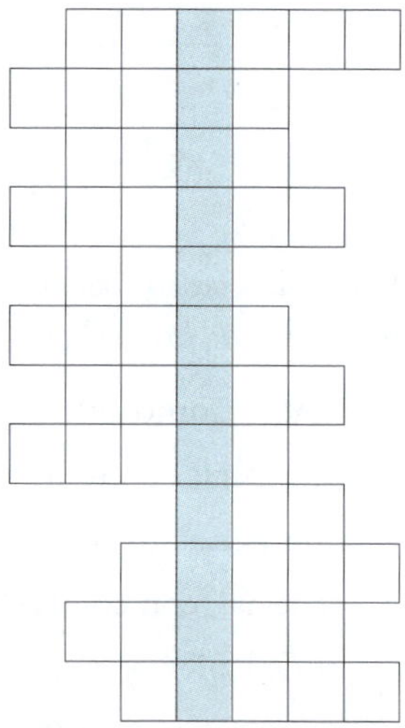

solución: el Parque Nacional de ____________________

51 *En su blog, Nuria escribe todos los días sobre su viaje por Andalucía. Pon los verbos en las formas correspondientes del pretérito imperfecto.*

Mientras ________________________ (viajar) por Andalucía, descubrimos una antigua ciudad romana que no es muy conocida, pero que es una de las mejores muestras del urbanismo romano: Baelo Claudia.

Baelo Claudia ________ (ser) un puerto importante. Desde allí _____________ (salir) los barcos hacia Tánger (Marruecos). La ciudad _____________ (vivir) de la pesca y de la producción del garum (una salsa de pescado), p. ej.

Los edificios más importantes ___________________ (situarse) alrededor del foro, la plaza principal de la ciudad. Baelo Claudia _______________ (contar) con cuatro templos: uno para Júpiter, uno para Juno, uno para Minerva y uno para Isis, la diosa egipcia. Isis _______________ (ser) muy popular en aquella época en la península ibérica…

Por supuesto, los ciudadanos de Baelo Claudia _________________ (disponer) también de termas públicas y de un gran teatro en el que _________________ (caber) hasta 2000 personas. Además, ____________ (haber) cuatro acueductos que ______________________ (suministrar) el agua a los ciudadanos.

En mi opinión, los restos arqueológicos de Baelo Claudia muestran que la vida allí ______________ (estar) muy avanzada para la época.

52 *Rellena los huecos con la forma adecuada del perfecto compuesto.*

a)

¿____________________ *(abrir, tú)* el paquete?
No, aún no lo __________________ *(hacer)* por miedo. Antes se me _________ _____________ *(caer)* al suelo. Espero que no esté roto, pero no estoy segura.

b)

¿Le _____________________ *(poner, tú)* gasolina a la moto?
No, lo siento, no __________________ *(poder, yo)* por falta de tiempo y dinero.

c)

¿__________________________ *(encontrado, tú)* ya la solución del problema de matemáticas?
Sí, _____________________ *(resolver, yo)* el problema esta mañana. Primero, mi hermano y yo ___________________________ *(repasar, nosotros)* la lección y él me lo ____________________________________ *(explicar)* todo despacio. Después, me __________________________ *(poner, yo)* a pensar y ________ _________________ *(llegar, yo)* a la solución yo solita.

d)

Aunque me gusta el huevo frito, no quiero comerme este huevo. Me parece que al hacerlo lo __________________________ *(cubrir, ellos)* completamente de aceite y el huevo ____________________ *(quedar)* demasiado grasiento *(fettig)*.

e)

¿Por qué no me ________________________________ *(contestar, vosotros)* el mensaje de esta mañana? Me ___________________________________ *(decir, vosotros)* que me responderíais rápido.
¿Nos ________________________ *(escribir, tú)* un mensaje esta mañana?, ¿de verdad? Pues ___________________________ *(mirar, nosotros)* varias veces, pero no lo _______________________________ *(ver)*. Creo que el mensaje no nos _________________________ *(llegar)* por falta de cobertura.

53 *Paula no obtuvo plaza para la excursión a Londres con su grupo del curso de inglés. Por ello decidió pasar el fin de semana en casa de su amiga Miriam en Barcelona. Sin embargo, en el último momento le han dado plaza y Paula ha cambiado sus planes. Miriam está decepcionada. Completa su diálogo.*

han comunicado • ibas • pensaba • han llamado • sabías • había apuntado • había dicho • habían invitado • estaba • han dado • preferiste • habías dicho • habías quedado • sabía (2x)

PAULA.—¿Te acuerdas de que ______________ en lista de espera para la excursión? Pues me ______________ plaza y finalmente me voy a Londres mañana y no podré visitarte para pasar el fin de semana contigo. Me ______________ esta mañana y me ______________ que tengo plaza.

MIRIAM.—¡Oh! Pues yo no ______________ nada de una lista de espera, creo que no me lo ______________. Sinceramente, yo solo ______________ que te ______________ sin plaza y que por eso no ______________ a Londres.

PAULA.—Entonces, quizá se me olvidó mencionarte que me ______________ ______________ a la lista de espera... Disculpa, tendría que habértelo dicho.

MIRIAM.—Ya debería conocerte mejor, no es la primera vez que me dejas plantada *(sitzen lassen)*.

PAULA.—No te enfades, Miriam, por favor. Mira, si no te ______________ nada es porque ______________ que no tendría plaza. Además, ¿no te acuerdas de que el año pasado ______________ ir a esquiar con tus abuelos en lugar de pasar las Navidades en mi casa?

MIRIAM.—Es verdad, pero tu ya ______________ que me ______________ ______________.

PAULA.—Bueno, dejemos de pelearnos. La verdad es que me gustaría mucho visitarte, pero me hace mucha ilusión conocer Londres, dicen que es una ciudad maravillosa.

54 *Forma oraciones uniendo elementos de los tres círculos.*

1
En el instituto a veces
De pequeño siempre
Ayer
Cuando vivía en el pueblo
Estas Navidades
El invierno pasado

2
me levanté
he esquiado
nos conocimos
cogía/tomaba*
estudio
dormía

3
el autobús para ir al instituto.
por primera vez en pistas negras.
en la biblioteca después de clase.
con el sol.
con un osito de peluche.
en un concierto de Juanes.

* Beachte bei der Verwendung von „coger" und „tomar": „Coger" wird in Spanien benutzt, in Lateinamerika wird stattdessen eher „tomar" verwendet. „Coger" hat in Lateinamerika häufig eine vulgäre Bedeutung.

55 *Ayer Daniel tuvo un mal día. Completa las frases con el verbo en la forma del pasado adecuada.*

Ayer ______________ (*perder, yo*) el autobús por la mañana porque ______________ (*salir*) demasiado tarde de casa. ______________ (*llegar*) tarde al instituto y no ______________ (*tener*) la oportunidad de hacer el examen porque la clase ya ______________ (*estar*) cerrada cuando ______________ (*llegar*).

______________ (*regresar*) a casa muy enfadado y decepcionado y ______________ (*acostarse*) un rato. ______________ (*estar*) cansado porque ______________ (*estudiar*) toda la noche, así que ______________ (*dormirse*) enseguida.

______________ (*despertarse*) a las 14 h cuando ______________ (*sonar*) el teléfono. ______________ (*tardar*) en cogerlo y cuando ______________ (*descolgar*), ya ______________ (*colgar, ellos*). Sin embargo, ______________ (*haber*) un mensaje en el contestador. ______________ (*ser*) un mensaje de mi profesor en el que me ______________ (*ofrecer*) la oportunidad de hacer el examen al día siguiente con la clase paralela. ______________ (*alegrarse*) mucho y ______________ (*ponerse*) a estudiar.

Hoy ______________ (*levantarse*) temprano y no ______________ (*perder*) el autobús… ¡El examen me ha salido genial!

56 *En su ensayo para la clase de español Julia cuenta su viaje a Mallorca. Elige la forma correcta de los verbos.*

Cumpleaños en Palma de Mallorca

El pasado mes de marzo **pasé/había pasado/he pasado** el fin de semana de mi cumpleaños con mi tía en Palma de Mallorca. Yo nunca **estaba/he estado/había estado** en Mallorca. Mi tía, que conoce bien la isla, quiso enseñarme la capital y por eso me **regalaba/regaló/había regalado** el viaje.

En Alemania todo el mundo conoce Mallorca y habla de la isla de un modo peculiar, por eso yo **creía/había creído/he creído** que **estaba/estuvo** un lugar para divertirse, con muchos turistas y sin carácter propio. ¡Qué equivocada **estaba/estuvo/he estado**! Mallorca es un lugar con mucha historia y personalidad propia. Y Palma, su capital, es una ciudad antigua, llena de cultura y con mucho encanto. La catedral de Palma, llamada La Seu, **era/fue** lo que más me impresionó. Es gótica, amplia y muy hermosa, además está situada justo delante del mar. Desde la ventana de nuestra habitación del hotel **se podían/se habían podido/se pudieron** ver las torres de La Seu y por las noches con la iluminación la vista **fue/era/había sido** impresionante.

Como ese fin de semana **se celebró/se había celebrado/se celebraba** el Día de las Islas Baleares, en las calles de Palma **hubo/ha habido/había** puestos artesanales y gastronómicos con productos típicos de las Baleares. Lo que más me **gustaba/había gustado/gustó** fue comer galletas saladas untadas[1] con sobrasada, un embutido[2] rojo muy sabroso, típico de la isla. Lo malo **era/fue** que **he comido/comí/había comido** demasiadas y ya no me quedó hambre para el postre. Así que **me quedé/me quedaba/me había quedado** sin probar la famosa ensaimada, una especialidad dulce con forma de caracol[3].

Esta mañana **he llamado/llamé/llamaba** a mi tía de nuevo para darle las gracias por el viaje y le **dije/decía/he dicho** que estaré encantado de recibir el mismo regalo el próximo año. Al fin y al cabo, si no has comido una ensaimada, no conoces realmente lo dulce que es Mallorca.

1 untar: *bestreichen*; 2 el embutido: *Wurst*; 3 el caracol: *Schnecke*

57 *Completa el siguiente texto con los verbos en la forma correspondiente del pretérito imperfecto, indefinido, perfecto o pluscuamperfecto.*

BOLIVIA ATRAVIESA SU PEOR CRISIS DE AGUA EN 25 AÑOS

Se dice que las guerras del futuro serán por el agua. Incluso en la película de James Bond «Quantum of Solace» se trata este tema.
Y de hecho en Bolivia la escasez (*Knappheit*) de agua ya
_______________ en una verdadera **convertirse**
crisis. En 2016, el entonces presidente Evo Morales incluso
_______________ el estado de emergencia nacional. **declarar**
Hasta noviembre las precipitaciones _______________ **alcanzar**
_______________ solamente el 10% del porcentaje
habitual. Como consecuencia de la sequía, en las grandes
ciudades como La Paz y El Alto el suministro (*Versorgung*) del
agua _______________ a tres horas cada tres días. **restringirse**

Bolivia, una potencia hídrica

Resulta difícil de creer, pero este país andino ocupa el séptimo puesto en el mundo por sus reservas de agua. El problema es que estos recursos se concentran en la Cuenca del Amazonas (*Amazonasbecken*) y hacen falta sistemas de distribución. Y otra fuente natural de agua, los glaciares andinos, ya
_______________ a desaparecer. **empezar**

Los factores climáticos

El derretimiento (*Schmelzen*) del glaciar Chacaltaya, p. ej.,
donde antaño _______________ una pista **encontrarse**
de esquí que _______________ la más alta del mundo, muestra **ser**
claramente los efectos del calentamiento global. Además, en
los últimos años las precipitaciones (*Niederschläge*) en la
región _______________ notable- **disminuir**
mente como consecuencia del fenómeno climático El Niño.

Otros factores

Sin embargo, la crisis del agua no se debe solamente a factores
climáticos. Aunque las autoridades bolivianas son conscientes
del problema, hasta ahora ni ______________________ **encontrar**
______________ nuevos caminos para obtener agua pota-
ble ni ______________________ la red de tuberías **renovar**
(*Leitungen*) en la que se pierde hasta un 45% del agua.
Además, el crecimiento económico en los últimos años
________________ graves consecuencias para el medio **tener**
ambiente. La industria minera, por ejemplo, no solo contamina
ríos y lagos, sino que consume enormes cantidades de agua.

Privatización y nacionalización

Ya en el año 2000, los habitantes de Cochabamba
____________________ de forma vehemente contra la **protestar**
privatización del suministro del agua porque después de una
subida de precios ya no ________________ permitirse de **poder**
comprar agua. Esta serie de protestas ______________ a la **llevar**
llamada Guerra del Agua que ______________________ **extenderse**
también a otras regiones del país. Al fin, el gobierno boliviano
__________________ la privatización. **anular**
La empresa responsable del suministro de agua potable en La
Paz ____________________________________ por el **ser nacionalizado/-a**
gobierno de Morales en 2007 con el motivo de garantizar el
derecho a agua potable a la población. Desde entonces, los
precios del agua ______________________ estables. Sin **mantenerse**
embargo, se ______________________ a la empresa por **reprochar**
haber tardado demasiado en reaccionar a la crisis del agua.
Bolivia y la escasez de agua: un problema bastante complejo.

Lösungen zu diesem Kapitel

13 Das Futur • *El futuro*

Zusätzlich zu diesem Band steht Ihnen unsere „MindApp" zur Verfügung. Sie enthält eine Übersicht über die Konjugation der spanischen Verben und ist für den Einsatz am Smartphone optimiert.

Bei den Zukunftsformen wird im Spanischen zwischen *futuro simple* und *futuro perfecto* (oder *futuro compuesto*) unterschieden.

13.1 Die Bildung des *futuro simple*

Die Endungen des *futuro simple* sind für alle drei Konjugationsgruppen (Verben auf *-ar*, *-er*, *-ir*) **identisch**. Sie werden an den **Infinitiv** angehängt. Die Betonung liegt auf der Endung (in der 1. Person Plural wird die erste der beiden Endungssilben betont).

	trabajar	**beber**	**vivir**
(yo)	trabajar**é**	beber**é**	vivir**é**
(tú)	trabajar**ás**	beber**ás**	vivir**ás**
(él/ella, usted)	trabajar**á**	beber**á**	vivir**á**
(nosotros/-as)	trabajar**emos**	beber**emos**	vivir**emos**
(vosotros/-as)	trabajar**éis**	beber**éis**	vivir**éis**
(ellos/-as, ustedes)	trabajar**án**	beber**án**	vivir**án**

Unregelmäßige Verben

Manche Verben ändern im Futur ihren **Stamm**. Die Endungen bleiben regelmäßig. Komposita mit diesen Verben (z. B. *hacer* → *deshacer*) weisen die gleichen Unregelmäßigkeiten auf.

	decir	**haber**	**hacer**	**poder**	**poner**
(yo)	diré	habré	haré	podré	pondré
(tú)	dirás	habrás	harás	podrás	pondrás
(él/ella, usted)	dirá	habrá	hará	podrá	pondrá
(nosotros/-as)	diremos	habremos	haremos	podremos	pondremos
(vosotros/-as)	diréis	habréis	haréis	podréis	pondréis
(ellos/-as, ustedes)	dirán	habrán	harán	podrán	pondrán

	querer	saber	salir	tener
(yo)	querré	sabré	saldré	tendré
(tú)	querrás	sabrás	saldrás	tendrás
(él/ella, usted)	querrá	sabrá	saldrá	tendrá
(nosotros/-as)	querremos	sabremos	saldremos	tendremos
(vosotros/-as)	querréis	sabréis	saldréis	tendréis
(ellos/-as, ustedes)	querrán	sabrán	saldrán	tendrán

13.2 Die Bildung des *futuro perfecto*

Das *futuro perfecto* (auch *futuro compuesto* genannt) setzt sich zusammen aus dem ***futuro simple*** des Hilfsverbs ***haber*** und dem **Partizip Perfekt** (zur Bildung des Partizip Perfekt siehe Kap. 12.3) des jeweiligen Verbs.

	trabajar	beber	vivir
(yo)	habré trabajado	habré bebido	habré vivido
(tú)	habrás trabajado	habrás bebido	habrás vivido
(él/ella, usted)	habrá trabajado	habrá bebido	habrá vivido
(nosotros/-as)	habremos trabajado	habremos bebido	habremos vivido
(vosotros/-as)	habréis trabajado	habréis bebido	habréis vivido
(ellos/-as, ustedes)	habrán trabajado	habrán bebido	habrán vivido

13.3 Die Verwendung des Futurs

Das *futuro simple*

Das *futuro simple* wird für (mögliche) Handlungen und Ereignisse in der **Zukunft** verwendet.

Beachte: Umgangssprachlich wird statt des *futuro simple* häufig die Verbalperiphrase ***ir a* + Infinitiv** benutzt.

La semana que viene iremos a Londres.
→ *Nächste Woche werden wir nach London fahren.*

La semana que viene vamos a ir a Londres.
→ *Nächste Woche werden wir nach London fahren.*

Das *futuro simple* wird zudem verwendet:	
• um eine **Wahrscheinlichkeit** oder **Vermutung** auszudrücken	—¿Qué le pasa a Javier? —Estará triste porque su abuela ha muerto. → *Was ist mit Javier los? – Er ist wohl traurig, weil seine Großmutter gestorben ist.*
• um umgangssprachlich **Befehle** auszudrücken	Cuando terminemos, recogeréis la mesa. → *Wenn wir fertig sind, werdet ihr den Tisch abräumen.*
• um die **Gebote** auszudrücken	No matarás. → *Du sollst nicht töten.*
• in **Frage-** und **Ausrufesätzen**, die **Überraschung** oder **Erstaunen** ausdrücken	¡Será posible! → *Das kann doch wohl nicht wahr sein!* ¿No mentirás a tu padre? → *Du wirst doch deinen Vater nicht anlügen?*
• in **Konditionalsätzen** mit **erfüllbarer** Bedingung (das *futuro simple* steht im Hauptsatz) (zu den realen Bedingungssätzen siehe auch Kapitel 15.1)	Si haces los deberes antes de cenar, podrás ver la película. → *Wenn du die Hausaufgaben vor dem Abendessen machst, darfst du dir den Film anschauen.*

Das *futuro perfecto*

Das *futuro perfecto* wird verwendet, um:	
• Handlungen oder Zustände auszudrücken, die zu einem **bestimmten Zeitpunkt** in der Zukunft **abgeschlossen** sein werden	Mañana a esta hora ya habremos llegado. → *Morgen um diese Zeit werden wir schon angekommen sein.* Cuando vuelvas del trabajo, yo ya habré hecho la cena. → *Wenn du von der Arbeit zurückkommst, werde ich das Abendessen schon zubereitet haben.*
• Vermutungen zu **vergangenen Vorgängen** auszudrücken	¿Habrán transferido el dinero? → *Ob das Geld wohl überwiesen worden ist?*
• in **Ausrufesätzen** Erstaunen oder Überraschung auszudrücken	¡Si lo habré leído! → *Und ob ich es gelesen habe!*

Ejercicios

58 *Escoge el verbo adecuado para completar el texto con las formas correspondientes del futuro simple.*

¿Cómo __________ las ciudades del futuro?

tener que, necesitar, mejorar, haber (2 x), poder, estar, vivir (2 x), pasar, proteger, controlar, ser, cambiar

Las previsiones indican que en el año 2050 el 75% de la población mundial ______________ en ciudades, pero ¿en qué tipo de ciudad ____________________ *(nosotros)*? La realidad es que nuestras ciudades ____________________, y mucho. ____________________ *(nosotros)* espacios urbanos más inteligentes e informados, según dicen los expertos. Para muchos de ellos, la ciudad más inteligente es la más ecológica. ____________ ciudades verdes llenas de vehículos eléctricos y sistemas de bicicletas compartidas. La calidad del aire ______________ tanto que los trabajadores ________ abrir las ventanas de sus oficinas sin miedo a la contaminación.

En los rascacielos, en las viviendas y en los espacios de oficina __________ invernaderos *(Gewächshäuser)* flotantes o pequeñas huertas en los techos de los edificios.

En el futuro, todo lo que hay en una ciudad —la red eléctrica, las calles, los edificios, los automóviles— ______________ conectado a una red. No es una utopía, este tipo de ciudades ya están siendo construidas (p. ej. Songdo en Corea del Sur).

Pero ¿es ese el futuro que queremos? ¿Cómo se ________________ la multitud de datos de los ciudadanos? ¿Quién __________________ la ciudad inteligente? ¿Qué __________ con todos aquellos que viven en pisos de «ocupas» o en barrios de chabolas? Las ciudades realmente inteligentes ____________________ encontrar respuestas a estas preguntas.

59 *Después del fin de semana, Ana regresa a casa y su habitación está muy cambiada. Completa el texto con las formas del futuro compuesto.*

a) Su cama está deshecha.
→ Alguien ________________________ *(dormir)* en su cama.

b) Sus libros están por el suelo.
→ Su hermana los ________________________ *(leer)*.

c) Su blusa preferida no está en el armario.
→ Su hermana la ________________________ *(tomar)* prestada.

d) Hay sacos de dormir en el suelo.
→ Los amigos de su hermana ________________________ *(pasar)* la noche allí.

e) Su tableta está apagada y sin batería.
→ Alguien la ________________________ *(usar)*.

f) Hay un pijama en el suelo.
→ Alguien lo ________________________ *(olvidar)*.

g) Su ordenador está funcionando.
→ Alguien lo ________________________ *(encender)*.

60 *Observa varios usos del futuro simple y construye oraciones uniendo las dos partes de la tabla.*

a) ¡Tendré mala suerte!	1) y finalmente conseguiré mis objetivos.
b) —¿Será verdad lo que dice hoy mi horóscopo?	2) la encontrarás cerrada y tendrás que esperar hasta las cinco para acostarte.
c) En muchas ciudades europeas	3) y esquiaré por esta pista negra.
d) Si llegas a la residencia después de las dos de la mañana,	4) te conectarás por la calle fácilmente a la red, sin ningún tipo de gastos.
e) Triunfarás en los exámenes	5) si sabes controlar tus nervios.
f) Esperaré todo el tiempo que sea necesario	6) —Sí, es cierto. Hoy tienes los astros a tu favor.
g) Asumiré el riesgo	7) Se me ha escapado el tren por segundos.

61 *Para el anuario del instituto, todos los estudiantes tienen que contestar a algunas preguntas. Formula las preguntas con las formas adecuadas del futuro (simple o compuesto) y escribe tus respuestas.*

¿qué/hacer (tú)/después/exámenes? (futuro simple)

–¿Qué harás después de los exámenes?

–Después de los exámenes. . .

¿qué/carrera/elegir? (futuro simple)

¿en cuántos países/vivir/cuando cumplas/los 30 años? (futuro compuesto)

¿casarse/cuando cumplas/los 30 años? (futuro compuesto)

¿cuántos idiomas/aprender (tú)/cuando cumplas/los 30 años? (futuro compuesto)

Lösungen zu diesem Kapitel

14 Die Modi • *Los modos del verbo*

Zusätzlich zu diesem Band steht Ihnen unsere „MindApp" zur Verfügung. Sie enthält eine Übersicht über die Konjugation der spanischen Verben und ist für den Einsatz am Smartphone optimiert.

Im Spanischen werden folgende Modi unterschieden: Indikativ (→ tatsächliches Geschehen, „Standardmodus"), Konditional, Subjunktiv und Imperativ.

14.1 Die Bildung des Konditionals

Das *condicional simple*

Die Endungen des *condicional simple* sind für alle drei Konjugationsgruppen (Verben auf *-ar, -er, -ir*) **identisch**. Sie werden an den **Infinitiv** angehängt.

	trabajar	**beber**	**vivir**
(yo)	trabajar**ía**	beber**ía**	vivir**ía**
(tú)	trabajar**ías**	beber**ías**	vivir**ías**
(él/ella, usted)	trabajar**ía**	beber**ía**	vivir**ía**
(nosotros/-as)	trabajar**íamos**	beber**íamos**	vivir**íamos**
(vosotros/-as)	trabajar**íais**	beber**íais**	vivir**íais**
(ellos/-as, ustedes)	trabajar**ían**	beber**ían**	vivir**ían**

Unregelmäßige Verben im *condicional simple*

Die Verben, die im *condicional* eine **Stammänderung** aufweisen, sind identisch mit denen des Futurs. An diesen Stamm werden die *condicional*-Endungen angehängt.

	decir	**haber**	**hacer**	**poder**	**poner**
(yo)	diría	habría	haría	podría	pondría
(tú)	dirías	habrías	harías	podrías	pondrías
(él/ella, usted)	diría	habría	haría	podría	pondría
(nosotros/-as)	diríamos	habríamos	haríamos	podríamos	pondríamos
(vosotros/-as)	diríais	habríais	haríais	podríais	pondríais
(ellos/-as, ustedes)	dirían	habrían	harían	podrían	pondrían

	querer	saber	salir	tener
(yo)	querría	sabría	saldría	tendría
(tú)	querrías	sabrías	saldrías	tendrías
(él/ella, usted)	querría	sabría	saldría	tendría
(nosotros/-as)	querríamos	sabríamos	saldríamos	tendríamos
(vosotros/-as)	querríais	sabríais	saldríais	tendríais
(ellos/-as, ustedes)	querrían	sabrían	saldrían	tendrían

Das *condicional compuesto*

Das *condicional compuesto* setzt sich zusammen aus dem ***condicional simple*** des Hilfsverbs ***haber*** und dem **Partizip Perfekt** (zur Bildung des Partizip Perfekt siehe Kapitel 12.3) des jeweiligen Verbs.

	trabajar	beber	vivir
(yo)	habría trabajado	habría bebido	habría vivido
(tú)	habrías trabajado	habrías bebido	habrías vivido
(él/ella, usted)	habría trabajado	habría bebido	habría vivido
(nosotros/-as)	habríamos trabajado	habríamos bebido	habríamos vivido
(vosotros/-as)	habríais trabajado	habríais bebido	habríais vivido
(ellos/-as, ustedes)	habrían trabajado	habrían bebido	habrían vivido

14.2 Der Gebrauch des Konditionals

Das *condicional simple*

Das *condicional simple* wird verwendet, um:

- einen **hypothetischen Sachverhalt** auszudrücken

Con tan poca luz no podría leer.
→ *Mit so wenig Licht könnte ich nicht lesen.*

- einen **Ratschlag**, eine **Aufforderung** oder eine **Vorschrift höflich** auszudrücken

Yo que tú les diría la verdad.
→ *Ich an deiner Stelle würde ihnen die Wahrheit sagen.*

¿Podríais hablar más bajo?
→ *Könntet ihr leiser sprechen?*

Tendrías que dejar de fumar.
→ *Du solltest aufhören zu rauchen.*

- eine **Vermutung** auszudrücken

Ayer Noelia llamó tres veces. Tendría un problema.
→ *Gestern hat Noelia dreimal angerufen. Sie hatte wohl ein Problem.*

Beachte: In **irrealen Bedingungssätzen** wird das *condicional simple* im Hauptsatz verwendet, wenn die Bedingung **nicht erfüllbar** ist (zu den irrealen Bedingungssätzen siehe Kap. 15.2).

Si tuviera más dinero, trabajaría menos.
→ *Wenn ich mehr Geld hätte, würde ich weniger arbeiten.*

Das *condicional compuesto*

Das *condicional compuesto* wird verwendet, um:

- **Ratschläge** zu geben, wie eine Person in der **Vergangenheit** hätte handeln sollen

Nos habrías podido llamar.
→ *Du hättest uns anrufen können.*

- **Bedauern** über eine **versäumte Handlung** auszudrücken

Habría ido a la fiesta, pero tenía otro compromiso.
→ *Ich wäre zur Party gegangen, aber ich hatte schon eine andere Verabredung.*

- **Vermutungen** über **vergangene Handlungen** zu äußern

De no estar enfermo habría terminado a tiempo.
→ *Wenn ich nicht krank gewesen wäre, wäre ich rechtzeitig fertig geworden.*

Beachte: In **irrealen Konditionalsätzen** wird im Hauptsatz das *condicional compuesto* verwendet, wenn die Bedingung **nicht erfüllt** wurde (zu den irrealen Bedingungssätzen siehe Kap. 15.2).

Si hubieras ido más despacio, no te habrían puesto la multa.
→ *Wenn du langsamer gefahren wärst, hätten sie kein Bußgeld gegen dich verhängt.*

14.3 Die Bildung des *subjuntivo*

Das *presente de subjuntivo*

Die regelmäßigen Verben werden zur Bildung des *presente de subjuntivo* in zwei Konjugationsgruppen eingeteilt: Verben auf *-ar* und Verben auf *-er* und *-ir*. Die entsprechenden **Endungen** werden an den Stamm der **1. Person Singular** des Indikativ Präsens angehängt (zur Bildung des Indikativ Präsens siehe Kap. 11).

	llamar → llamo	**beber** → bebo	**vivir** → vivo
(yo)	llam**e**	beb**a**	viv**a**
(tú)	llam**es**	beb**as**	viv**as**
(él/ella, usted)	llam**e**	beb**a**	viv**a**
(nosotros/-as)	llam**emos**	beb**amos**	viv**amos**
(vosotros/-as)	llam**éis**	beb**áis**	viv**áis**
(ellos/-as, ustedes)	llam**en**	beb**an**	viv**an**

Verben mit Unregelmäßigkeiten in der 1. Person Singular des Indikativ Präsens

Weist die 1. Person Singular des Indikativ Präsens eine Unregelmäßigkeit auf (siehe auch Kap. 11.3), bleibt diese im *presente de subjuntivo* in aller Regel **erhalten**. Dies ist z. B. der Fall bei:

- den Verben *caer, decir, hacer, poner, salir, tener, traer, valer*

	decir (e → i) → digo	**hacer** → hago	**tener** (e → ie) → tengo
(yo)	dig**a**	hag**a**	teng**a**
(tú)	dig**as**	hag**as**	teng**as**
(él/ella, usted)	dig**a**	hag**a**	teng**a**
(nosotros/-as)	dig**amos**	hag**amos**	teng**amos**
(vosotros/-as)	dig**áis**	hag**áis**	teng**áis**
(ellos/-as, ustedes)	dig**an**	hag**an**	teng**an**

- Verben mit **Diphthongierung** im Stamm (siehe auch Kap. 11.2)

  Beachte: Die **1. und 2. Person Plural** des *presente de subjuntivo* werden mit dem regelmäßigen Verbstamm gebildet.

	pensar (e → ie)	**encontrar** (o → ue)	**poder** (o → ue)
(yo)	piense	encuentre	pueda
(tú)	pienses	encuentres	puedas
(él/ella, usted)	piense	encuentre	pueda
(nosotros/-as)	p**e**nsemos	enc**o**ntremos	p**o**damos
(vosotros/-as)	p**e**nséis	enc**o**ntréis	p**o**dáis
(ellos/-as, ustedes)	piensen	encuentren	puedan

	morir (o → ue)	**sentir** (e → ie)
(yo)	muera	sienta
(tú)	mueras	sientas
(él/ella, usted)	muera	sienta
(nosotros/-as)	muramos*	sintamos*
(vosotros/-as)	muráis*	sintáis*
(ellos/-as, ustedes)	mueran	sientan
Weitere Verben:	dormir	mentir, divertir, preferir...

* Bei Gruppenverben auf *-ir* wird der Diphthong in der 1. und 2. Person Plural des *presente de subjuntivo* zu *i* bzw. *u* verkürzt.

- Verben mit **orthografischer Besonderheit** (siehe auch Kap. 11.5)

	seguir → sigo	**huir** → huyo	**vencer** → venzo
(yo)	siga	huya	venza
(tú)	sigas	huyas	venzas
(él/ella, usted)	siga	huya	venza
(nosotros/-as)	sigamos	huyamos	venzamos
(vosotros/-as)	sigáis	huyáis	venzáis
(ellos/-as, ustedes)	sigan	huyan	venzan

- Verben auf ***-iar*** oder ***-uar*** sowie ***reír*. Ausnahmen** sind dabei wieder die **1. und 2. Person Plural** des *presente de subjuntivo*, die mit dem regelmäßigen Verbstamm gebildet werden.

	confiar → confío	**actuar** → actúo	**sonreír** → sonrío
(yo)	confíe	actúe	sonría
(tú)	confíes	actúes	sonrías
(él/ella, usted)	confíe	actúe	sonría
(nosotros/-as)	confiemos	actuemos	sonriamos
(vosotros/-as)	confiéis	actuéis	sonriáis*
(ellos/-as, ustedes)	confíen	actúen	sonrían

* Bei *reír* trägt diese Form keinen grafischen Akzent *(riais)*.

Unregelmäßige Verben im *presente de subjuntivo*

	dar	estar	ir	saber	ser	haber
(yo)	dé	esté	vaya	sepa	sea	
(tú)	des	estés	vayas	sepas	seas	
(él/ella, usted)	dé	esté	vaya	sepa	sea	haya
(nosotros/-as)	demos	estemos	vayamos	sepamos	seamos	
(vosotros/-as)	deis	estéis	vayáis	sepáis	seáis	
(ellos/-as, ustedes)	den	estén	vayan	sepan	sean	

Verben mit orthografischen Besonderheiten im *presente de subjuntivo*

Um die ursprüngliche Aussprache beizubehalten, weisen einige Verben im *subjuntivo* orthografische Besonderheiten auf.

- Bei Verben auf ***-car*** wird **c** zu ***qu*** (Beispiel siehe unten: *buscar*).
- Bei Verben auf ***-gar*** wird nach ***g*** ein ***u*** eingefügt (Beispiel siehe unten: *jugar*).
- Bei Verben auf ***-ger*** und ***-gir*** wird ***g*** zu ***j*** (Beispiel siehe unten: *proteger*).
- Bei Verben auf ***-zar*** wird **z** zu **c** (Beispiel siehe unten: *empezar*).

	buscar	**jugar** (u → ue)	**proteger**	**empezar** (e → ie)
(yo)	bus**que**	jueg**u**e	prote**j**a	empie**c**e
(tú)	bus**que**s	jueg**u**es	prote**j**as	empie**c**es
(él, ella, usted)	bus**que**	jueg**u**e	prote**j**a	empie**c**e
(nosotros/-as)	bus**que**mos	jug**u**emos	prote**j**amos	empe**c**emos
(vosotros/-as)	bus**qu**éis	jug**u**éis	prote**j**áis	empe**c**éis
(ellos/-as, ustedes)	bus**que**n	jueg**u**en	prote**j**an	empie**c**en
Weitere Verben:	atacar, equivocar, explicar, sacar, tocar…	apagar, llegar, pagar…	corregir (e → i), dirigir, elegir (e → i)…	lanzar, comenzar (e → ie)…

Das *imperfecto de subjuntivo*

Zur Bildung des *imperfecto de subjuntivo* können die Verben in zwei Konjugationsgruppen eingeteilt werden: Verben auf ***-ar*** und Verben auf ***-er*** und ***-ir***. Die Endungen des *imperfecto de subjuntivo* werden an den **Infinitiv-Verbstamm** angehängt.

Beachte: Es gibt zwei **Endungsvarianten**. In der Regel werden die Endungen auf *-ase/-iese* mehr in der gesprochenen Sprache verwendet, während *-ara/-iera* eher in der Schriftsprache zu finden sind.

	hablar	beber	vivir
(yo)	habl**ara**/habl**ase**	beb**iera**/beb**iese**	viv**iera**/viv**iese**
(tú)	habl**aras**/habl**ases**	beb**ieras**/beb**ieses**	viv**ieras**/viv**ieses**
(él/ella, usted)	habl**ara**/habl**ase**	beb**iera**/beb**iese**	viv**iera**/viv**iese**
(nosotros/-as)	habl**áramos**/ habl**ásemos**	beb**iéramos**/ beb**iésemos**	viv**iéramos**/ viv**iésemos**
(vosotros/-as)	habl**arais**/habl**aseis**	beb**ierais**/beb**ieseis**	viv**ierais**/viv**ieseis**
(ellos/-as, ustedes)	habl**aran**/habl**asen**	beb**ieran**/beb**iesen**	viv**ieran**/viv**iesen**

Unregelmäßige Verben im *imperfecto de subjuntivo*

Die Verben, die im *indefinido* unregelmäßige Formen aufweisen, sind in der Regel auch im *imperfecto de subjuntivo* unregelmäßig.

Beachte:

- Die Formen von *ser* und *ir* sind **identisch**.
- Das *imperfecto de subjuntivo* von *haber* ist ***hubiera***.

estar	dar	decir	hacer	ir/ser	poder
estuviera*	diera	dijera	hiciera	fuera	pudiera
estuvieras	dieras	dijeras	hicieras	fueras	pudieras
estuviera	diera	dijera	hiciera	fuera	pudiera
estuviéramos	diéramos	dijéramos	hiciéramos	fuéramos	pudiéramos
estuvierais	dierais	dijerais	hicierais	fuerais	pudierais
estuvieran	dieran	dijeran	hicieran	fueran	pudieran

* Der Übersichtlichkeit halber wurde in dieser und den folgenden Tabellen auf die Endungsvariante *-ase/-iese* verzichtet.

poner	querer	tener	traer	venir	ver
pusiera	quisiera	tuviera	trajera	viniera	viera
pusieras	quisieras	tuvieras	trajeras	vinieras	vieras
pusiera	quisiera	tuviera	trajera	viniera	viera
pusiéramos	quisiéramos	tuviéramos	trajéramos	viniéramos	viéramos
pusierais	quisierais	tuvierais	trajerais	vinierais	vierais
pusieran	quisieran	tuvieran	trajeran	vinieran	vieran

Das *perfecto de subjuntivo*

Das ***perfecto de subjuntivo*** setzt sich zusammen aus dem ***presente de subjuntivo*** des Hilfsverbs ***haber*** und dem **Partizip Perfekt** (zur Bildung des Partizip Perfekt siehe Kap. 12.3) des jeweiligen Verbs.

	trabajar	comer	vivir
(yo)	haya trabajado	haya comido	haya vivido
(tú)	hayas trabajado	hayas comido	hayas vivido
(él/ella, usted)	haya trabajado	haya comido	haya vivido
(nosotros/-as)	hayamos trabajado	hayamos comido	hayamos vivido
(vosotros/-as)	hayáis trabajado	hayáis comido	hayáis vivido
(ellos/-as, ustedes)	hayan trabajado	hayan comido	hayan vivido

Das *pluscuamperfecto de subjuntivo*

Das ***pluscuamperfecto de subjuntivo*** setzt sich zusammen aus dem ***imperfecto de subjuntivo*** des Hilfsverbs ***haber*** und dem **Partizip Perfekt** (zur Bildung des Partizip Perfekt siehe Kap. 12.3) des jeweiligen Verbs.

	cantar	querer	salir
(yo)	hubiera cantado	hubiera querido	hubiera salido
(tú)	hubieras cantado	hubieras querido	hubieras salido
(él/ella, usted)	hubiera cantado	hubiera querido	hubiera salido
(nosotros/-as)	hubiéramos cantado	hubiéramos querido	hubiéramos salido
(vosotros/-as)	hubierais cantado	hubierais querido	hubierais salido
(ellos/-as, ustedes)	hubieran cantado	hubieran querido	hubieran salido

14.4 Der Gebrauch des *subjuntivo*

Für den Subjunktiv gibt es im Deutschen keine direkte Entsprechung.

Das *presente de subjuntivo*

Im **Hauptsatz** wird der *subjuntivo* verwendet, um einen **erfüllbaren Wunsch** auszudrücken. Signalwörter sind z. B. *¡Que…!* und *¡Ojalá…!*	¡Que tengas un buen viaje! → *Hab eine gute Reise!* ¡Ojalá no llueva hoy! → *Hoffentlich regnet es heute nicht!*
Hauptsächlich findet sich der *subjuntivo* in **Nebensätzen**.	
• Nebensätze mit ***que*** nach Verben der **Gefühlsäußerung** (Bedauern, Freude, Gefallen, Ärger etc.) und der **Willensäußerung** (Befehl, Verbot, Rat etc.)	¿A ti te gusta que la gente se ría de ti? → *Gefällt es dir, dass dich die Leute auslachen?* Os aconsejo que hagáis el examen. → *Ich rate euch, die Prüfung abzulegen.*
• Nebensätze, die mit einer der folgenden **Konjunktionen** eingeleitet werden: para que/con fin de que *(damit)* sin que *(ohne dass)* siempre que *(vorausgesetzt, dass)* a no ser que *(es sei denn, dass)* antes/después de que *(bevor/nachdem)* con tal de que *(vorausgesetzt, dass)* en caso de que *(falls)* por mucho/poco que *(soviel/sowenig)*	Te lo digo para que lo sepas. → *Ich sage es dir, damit du Bescheid weißt.* Voy a ir a la fiesta a no ser que se anule. → *Ich werde zu der Party gehen, es sei denn, sie wird abgesagt.* Saca la basura antes de que te vayas. → *Bring den Müll raus, bevor du gehst.* Por mucho que lo intentes, no es posible. → *Sooft du es auch versuchst, es geht nicht.*
• Nebensätze nach **unpersönlichen Strukturen** wie *es/está + adjetivo/sustantivo*, die eine **Stellungnahme** oder **Wertung** zum Ausdruck bringen	Es mejor que volvamos a casa. → *Es ist besser, wir gehen nach Hause.* Es una pena que Laura no quiera venir. → *Es ist schade, dass Laura nicht kommen will.*
• Nebensätze nach Ausdrücken des **Zweifels** oder der **Unsicherheit**, z. B.: no creo/pienso que *(ich glaube/denke nicht, dass)* no es cierto que *(es ist nicht sicher, dass)* es posible/probable que *(es ist möglich/wahrscheinlich, dass)*	No creo que Luis esté en casa. → *Ich glaube nicht, dass Luis zu Hause ist.* Es probable que hayan pasado el examen. → *Es ist wahrscheinlich, dass sie die Prüfung bestanden haben.*

Das *imperfecto de subjuntivo*

Im **Hauptsatz** wird das *imperfecto de subjuntivo* verwendet, um einen **Wunsch** auszudrücken, dessen Erfüllung **unwahrscheinlich** ist. Signalwörter sind auch hier z. B. *¡Que…!* und *¡Ojalá…!*

Ojalá dejara de llover de una vez.
→ *Wenn es doch nur endlich aufhören würde, zu regnen.*

Das *imperfecto de subjuntivo* wird in **Nebensätzen** verwendet, die sich auf **vergangene Handlungen** beziehen. Die Auslöser sind dieselben wie beim *presente de subjuntivo*.

Te dije que te ocuparas de tus asuntos.
→ *Ich habe dir gesagt, dass du dich um deine Angelegenheiten kümmern sollst.*
Mis padres deseaban que estudiara el piano.
→ *Meine Eltern wünschten sich, dass ich Klavier spielen lerne.*

Beachte: Wenn im Hauptsatz das *condicional simple* zum Ausdruck einer höflichen Aufforderung oder Empfehlung verwendet wird, steht im Nebensatz das *imperfecto de subjuntivo*.

Le recomendaría a María que dejara de perseguir a Pablo.
→ *Ich würde María empfehlen, dass sie aufhört, Pablo zu verfolgen.*

Das *imperfecto de subjuntivo* steht im **Bedingungssatz**, wenn die Erfüllung der Bedingung **unwahrscheinlich** ist (zu den irrealen Bedingungssätzen siehe auch Kap. 15.2). Im Hauptsatz steht das *condicional simple*.

Si tuviera más tiempo, correría todos los días.
→ *Wenn ich mehr Zeit hätte, würde ich jeden Tag zum Laufen gehen.*

Das *perfecto de subjuntivo*

Das *perfecto de subjuntivo* wird in Nebensätzen verwendet, die eine **vergangene Handlung** mit Bezug zur **Gegenwart** beschreiben. Die Auslöser sind dieselben wie beim *presente de subjuntivo*.

Espero que no les haya pasado nada.
→ *Ich hoffe, es ist ihnen nichts passiert.*

Beachte: Auch bei Handlungen, die zu einem noch nicht bekannten Zeitpunkt in der Zukunft abgeschlossen sein werden, wird das *perfecto de subjuntivo* verwendet.

Corregiré los trabajos cuando me los hayan entregado todos.
→ *Ich werde die Arbeiten korrigieren, wenn ich sie alle erhalten habe.*

Das *pluscuamperfecto de subjuntivo*

Das *pluscuamperfecto de subjuntivo* wird in Nebensätzen verwendet, die eine in der **Vergangenheit** bereits **abgeschlossene Handlung** beschreiben. Die Auslöser sind dieselben wie beim *presente de subjuntivo*.

Temí que hubiera ocurrido algo inesperado.
→ *Ich fürchtete, dass etwas Unerwartetes geschehen war.*

Das *pluscuamperfecto de subjuntivo* steht im **Bedingungssatz**, wenn die Erfüllung der Bedingung **nicht mehr möglich** ist (zu den irrealen Bedingungssätzen siehe auch Kap. 15.2). Im Hauptsatz steht das *condicional compuesto*.

El accidente no habría pasado si José hubiera manejado más despacio.
→ *Der Unfall wäre nicht passiert, wenn José langsamer gefahren wäre.*

14.5 Bedeutungsunterschiede durch die Verwendung von Indikativ oder *subjuntivo*

In einigen Fällen können im Spanischen Indikativ oder *subjuntivo* verwendet werden. Aus diesem Gebrauch ergibt sich ein **Bedeutungsunterschied**.

Im **Hauptsatz** kann nach ***quizás***, ***tal vez***, ***acaso*** und ***posiblemente*** der Indikativ oder der *subjuntivo* stehen, je nachdem, für wie **wahrscheinlich** der Sprecher/die Sprecherin das Gesagte hält.

Quizás veo mañana a Mónica.
(Der Sprecher/die Sprecherin hält es für möglich, dass er Mónica sehen wird.)
Posiblemente Pablo esté en un atasco.
(Der Sprecher/die Sprecherin hält es für unwahrscheinlich, dass Pablo tatsächlich im Stau steht.)

Im **Nebensatz** ergeben sich z. B. in folgenden Fällen Bedeutungsunterschiede:

- **aunque** + indicativo: *obwohl*
  aunque + subjuntivo: *selbst wenn*

Aunque no tengo ganas, voy a estudiar.
→ *Obwohl ich keine Lust habe, werde ich lernen.*
Aunque tenga ganas, no pienso estudiar.
→ *Selbst wenn ich Lust hätte, habe ich nicht vor zu lernen.*

• **cuando** + indicativo: *(immer) wenn* **cuando** + subjuntivo: *sobald*	Mi madre me escribe cuando puede. → *Meine Mutter schreibt mir, immer wenn sie kann.* Mi madre me va a escribir cuando pueda. → *Meine Mutter wird mir schreiben, sobald sie kann.*
• **mientras** + indicativo: *während* **mientras** + subjuntivo: *solange*	Mientras los chicos friegan los platos, las chicas cortan el pan. → *Während die Jungen das Geschirr spülen, schneiden die Mädchen das Brot.* Mientras los chicos no frieguen los platos, las chicas no van a cortar el pan. → *Solange die Jungen nicht Geschirr spülen, werden die Mädchen das Brot nicht schneiden.*
• **apenas** + indicativo: *kaum* **apenas** + subjuntivo: *sobald*	Apenas salí de casa, se puso a llover. → *Kaum war ich aus dem Haus gegangen, fing es an zu regnen.* Díselo apenas lo hayas hecho. → *Sag es ihr/ihm, sobald du es gemacht hast.*
• **a pesar de que** + indicativo: *obwohl* **a pesar de que** + subjuntivo: *selbst wenn*	A pesar de que se levanta pronto, nunca llega puntual. → *Obwohl er/sie früh aufsteht, kommt er/sie nie pünktlich.* A pesar de que se levante pronto, no llegará puntual. → *Selbst wenn er/sie früh aufsteht, wird er/sie nicht pünktlich kommen.*
• **siempre que** + indicativo: *immer wenn, immer dann* **siempre que** + subjuntivo: *immer dann (Zukunft)*	Siempre que te veo vas vestido de blanco. → *Immer wenn ich dich sehe, bist du weiß angezogen.* Siempre que pueda, escribiré una carta a mi abuelo. → *Immer wenn ich Zeit habe, werde ich meinem Großvater einen Brief schreiben.*

Im **Relativsatz** drückt der **Indikativ** aus, dass etwas bekannt ist oder schon existiert. Der ***subjuntivo*** bezeichnet etwas Unbekanntes, nicht Vorhandenes oder nicht näher Bestimmbares.	Tengo una casa que tiene piscina. → *Ich habe ein Haus mit Swimmingpool.* Busco una casa que tenga piscina. → *Das Haus, das ich suche, soll einen Swimmingpool haben.*

14.6 Infinitivkonstruktionen statt *subjuntivo*

In manchen Fällen wird statt des *subjuntivo* eine Infinitivkonstruktion verwendet, z. B.:

• nach ***después de*** und ***antes de***, wenn Haupt- und Nebensatz das **gleiche Subjekt** aufweisen	Después de comer, Daniela leyó el periódico. → *Nach dem Essen las Daniela die Zeitung. (ein einziges Subjekt: Daniela)* *Aber:* Después de que comas, vamos a tomar el café. → *Nachdem du gegessen hast, werden wir Kaffee trinken. (zwei Subjekte: du/wir)*
• wenn das **Subjekt** in Haupt- und Nebensatz **unbestimmt** ist	Es importante hacer deporte todas las semanas. → *Es ist wichtig, jede Woche Sport zu machen.* No dormir suficientes horas es malo para la salud. → *Nicht genügend Stunden zu schlafen ist schlecht für die Gesundheit.*
• nach Verben der **Willensäußerung** wie *desear, esperar* und *querer*, wenn Haupt- und Nebensatz das **gleiche Subjekt** aufweisen	Me gusta tener tiempo para mis hobbies. → *Ich habe gerne Zeit für meine Hobbys.* José quiere comprarse una nueva tableta. → *José will sich einen neuen Tablet-PC kaufen.*
Beachte: Bei einigen Verben, die Ratschläge oder Verbote ausdrücken, wie *aconsejar, recomendar, permitir* und *prohibir*, können der *subjuntivo* **oder** eine Infinitivkonstruktion verwendet werden.	Mi madre me aconseja que estudie Matemáticas./Mi madre me aconseja estudiar Matemáticas. → *Meine Mutter rät mir, Mathematik zu studieren.*

14.7 Der Imperativ

Bei der Bildung des Imperativs wird zwischen der bejahten und der verneinten Form unterschieden.

Der bejahte Imperativ

- Die bejahte Imperativform der 2. Person Singular *(tú)* entspricht der **Präsensform** der **3. Person Singular**.
- Die Formen der 1. Person Plural *(nosotros/-as)* sowie der 3. Person Singular und Plural *(usted, ustedes)* sind identisch mit denen des ***presente de subjuntivo*** (siehe Kap. 14.3).

- Für die 2. Person Plural *(vosotros/-as)* wird bei allen drei Verbgruppen das ***-r*** des Infinitivs durch ein ***-d*** ersetzt.

	hablar	**comer**	**vivir**
(tú)	habl**a**	com**e**	viv**e**
(usted)	habl**e**	com**a**	viv**a**
(nosotros/-as)	habl**emos**	com**amos**	viv**amos**
(vosotros/-as)	habl**ad***	com**ed**	viv**id**
(ustedes)	habl**en**	com**an**	viv**an**

* Diese Imperativform wird überwiegend in Spanien verwendet. In Lateinamerika werden die 3. Person Singular und Plural verwendet.

Beachte: Bei einigen Verben wird der bejahte Imperativ der **2. Person Singular** *(tú)* **unregelmäßig** gebildet.

decir	hacer	ir	poner	salir	ser	tener	venir
di	**haz**	**ve**	**pon**	**sal**	**sé**	**ten**	**ven**

Der verneinte Imperativ

Die Formen des verneinten Imperativs sind identisch mit den entsprechenden Formen des ***subjuntivo presente*** (siehe dazu Kap. 14.3).

	hablar	**comer**	**escribir**
(tú)	no habl**es**	no com**as**	no escrib**as**
(usted)	no habl**e**	no com**a**	no escrib**a**
(nosotros/-as)	no habl**emos**	no com**amos**	no escrib**amos**
(vosotros/-as)	no habl**éis**	no com**áis**	no escrib**áis**
(ustedes)	no habl**en**	no com**an**	no escrib**an**

Ejercicios

62 *Una chica nueva está sentada en el pasillo del instituto. Durante la pausa, Felipe y Daniel la miran y se preguntan de dónde es. Completa el dialogo con el condicional.*

DANIEL.—Felipe, ¿te has fijado en la chica morena y con el pelo rizado? ¡Qué guapa es!, yo ____________________ *(decir)* que es francesa y que está aquí con el intercambio de alumnos.

FELIPE.—No quiero llevarte la contraria, pero ____________________ *(jurar)* que esa chica es italiana. Conozco Italia y allí las chicas visten así.

DANIEL.—Si fuera italiana, _____________ *(hacer)* el intercambio en un instituto en el que estudiaran italiano y no en el nuestro. Además, ____________ *(estar)* hablando en italiano.

FELIPE.—La verdad es que como está hablando en español, realmente no podemos saberlo. Pero me parece que habla con acento italiano.

DANIEL.—Fíjate bien, Felipe, lleva un libro en francés en la mano. Si fuera italiana, no __________________ *(llevar)* un libro en francés, ¿no crees?, ¿piensas que una italiana ____________________ *(leer)* en francés estando en España?

FELIPE.—Tienes razón. Eso ___________ *(ser)* un poco raro. Pero _____________ *(poder)* ser.

DANIEL.—Oye, parece muy simpática. La verdad es que tú ____________________ *(poder)* preguntarle de dónde es y así la ______________________________ *(conocer, nosotros)*.

FELIPE.—No, yo no. Seguro que si me acercara para hablar con ella, no me ________________ *(salir)* la voz.

DANIEL.—Pues si yo hablara italiano y francés como tú, seguro que __________________________ (atreverse).

FELIPE.—¡Qué mentira! Ya ves que ella habla español también. Lo que ocurre es que no te atreves.

63 *Clara acaba de pasar un fin de semana en Barcelona, pero allí muchas cosas salieron mal. De vuelta en Alemania, ella habla con su amiga española María. Completa la respuesta de María con los verbos en el condicional compuesto.*

Clara, ¿por qué no me llamaste antes? Conozco Barcelona bastante bien. Si hubiéramos hablado antes, te ______________________ (dar, yo) muchos consejos y tu visita ______________________ (ir) mucho mejor. Por ejemplo, ______________________ (poder, vosotros) comprar una tarjeta T-10 para el metro porque sale más barato que comprar billetes sencillos. ______________________ (reservar) por Internet las entradas para la Sagrada Familia y te ______________________ (evitar) colas. Además, te ______________________ (recomendar, yo) un hotel barato y céntrico y te ______________________ (hacer, yo) una lista de cosas para hacer en un día de lluvia, p. ej. visitar el Aquarium de Barcelona. ¡La próxima vez llámame, chica!

64 *Escribe las formas del presente de subjuntivo de los siguientes verbos.*

	conducir	**mentir**	**traer**
(yo)			
(tú)			
(él/ella)			
(nosotros/-as)			
(vosotros/-as)			
(ellos/ellas)			

65 *Verbos con cambios ortográficos. Rellena el crucigrama con las formas del presente de subjuntivo. La palabra de solución es la montaña más alta de Latinoamérica.*

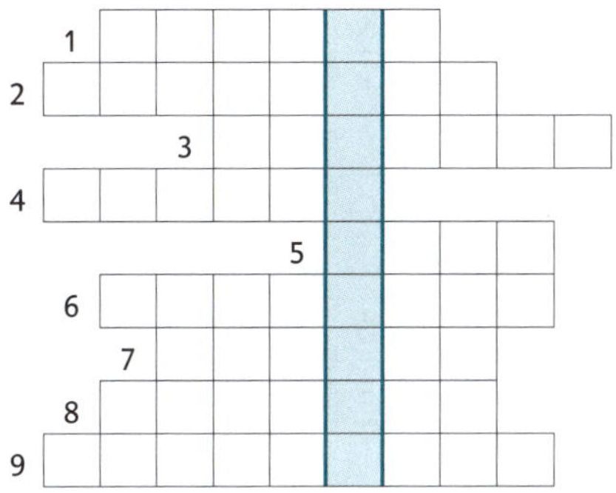

1 elegir (tú) 2 empezar (ellas) 3 proteger (él)
4 sacar (ellos) 5 coger (ella) 6 vencer (nosotras)
7 llegar (yo) 8 buscar (ellos) 9 dirigir (nosotros)

66 *Elige la forma correcta del presente de subjuntivo.*

a)	**callar:** 1.ª persona singular	☐ callo	☐ calle	☐ callara
b)	**dar:** 2.ª persona plural	☐ dierais	☐ dais	☐ deis
c)	**estar:** 3.ª persona singular	☐ estuviera	☐ esté	☐ está
d)	**leer:** 1.ª persona plural	☐ leamos	☐ leemos	☐ leímos
e)	**llegar:** 2.ª persona singular	☐ llegues	☐ llegas	☐ llegaste
f)	**saber:** 3.ª persona singular	☐ sabía	☐ supo	☐ sepa
g)	**seguir:** 3.ª persona plural	☐ siguen	☐ sigan	☐ siguieron
h)	**vencer:** 2.ª persona singular	☐ venzas	☐ venciste	☐ vencieras
i)	**confiar:** 1.ª persona singular	☐ confío	☐ confíe	☐ confié
j)	**ir:** 2.ª persona plural	☐ vais	☐ ibais	☐ vayáis

67 *En esta sopa de letras se esconden ocho formas del imperfecto de subjuntivo. Búscalas.*

E	I	R	T	A	I	P	V	K	F	D	R	E	X	S	A	P	A	E	S
V	H	P	A	V	I	V	I	E	S	E	O	R	S	N	R	S	Y	A	V
A	I	T	Z	L	M	C	I	S	E	I	R	P	O	I	E	L	Z	E	B
Q	C	X	E	U	B	L	R	D	O	P	E	A	C	L	Y	E	A	O	S
I	I	M	O	M	D	I	J	E	R	A	X	M	Q	G	D	G	E	E	Q
Z	É	V	B	V	D	T	O	S	T	Í	S	V	E	X	Z	N	L	B	I
E	R	E	T	I	B	E	D	Z	N	L	I	X	Q	Ó	J	N	A	I	D
I	A	T	O	N	O	G	É	Í	J	P	U	D	I	E	R	A	S	Q	A
O	M	Q	I	I	G	E	T	E	D	A	X	S	A	I	U	D	S	B	T
Í	O	M	U	E	X	G	I	T	N	Ó	I	V	Q	Q	N	J	I	U	R
E	S	S	B	S	A	U	B	E	U	L	A	S	E	A	S	A	U	T	A
A	L	E	I	E	U	O	I	A	N	D	U	V	A	I	U	O	V	X	J
Q	V	D	L	I	G	S	I	E	S	E	I	S	I	U	Q	U	Z	L	E
N	I	G	N	S	X	U	M	E	S	N	I	J	A	M	I	T	J	B	R
D	E	É	Z	J	I	V	T	U	J	D	T	E	V	U	E	A	U	U	A
É	G	M	V	I	U	N	A	R	E	I	V	U	T	L	X	S	É	J	N

68 *Apunta los subjuntivos de la tarea 67 y escribe el infinitivo para cada forma.*

imperfecto de subjuntivo	**infinitivo**
1) ______________________	______________________
2) ______________________	______________________
3) ______________________	______________________
4) ______________________	______________________
5) ______________________	______________________
6) ______________________	______________________
7) ______________________	______________________
8) ______________________	______________________

69 *¿Indicativo o subjuntivo? Rellena los huecos con las formas adecuadas del verbo.*

a) **dominar**

Necesitamos un nuevo compañero que ________________ bien el japonés.

Estoy buscando al nuevo compañero que ______________ el japonés.

b) **terminar**

Apenas Teresa ____________________________ su discurso, la sala se puso a aplaudir.

Teresa, apenas ____ esto, ven a verme un momento.

c) **ir**

Aunque Ricardo ____________________ a la excursión, no podrá quedarse a dormir porque tiene que volver a casa esta noche.

Aunque Ricardo _________________ a la excursión, no va a quedarse a dormir como nosotros.

d) **salir**

Cuando la señora Moreno _____________ de la reunión con el alcalde, pasará por mi oficina.

La señora Moreno siempre pasa por mi oficina cuando _____________ de las reuniones con el alcalde.

e) **estar**

Un amigo cuida de mi gato mientras _________________ en el extranjero.

¿Puedes cuidar de mi gato mientras _________________ en el extranjero?

70 *Una revista ha realizado una encuesta entre jóvenes de 16 a 19 años sobre la comunicación a través de Internet. Rellena los huecos del siguiente texto con los verbos en indicativo o en subjuntivo.*

8
SEPT

Hemos pedido a cuatro jóvenes que compartan sus opiniones sobre la comunicación en Internet.

Entrevistas: Sara Hernández

Sonia, 17 años, Zaragoza:

A mí me gusta mucho entrar en facebook. Mis amigos y yo nos comunicamos a diario. Aunque __________ *(haber)* días en los que no tengo ganas de escribir, siempre leo los comentarios y las páginas que sigo.

Pero me fastidia que la gente __________________ *(colgar)* fotos o infografías de mal gusto. Para mí es importante que los contenidos ________________ *(ser)* interesantes. Tampoco me parece bien que la gente me ____________________________ *(recomendar)* páginas para que ____________________ *(hacer, yo)* clic en «Me gusta».

Pero lo genial en facebook es el servicio de chat. Mis amigos y yo chateamos durante mucho rato aunque _________________ *(ser)* ya la hora de ir a dormir. Es genial que ____________________________ *(poder, nosotros)* comunicarnos de esta manera. Así nadie se entera de qué estamos hablando.

Cuando ____________________ *(llegar)* a casa, lo primero que hago es tumbarme en el sofá y mirar mi cuenta de facebook en la tableta. A veces miro la cuenta o chateo solo media hora, pero hay días en los que estoy metida en facebook hasta que mi madre me ____________________ *(decir)* que es la hora de cenar. Y a veces, aunque ____________________ *(tener)* que estudiar para un examen, me paso horas en esta red social. Mi madre ya me ha dicho que teme que yo ____________________ *(ser)* adicta a Internet, por eso me aconseja que ____________________ *(reducir)* el tiempo de conexión. Yo estoy un poco harta de que me ____________________ (decir) todo esto, pero creo que ____________________ *(tener)* razón. Es una tontería que ____________________ *(pasar)* tanto tiempo chateando en facebook con mis amigos si los veo todos los días en el instituto...

1 – 2 – 3

Lee en la siguiente página: Juan, Huesca, snapchat

71 *Completa estos diálogos con la opción adecuada.*

a) ¿Qué hacemos esta mañana, visitar la Catedral de Palma o ir a la playa?

- ☐ Lo que tú quieras.
- ☐ Lo que tú quieres.

b) ¿Pido la paella de marisco o mixta?

- ☐ Pide la que es más barata, me gustan las dos.
- ☐ Pide la que sea más barata, me gustan las dos.

c) ¿Reservo las entradas para visitar la Alhambra por Internet?

- ☐ Sí, claro. Hazlo en cuanto puedes.
- ☐ Sí, claro. Hazlo en cuanto puedas.

d) ¿Hablaste español en tus vacaciones en Miami?

- ☐ Sí, sí. Allí es fácil encontrar hispanohablantes. Siempre que pude, lo hablé.
- ☐ Sí, sí. Allí es fácil encontrar hispanohablantes. Siempre que pudiera, lo hablaba.

e) ¿Cuándo vamos a viajar a Cuba?

- ☐ Cuando podemos ya iremos. Aún no sé cuándo tendré vacaciones.
- ☐ Cuando podamos ya iremos. Aún no sé cuándo tendré vacaciones.

f) ¿Habéis decidido hacer el Camino de Santiago en septiembre?

- ☐ Puede ser que llueva, pero iremos en septiembre porque no hace tanto calor.
- ☐ Puede ser que llueve, pero iremos en septiembre porque no hace tanto calor.

g) Disculpe, ¿puede decirme cómo se va a la Plaza Mayor?

- ☐ Si lo supiera, se lo diría, pero no soy de aquí y no estoy seguro del camino.
- ☐ Si lo sabía, se lo diría, pero no soy de aquí y no estoy seguro del camino.

72 *En vuestro viaje de fin de curso vais a pasar un fin de semana en el parque natural del Delta del Ebro*. Para organizar el viaje, vuestro profesor reparte algunas tareas. Formula frases utilizando el imperativo de la segunda persona (singular o plural).*

Pablo, hacer/presentación/especies de aves más importantes/Delta.

____

____

Merche, ir/estación de tren/organizar los billetes.

____

____

Ricardo y Lucía, pedir/señora Sánchez/que os dé/prismáticos (*Ferngläser*).

____

____

Javi, poner/repelente de mosquitos (*Mückenabwehrspray*)/tu mochila.

____

____

María, no olvidar/preparar/bocadillos/para todos.

____

____

* Der **Ebro** mündet im Süden Kataloniens ins Mittelmeer. Sein **Delta** ist nach dem des Nils das zweitgrößte des Mittelmeerraums. Etwa ein Drittel davon ist als Naturpark (*parque natural*) ausgewiesen. Das Ebro-Delta ist das größte Reisanbaugebiet Spaniens und zugleich wertvoller Lebensraum für zahlreiche Vogelarten.

73 *Antes de ir al parque natural del Delta del Ebro, vuestro profesor os da la información siguiente. Es importante seguir estos consejos para poder disfrutar de la excursión sin riesgos. Complétalos con el imperativo. Utiliza la forma de* usted.

Las playas del parque no tienen vigilancia de socorrista *(Badeaufsicht)*. ____________ *(bañarse)* con precaución y ____________ *(evitar)* las exposiciones al sol a las horas de mediodía.
No ____________ *(acampar)* fuera de las zonas de acampada y no ____________ *(encender)* fuego en el parque.
____________ *(respetar)* las especies autóctonas *(einheimisch)* del lugar y no ____________ *(acercarse)* a sus nidos.
No ____________ *(pisar)* ni ____________ *(cruzar)* los arrozales *(Reisfelder)*.
____________ *(protegerse)* con un repelente eficaz contra los mosquitos, especialmente durante la puesta de sol. Si acampa, ____________ *(proteger)* su tienda con mosquiteras.
Algunas especies invasoras son un peligro para los arrozales. Si observa estos animales, ____________ *(avisar)* a los centros de vigilancia del parque.
No ____________ *(tirar)* basura ni ____________ *(pescar)* en aguas del río Ebro.

Lösungen zu diesem Kapitel

15 Bedingungssätze • *Las frases condicionales*

Bedingungssätze sind Nebensätze, die eine Bedingung ausdrücken. Diese kann real (erfüllbar) oder irreal (unwahrscheinlich oder unerfüllbar) sein. Bedingungssätze werden meist mit der Konjunktion *si* eingeleitet. Es gibt aber auch andere Konstruktionen, die Bedingungen ausdrücken.

15.1 Reale Bedingungssätze

Reale Bedingungssätze beziehen sich auf die **Gegenwart** oder die **Zukunft**. Das Verb darin steht in der Regel im **Indikativ Präsens**. Im Hauptsatz können das **Präsens**, das ***futuro simple/ir a* + Infinitiv** oder der **Imperativ** stehen.

Beachte: Steht der Hauptsatz **vor** dem Nebensatz, entfällt das **Komma**.

Si tengo tiempo, te ayudo.
→ *Wenn ich Zeit habe, helfe ich dir.*
Si tengo tiempo, te voy a ayudar/te ayudaré.
→ *Wenn ich Zeit habe, werde ich dir helfen.*
Si sales antes del trabajo, avísame.
→ *Wenn du eher aus der Arbeit kommst, sag mir Bescheid.*

Te presto la moto si llenas el depósito.
→ *Ich leihe dir das Motorrad, wenn du den Tank auffüllst.*

15.2 Irreale Bedingungssätze

Irreale Bedingungssätze können sich auf die Gegenwart, die Zukunft oder auf die Vergangenheit beziehen.

Die irreale Bedingung der Gegenwart oder der Zukunft

Die Erfüllung der Bedingung ist **unwahrscheinlich** (aber nicht ausgeschlossen). Im Bedingungssatz steht das ***imperfecto de subjuntivo***, im Hauptsatz das ***condicional simple***.

Tendrías más tiempo si te organizaras más.
→ *Du hättest mehr Zeit, wenn du dich besser organisieren würdest.*

Die irreale Bedingung der Vergangenheit

Die Erfüllung der Bedingung ist **nicht mehr möglich**, da dies in der Vergangenheit hätte geschehen müssen. Im Bedingungssatz steht das ***pluscuamperfecto de subjuntivo***, im Hauptsatz das ***condicional compuesto***.

Si hubieras estudiado más, habrías aprobado.
→ *Wenn du mehr gelernt hättest, hättest du bestanden.*

Si no hubiese ido a la fiesta, no habría conocido a su mujer.
→ *Wenn er/sie nicht zu der Party gegangen wäre, hätte er/sie seine/ihre Frau nicht kennengelernt.*

Beachte: Vor allem im gesprochenen Spanisch wird oft sowohl im Nebensatz als auch im Hauptsatz das *pluscuamperfecto de subjuntivo* verwendet.

Si hubiera sabido que venías, te hubiera preparado la cama antes.
→ *Wenn ich gewusst hätte, dass du kommst, hätte ich dir das Bett vorher gemacht.*

15.3 Weitere Möglichkeiten, Bedingungen auszudrücken

Es gibt eine Reihe von Konstruktionen und Konjunktionen, die ebenfalls Bedingungssätze einleiten können.

Konstruktionen mit Infinitiv oder *gerundio*

Folgende Konstruktionen können die Konjunktion *si* ersetzen:

- ***de*** + Infinitiv

De haber llamado, te habría venido a buscar.
→ *Wenn du angerufen hättest, hätte ich dich abgeholt.*

- ***sin*** + Infinitiv

Sin dormir, no podrás coger el coche más tarde.
→ *Wenn du nicht schläfst, kannst du später nicht mit dem Auto fahren.*

- ***gerundio***

Ahorrando todos los meses, podremos comprarnos un coche nuevo pronto.
→ *Wenn wir jeden Monat sparen, werden wir uns bald ein neues Auto kaufen können.*

Konjunktionen

In Bedingungssätzen, die mit den folgenden Konjunktionen eingeleitet werden, steht das Verb immer im ***subjuntivo:***

- **como** + subjuntivo
  (wenn)

  Como no te vistas ya, vas a ir al colegio en pijama.
  → *Wenn du dich nicht sofort anziehst, wirst du im Schlafanzug zur Schule gehen.*

- **siempre que** + subjuntivo
  (vorausgesetzt, dass)

  Podríamos ir de escalada siempre que estuvierais en forma.
  → *Wir könnten klettern gehen, vorausgesetzt, ihr wärt in Form.*

- **con tal (de) que** + subjuntivo
  (vorausgesetzt, dass)

  Podéis salir esta noche con tal de que volváis pronto.
  → *Ihr könnt heute Nacht ausgehen, vorausgesetzt, dass ihr frühzeitig zurückkommt.*

- **a condición de que** + subjuntivo
  (unter der Bedingung, dass; wenn)

  Te ayudo con los deberes a condición de que me hagas un pastel.
  → *Ich helfe dir nur bei den Hausaufgaben, wenn du mir einen Kuchen machst.*

- **a no ser que** + subjuntivo
  (es sei denn)

  Yo puedo comprar las bebidas, a no ser que ya lo hayas hecho tú.
  → *Ich kann die Getränke kaufen, es sei denn, du hast es schon erledigt.*

- **en (el) caso de que** + subjuntivo
  (für den Fall, dass; falls; wenn)

  En el caso de que hubiera ganado a la lotería la última vez, habría dejado mi trabajo.
  → *Wenn ich letztes Mal im Lotto gewonnen hätte, hätte ich meine Arbeit gekündigt.*

Ejercicios

74 *Forma oraciones uniendo cada subordinada condicional con una oración principal. Después, escribe en la primera columna si se trata de condicionales reales o irreales.*

______	a) Si tienes miedo a volar,
______	b) Si yo fuera rica,
______	c) Si tuviera una alfombra voladora
______	d) Si te quedas en casa,
______	e) Si fueras de familia noble,
______	f) Si estuviera en tu lugar,
______	g) Si hubieran preparado mejor el examen,
______	h) Si estudiamos cada día vocabulario,
______	i) Si no nos hubiéramos enfadado aquel día,

1. te llevaría en ella hasta el fin del mundo.
2. nos ahorraremos estrés antes del examen.
3. tienes que hacer unas sesiones de terapia.
4. lo haría sin pensármelo dos veces.
5. te habrían invitado a la boda de la condesa.
6. recorrería el mundo en un velero (*Segelboot*).
7. ahora seríamos buenos amigos.
8. lo habrían aprobado.
9. ordena tu habitación.

75 *Completa el diálogo con las conjunciones de la casilla.*

a no ser que • si (3 x) • en caso de que • a condición de que

JAVI.—Este es el primer año que mi madre ha comprado lotería de Navidad. ______________ nos toca, nos vamos a ir de vacaciones.

TERESA.—Pues eso, ______________ os toca, pero no os va a tocar.

JAVI.—Vaya, ¿y tú qué sabes? Quizá tengamos un golpe de suerte. Mira, ______ ______________ tenga suerte, me parece que no te voy a llamar.

TERESA.—No te enfades, yo solo te digo la verdad, la lotería nunca toca a nadie.

JAVI.—¡Qué tontería!, ______________ venden lotería es porque a alguien le toca.

TERESA.—Naturalmente que le toca a alguien, pero no será a tu familia. Las posibilidades son muy pocas, es casi imposible.

JAVI.—______________________ tengamos mucha suerte y sí nos toque.

TERESA.—Bueno, yo no quiero amargarte la tarde, si quieres soñar y pensar en qué vas a gastar el dinero, hazlo. Pero ____________________________________ luego no te decepciones.

76 *Completa las frases con los verbos en la forma adecuada.*

haber sabido • compras • habría dicho • tengas • querrías • esté • comprarías • pagara • podríamos • fuéramos • está • compraré • compre • ayudarás

PADRE.—Ahora no puedo comprarte el móvil que me pides de regalo de cumpleaños. Te lo ______________________ después de Navidad, siempre que ______________ rebajado.

JORGE.—Pero yo lo necesito ahora, ¿me lo __________________________ si yo me ______________________ una parte?

PADRE.—De ______________________________________ que insistirías tanto, no te ______________________________________ nada.

JORGE.—Mira, __________________________ salir esta tarde juntos por la ciudad, siempre que __________________________ ganas, claro.

PADRE.—No vamos a ir esta tarde a la ciudad porque si ______________________, seguro que ________________________ comprar el móvil.

JORGE.—Venga, vamos a salir juntos esta tarde y nos miramos el móvil, así te enseño todas las funciones que tiene y si _______________ a buen precio, me lo ________________________.

PADRE.—Anda, vamos. Pero en el caso de que te ________________ el móvil, nos ____________________ a limpiar la casa todos los viernes sin quejas ni excusas.

77 *Juan está preparando el examen de selectividad y planeando su futuro. Los caminos a seguir son varios y dependen de muchos factores. Expresa los planes de Juan con oraciones condicionales adecuadas, según las posibilidades de que se cumplan.*

posible y probable	poco probable pero posible
• hacer un buen examen de selectividad • participar en el programa Erasmus • ofrecer vacantes en otoño • vivir en un piso de estudiantes	• tener que repetir el último curso • sacar la nota máxima • tocar la lotería

a) Si ______________________________ ______________________________, estudiaré sociología en la Universidad de Madrid.

b) Si me ______________________________, viajaría por todo el mundo antes de ir a la universidad.

c) Me encantaría estudiar Medicina, pero eso solo sería posible si ______________________________.

d) Si la escuela ______________________________, haré mis prácticas como ayudante de maestro.

e) Si ______________________________, no podría ir a la universidad.

f) Si ______________________________, trabajaré los fines de semana para pagar el alquiler.

g) Viviré un tiempo en el extranjero si ______________________________ ______________________________.

78 *Formula frases enteras con subordinadas reales e irreales usando* si. *Antes, lee el texto.*

El legendario tesoro del San José

El galeón español **San José** fue hundido *(versenkt)* por un capitán inglés ante las costas colombianas en 1708. El barco estaba cargado con oro, plata y otros objetos de gran valor. En 2015, es decir 300 años más tarde, el gobierno colombiano declaró que un grupo de arqueólogos había descubierto los restos del galeón. No se han publicado las coordinadas exactas del barco, que está vigilado por la Armada colombiana. Según los planes del gobierno, el San José y su tesoro (si existe) serán rescatados *(geborgen)* y exhibidos en un museo. Mientras tanto, una empresa estadounidense ha reclamado el barco, porque dice haber localizado sus restos ya en 1982, pero Colombia asegura haberlo encontrado en otro sitio. España, por su parte, opina que el San José debería permanecer bajo el mar (conforme a la convención de la Unesco sobre la protección del patrimonio subacuático), pero ofrece su ayuda para investigar el galeón.

a) El galeón | no llevar | oro y plata, | no haber sido atacado.
Si el galeón no hubiera llevado oro y plata, no habría/hubiera sido atacado.

b) San José | quedarse | puerto de Portobelo, | tripulación *(Besatzung)* no morir.

___

___

___

c) ingleses | no tener espías *(Spione)* | en | colonias españolas, | no conocer ruta del San José.

____

____

____

d) galeón | no explotar | durante | ataque de los ingleses, | estos | quedarse con | barco y | su cargamento.

____

____

____

e) gobierno colombiano | publicar | coordinadas del galeón, | no estar a salvo de | cazatesoros *(Schatzjäger)*.

____

____

____

f) gobierno español | poder decidir, | galeón | permanecer | en el lecho marino *(Meeresgrund)*.

____

____

____

g) encontrarse | tesoro del San José, | exhibirse | museo | junto a los restos del barco.

____

____

____

h) empresa estadounidense | comprobar que | de verdad ha sido la primera en encontrar el San José, | poder reclamar | el 50% | tesoro | pero es poco probable.

____

____

____

Lösungen zu diesem Kapitel

16 Die indirekte Rede • *El estilo indirecto*

Die in der indirekten Rede wiedergegebene Aussage, Aufforderung oder Frage muss an die Perspektive desjenigen angepasst werden, der sie wiederholt. Entsprechend können sich dabei die Zeitenfolgen, Zeit- bzw. Ortsangaben sowie Personalpronomen, Demonstrativa und Possessiva ändern.

16.1 Redeeinleitende Verben

Die indirekte Rede besteht aus einem Hauptsatz, in dem ein **redeeinleitendes Verb** steht, und einem Nebensatz, in dem der **Inhalt** des bereits Gesagten wiedergegeben wird.

Verben des Sagens und Meinens

admitir	*zugeben*	advertir (e → ie) de	*warnen vor*
afirmar	*behaupten*	añadir	*hinzufügen*
anunciar	*ankündigen*	avisar	*benachrichtigen*
comentar	*bemerken*	comunicar	*mitteilen*
contar (o → ue)	*erzählen*	explicar	*erklären*
gritar	*schreien*	informar	*informieren*
insinuar	*andeuten*	negar (e → ie)	*verneinen, abstreiten*
predecir (e → i)	*voraussagen*	prometer	*versprechen*
reconocer	*(an-)erkennen, zugeben*	repetir (e → i)	*wiederholen*
expresar	*äußern*	asegurar	*versichern*

Verben des Fragens und Antwortens

contestar	*antworten*	preguntar(se)	*(sich) fragen*
querer (e → ie) saber	*wissen wollen*	replicar	*erwidern*
responder	*antworten*	saber	*wissen*

Verben des Aufforderns und Befehlens

aconsejar que + subj.	*raten*	decir (e → i) que + subj.	*sollen*
esperar que + subj.	*erwarten*	exigir que + subj.	*fordern*
mandar que + subj.	*befehlen*	ordenar que + subj.	*befehlen*
pedir (e → i) que + subj.	*bitten*	pretender que + subj.	*beabsichtigen*
proponer que + subj.	*vorschlagen*	recomendar (e → ie) que + subj.	*empfehlen*
reivindicar que + subj.	*fordern*	rogar (o → ue) que + subj.	*bitten* (formell)
solicitar que + subj.	*beantragen*	sugerir (e → ie) que + subj.	*nahelegen*
implorar que + subj.	*anflehen*	querer (e → ie) que + subj.	*wollen*

16.2 Indirekte Aussage- und Fragesätze

Indirekte **Aussagen** werden immer mit der Konjunktion ***que*** („dass") eingeleitet. Zwischen Haupt- und Nebensatz steht dabei kein Komma.

Nos han advertido de que cortarán la carretera los próximos días.
→ *Man hat uns gewarnt, dass die Landstraße die nächsten Tage gesperrt werde.*

Indirekte **Fragen** werden mit der Konjunktion *si* („ob") oder einem **Fragewort** eingeleitet. Umgangssprachlich wird manchmal zusätzlich *que* verwendet.	Llamo porque quiero saber si sigues enferma. → *Ich rufe an, weil ich wissen will, ob du noch krank bist.* Mamá pregunta (que) si pensamos volver para la hora de comer. → *Mama fragt, ob wir vorhaben, zur Mittagszeit zurück zu sein.*
Beachte: • Die Fragewörter behalten auch in der indirekten Frage ihren **grafischen Akzent**. • Verben, die eine **Präposition** mit sich führen (z. B. *pensar en, soñar con*) behalten diese auch vor der indirekten Frage.	Laura no quiere decirme por qué está triste. → *Laura will mir nicht sagen, warum sie traurig ist.* Me preguntan en qué estaba pensando cuando pasé el semáforo en rojo. → *Sie fragen, woran ich gedacht habe, als ich bei Rot über die Straße gegangen bin.*

Die Zeitverschiebung in indirekten Aussage- und Fragesätzen

Steht das redeeinleitende Verb im **Indikativ Präsens, *pretérito perfecto*** oder **Futur**, so bleiben die Zeiten in der indirekten Rede **unverändert**.

Direkte Rede	Indirekte Rede
María: «Veo un ovni». → María: „*Ich sehe ein UFO.*"	María **dice/ha dicho/dirá** que **ve** un OVNI. → *María sagt/sagte/wird sagen, dass sie ein UFO sieht.*

Steht das redeeinleitende Verb in einer Zeit der **Vergangenheit *(indefinido, imperfecto, pluscuamperfecto)***, ändern sich in der indirekten Rede die Zeiten folgendermaßen:

Direkte Rede		**Indirekte Rede (Nebensatz)**
presente	→	*pretérito imperfecto*
pretérito perfecto	→	*pretérito pluscuamperfecto*
pretérito indefinido	→	*pretérito pluscuamperfecto*
futuro simple	→	*condicional simple*
futuro compuesto	→	*condicional compuesto*

Beachte: Steht das Verb bereits in der direkten Rede im *imperfecto, pluscuamperfecto* oder *condicional*, so bleibt es in der indirekten Rede **unverändert**.

Direkte Rede	Indirekte Rede
María:	María **dijo/decía/había dicho que**… → *María sagte/hat gesagt/hatte gesagt, dass …*
«**Veo** un ovni». → *„Ich sehe ein UFO."*	**veía** un ovni. → *sie ein UFO sieht.*
«**He visto** un ovni». → *„Ich habe ein UFO gesehen."*	**había visto** un ovni. → *sie ein UFO gesehen hat/hatte.*
«**Vi** un ovni». → *„Ich habe ein UFO gesehen."*	**había visto** un ovni. → *sie ein UFO gesehen hat/hatte.*
«**Veré** un ovni». → *„Ich werde ein UFO sehen."*	**vería** un ovni. → *sie ein UFO sehen wird.*
«**Habré visto** un ovni». → *„Ich werde ein UFO gesehen haben."*	**habría visto** un ovni. → *sie ein UFO gesehen haben wird.*

16.3 Indirekte Aufforderungs- und Befehlssätze

Indirekte Aufforderungen und Befehle werden mit der Konjunktion ***que*** („dass") eingeleitet. Der Imperativ wird durch den ***subjuntivo*** ersetzt.

Direkte Rede	Indirekte Rede
Yo: «Por favor explícame esta frase». → *Ich: „Bitte erkläre mir diesen Satz."*	Le he pedido a mi amigo **que** me **explique** esta frase. → *Ich habe meinen Freund darum gebeten, mir den Satz zu erklären.*
La escuela: «Este año proponemos no celebrar el carnaval». → *Die Schule: „Wir schlagen vor, Fasching dieses Jahr nicht zu feiern."*	La escuela propone **que** este año no **celebremos** el carnaval. → *Die Schule schlägt vor, dieses Jahr Fasching nicht feiern.*

Die Zeitverschiebung in indirekten Aufforderungs- und Befehlssätzen

Wenn das redeeinleitende Verb im **Präsens, *pretérito perfecto*** oder **Futur** steht, so wird der Imperativ in der indirekten Rede durch das ***presente de subjuntivo*** ersetzt.

Direkte Rede	Indirekte Rede
Andrés: «¡Vete de aquí!» → *Andrés: „Geh weg!“*	Andrés **dice/ha dicho/dirá** que **me vaya** de aquí. → *Andrés sagt/hat gesagt/wird sagen, ich solle weggehen.*

Steht das redeeinleitende Verb in einer Zeit der **Vergangenheit** (*indefinido, imperfecto, pluscuamperfecto*), so wird der Imperativ durch das ***imperfecto de subjuntivo*** ersetzt.

Direkte Rede	Indirekte Rede
Andrés:	Andrés **dijo/decía/había dicho** que… → *Andrés sagte/hatte gesagt, dass …*
«¡Recoge tu habitación!» → *„Räum dein Zimmer auf!“*	**recogiera** mi habitación. → *ich mein Zimmer aufräumen soll.*
«No hables con la boca llena». → *„Sprich nicht mit vollem Mund.“*	no **hablara** con la boca llena. → *ich mit vollem Mund nicht sprechen soll.*

16.4 Orts- und Zeitangaben in der indirekten Rede

Bei der Wiedergabe der direkten Rede müssen nicht nur die **Personal-** bzw. **Possessivpronomen** angepasst werden, sondern auch **Orts-** und **Zeitangaben**. Dabei sind die **individuelle Perspektive** und **Intention** der berichtenden Person zu berücksichtigen.

Direkte Rede		Indirekte Rede
aquí/acá	→	*aquí, allí*
ahora	→	*entonces, en ese/aquel momento*
hoy	→	*ayer, el mismo día, ese/aquel día*
ayer	→	*anteayer, el día anterior, ese/aquel día*
hace dos días	→	*dos días antes*
mañana	→	*hoy, al día siguiente*
esta mañana	→	*ayer por la mañana, esa/aquella mañana*
esta semana	→	*esa/aquella semana*
la próxima semana/la semana que viene	→	*esta semana, a la semana siguiente*
la última semana/la semana pasada	→	*la semana anterior*

Direkte Rede	Indirekte Rede
Pablo: «**La última semana** hicimos un examen sorpresa». → *Pablo: „Letzte Woche hatten wir einen unangekündigten Test."*	Pablo nos contó que habían hecho un examen sorpresa **la semana anterior**. → *Pablo hat uns erzählt, dass sie in der Woche zuvor einen unangekündigten Test hatten.*
Laura: «Dejo los disfraces **aquí**, encima de las sillas». → *Laura: „Ich lasse die Kostüme hier auf den Stühlen."*	Laura dijo que dejaría los disfraces **aquí/allí**, encima de las sillas. → *Laura sagte, sie werde die Kostüme hier/dort auf den Stühlen lassen.* *(Sprecherin steht neben den Stühlen/weit von den Stühlen entfernt)*
Carlos: «**Ayer** vi a Luisa en el metro». → *Carlos: „Gestern habe ich Luisa in der U-Bahn gesehen."*	Carlos dijo que **anteayer/el día anterior/ aquel día/el 2 de julio** había visto a Luisa en el metro. → *Carlos hat gesagt, er hätte Luisa vorgestern/ am Tag zuvor/an jenem Tag/am 2. Juli in der U-Bahn gesehen.* *(Sprecher berichtet am Tag danach/einige Zeit später)*

16.5 Die Wiedergabe von *ir, venir, llevar* und *traer*

Die Verben *ir, venir, llevar* und *traer* beinhalten eine **Richtungsangabe** („hin" bzw. „her", siehe dazu auch Kap. 19.3 und 19.4). In der indirekten Rede müssen sie deshalb ggf. an die Perspektive der berichtenden Person angepasst werden.

Direkte Rede		Indirekte Rede
ir (hingehen)	→	*venir* (herkommen)
llevar (hinbringen)	→	*traer* (herbringen)
venir (herkommen)	→	*ir* (hingehen)
traer (herbringen)	→	*llevar* (hinbringen)

Direkte Rede	Indirekte Rede
Santiago:	Santiago dice que… → *Santiago sagt, dass …*
«En verano **voy** a ver a mis abuelos». → *„Im Sommer werde ich meine Großeltern besuchen.“ (= hingehen)*	en verano va a **venir** a vernos. → *er uns im Sommer besuchen kommt. (= herkommen)*
«**Llevaré** mi periquito a su casa». → *„Ich werde meinen Wellensittich mitbringen.“ (= hinbringen)*	**traerá** su periquito a nuestra casa. → *er seinen Wellensittich mitbringen wird. (= herbringen)*
«Mis amigos **vienen** todas las tardes a mi casa». → *„Meine Freunde kommen jeden Nachmittag zu mir.“ (= herkommen)*	sus amigos **van** a su casa todas las tardes. → *seine Freunde jeden Nachmittag zu ihm kommen. (= hingehen)*
«**Tráeme** comida para mi periquito, por favor». → *„Bring mir Futter für meinen Wellensittich, bitte.“ (= herbringen)*	le **lleve** comida para su periquito. → *ich ihm Futter für seinen Wellensittich bringen soll. (= hinbringen)*

Beachte: Das Verb *ir* wird **nicht** durch *venir* ersetzt, wenn der Ort, auf den es sich bezieht, weder in der Nähe der sprechenden Person noch in der Nähe der berichtenden Person liegt.

Direkte Rede	Indirekte Rede
Santiago: «Antes de ir a veros voy a **ir** a Bilbao». → *Santiago: „Bevor ich euch besuche, werde ich nach Bilbao fahren.“*	Santiago dice que antes de venir a vernos va a **ir** a Bilbao. → *Santiago sagt, dass er, bevor er zu uns kommt, nach Bilbao fahren wird.*

Ejercicios

79 *Forma oraciones rellenando el cuadro central de la tabla con las expresiones de la tabla.*

por qué • si (4x) • qué • en qué • que (3x) • con quién

a) Marta quiere saber		la acompañaremos a clase mañana.
b) Julio no nos explica		le pasa exactamente.
c) Los profesores me han recordado		mañana es el último día para hacer la matrícula (*sich einschreiben*).
d) No me has explicado		os habéis peleado Pablo y tú.
e) La profesora me ha preguntado		puedo recoger a varios estudiantes del intercambio.
f) Los estudiantes del intercambio esperan		les enseñemos la vida nocturna de Múnich.
g) Mi vecina aconsejó a mis padres		compartiéramos el jardín.
h) Juan me preguntó ayer		tenía tiempo para estudiar con él.
i) Te lo explico para saber		estás de acuerdo o no.
j) Puso cara de enamorado, pero no me dijo		estaba soñando.
k) Mi madre me pregunta siempre		pienso cuando estudio tan desconcentrado.

80 *Roberto está haciendo unas prácticas en una empresa española. Mientras su jefa está en una reunión, recibe muchos mensajes para ella. Escribe oraciones completas en el estilo indirecto.*

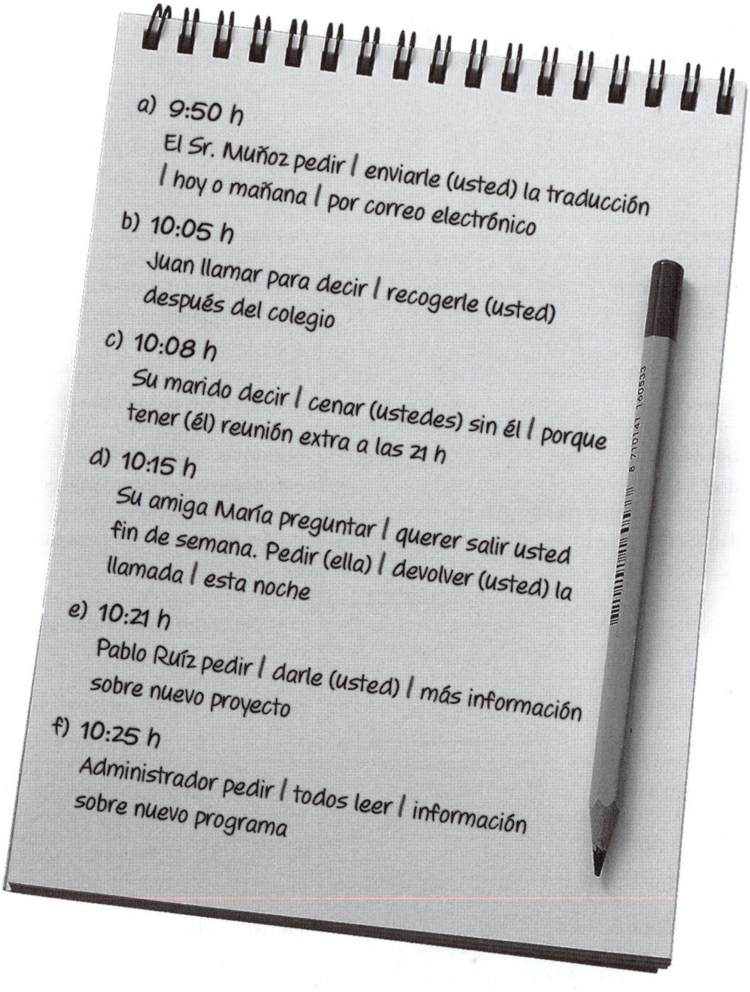

a) *9:50 h: El Sr. Muñoz ha pedido que le envíe la traducción hoy o mañana por correo electrónico.*

81 *El instituto de Isabel organiza un intercambio con un instituto de Colonia. Hace un mes Isabel estuvo en Alemania en casa de Mareike y ahora es Mareike la que va a pasar una temporada en Alicante. Isabel y su madre hablan sobre la llegada de los estudiantes alemanes. Completa los diálogos con los verbos en la forma adecuada.*

ALICANTE ist eine spanische Hafenstadt und gehört zur autonomen Region Valencia. Auf dem Foto sind zwei Sehenswürdigkeiten der Stadt zu sehen: links ein Teil des Castillo de Santa Bárbara, rechts der Hafen.

MADRE.—¿Sabes a qué hora van a llegar los alemanes al aeropuerto?

ISABEL.—Hoy en clase el Sr. Díaz nos ________________ *(decir)* que los estudiantes ______________________ *(llegar)* el jueves por la tarde en el vuelo ZZ-4350 procedente de Colonia, pero no ________________ ________________ *(especificar)* a qué hora ________________________ *(aterrizar = landen)* exactamente.

MADRE.—Pues habrá que consultar la web del aeropuerto. ¿Qué otra información os ha dado?

ISABEL.—Puesto que nuestro instituto no ofrece transporte desde el aeropuerto, ______________ *(pedir)* que las familias ____________________ *(organizarse, nosotras)* de forma autónoma *(selbstständig)* para recoger a los estudiantes y llevarlos a las casas. Además, nos ________________ *(aconsejar)* que ________________ *(llevar, nosotros)* una fotografía del estudiante que nos corresponde para reconocerlo rápidamente. En mi caso no es necesario, porque yo ya conozco a Mareike. ¡Ah! Por cierto, Mareike ______________ *(acabar)* de decirme que ________________ *(comprar)* regalos para todos nosotros y que por ello ________________ *(traer)* una maleta grande…

MADRE.—Uhmm, entonces mejor que vayamos al aeropuerto en el coche de papá porque es más grande.

In der Universitätsstadt Alicante leben rund 330 000 Personen. Wichtigste Wirtschaftsfaktoren sind der Handel und der Tourismus. Die kulturellen Sehenswürdigkeiten, die schönen Strände und das milde Klima ziehen jedes Jahr Besucher*innen aus ganz Europa an, darunter auch Erasmusstudenten und -studentinnen.

82 *Isabel repite a su madre la conversación que tuvo por Skype con Mareike, la chica de Colonia con quien hace el intercambio (ver tarea 81). Completa la conversación.*

MADRE.—¿Hablaste ayer con Mareike por Skype?

ISABEL.—Sí, ayer hablamos por Skype más de una hora y me ________________ *(contar)* que estaba un poco nerviosa por el viaje.

MADRE.— Pero, ¿por qué? No tiene motivos para estar nerviosa.

ISABEL.—Mareike piensa que la comunicación en español será difícil ya que ella se siente insegura al hablar. Le ________________ *(decir)* que no se preocupara.

MADRE.—¿Vosotras habláis en inglés, español o alemán?

ISABEL.—Pues hablamos una extraña mezcla. Cuando yo estuve en su casa en Colonia, intenté no comunicarme en inglés, sobre todo porque Mareike siempre me ________________ *(decir)* que hablara con ella y con su familia en alemán, pero yo no siempre lo lograba y a veces con Mareike pasaba al inglés.

MADRE.—Pues yo creo que aprendiste mucho alemán allí, porque cuando hablé con la madre de Mareike por teléfono, me ________________ *(contar)* que tu nivel mejoraba cada día.

ISABEL.—Sí, seguro que aprendí porque el día que llegué a su casa, no podía comunicarme con la hermanita pequeña de Mareike. La niña siempre ____________________ *(quejarse)* de que no me entendía, de que yo hablaba muy raro. El día antes de regresar a España estuve jugando con ella toda la tarde y me ___________________ *(decir)* que ahora ya hablaba bien y que jugar conmigo era muy divertido.

MADRE.—Ya verás, a Mareike le va a pasar lo mismo con el español. Escríbele un wasap *(WhatsApp-Nachricht)* y __________________ *(decirle)* que toda tu familia la esperamos con ilusión.

83 *Poco antes de su llegada, Isabel habló otra vez con Mareike sobre su estancia en España. Durante la fiesta de fin de curso Isabel recuerda esa conversación y se la cuenta a su amigo Jorge que tiene pensado hacer un intercambio.*

ISABEL → MAREIKE	ISABEL → JORGE
a) Mareike, por favor no compres tantos regalos para nosotros.	Pedí a Mareike que *no comprara tantos regalos para nosotros.*
b) Llévate tus botas de montaña porque vamos a hacer una excursión al Puig Campana.	
c) ¿Qué tipo de música te gusta más, la música electrónica o la música rock? Quiero llevarte a un concierto.	

ISABEL → MAREIKE	ISABEL → JORGE
d) ¿Puedes traerme el diccionario de alemán que olvidé en tu casa, por favor?	
e) Si tienes ganas, puedes verme actuar en el teatro del barrio este fin de semana.	
f) ¿Te gusta el marisco? Mi padre prepara paellas mixtas en esta época del año.	

84 *Martín y Nico comparten un piso de estudiantes. Como Martín va a pasar unas semanas fuera, da instrucciones a Nico para que cuide de sus plantas en su ausencia. Pasa la información al estilo indirecto utilizando diferentes verbos para introducir lo que dijo Martín. Escribe desde la perspectiva de Nico.*

Aquí es el mejor sitio para poner las plantas. Por favor, ponlas aquí. Los días que yo no esté en casa, no quiero que hagas como la semana pasada. Sube las persianas porque las plantas necesitan luz. Hay que regar sin falta todas las plantas cada día. Bueno, todas no, el cactus solo tienes que regarlo una vez por semana. Si hace mucho sol y calor, debes cerrar un poco las cortinas para que no les dé el sol directo.

Antes de partir, Martín me explicó que allí era el mejor sitio para poner las plantas.

17 Infinitiv, Partizip und Gerundium • *El infinitivo, el participio y el gerundio*

Der Infinitiv (die Grundform des Verbs), das Partizip und das *gerundio* sind sogenannte infinite Formen. Sie enthalten keine Informationen zu Person, Zeit oder Modus. Infinite Formen können Nebensätze verkürzen. Sie sind zudem Bestandteil der sogenannten *perífrasis verbales* (verbale Umschreibungen).

17.1 Der Infinitiv

Der spanische Infinitiv endet auf *-ar, -er* oder *-ir* und weist vier Formen auf:

Aktiv		**Passiv**	
einfach	**zusammengesetzt**	**einfach**	**zusammengesetzt**
cantar → *singen*	haber cantado → *gesungen haben*	ser cantado → *gesungen werden*	haber sido cantado → *gesungen worden sein*

Der Infinitiv kann als **männliches Substantiv** verwendet werden. In diesem Fall erhält er einen Artikel und kann z. B. von Adjektiven begleitet werden.

el buen comer → *das gute Essen*
el vivir bien → *das gute Leben*

Beachte: Einige Infinitive sind mittlerweile zu eigenständigen Wörtern geworden, deren Bedeutung von der ursprünglichen abweichen kann.

el deber → *die Pflicht*
los deberes → *die Hausaufgaben*
el ser → *das Wesen*

Der Infinitiv kann im Satz dieselben Funktionen übernehmen wie das Substantiv. Er kann u. a. sein:

- **Subjekt**

  Hablar con la boca llena es de mala educación.
  → *Mit vollem Mund zu sprechen ist unhöflich.*

- **Ergänzung des Prädikats**

  Lo mejor es no decir nada.
  → *Am besten ist es, gar nichts zu sagen.*

- **adverbiale Bestimmung**

  Con callar no se gana nada.
  → *Mit Schweigen gewinnt man nichts.*

Verkürzen von Nebensätzen

Bestimmte Infinitivkonstruktionen können Nebensätze verkürzen, z. B.:

- **Temporale Nebensätze**
  al + infinitivo *(als)*
  antes de/después de + infinitivo *(bevor/nachdem)*

Al verme, los dos se echaron a reír.
→ *Als sie mich sahen, haben die beiden angefangen zu lachen.*
Arréglate un poco el pelo antes de salir.
→ *Kämm dich ein bisschen, bevor du ausgehst.*

- **Kausale Nebensätze**
  al + infinitivo *(da, weil)*
  de + infinitivo *(da, weil)*
  por + infinitivo *(da, weil)*

Al no saber por dónde ir, se quedó sentada y esperó.
→ *Da sie nicht wusste, wohin sie musste, blieb sie sitzen und wartete ab.*
Por no llevar el paraguas, ahora vas a mojarte.
→ *Da du den Regenschirm nicht mitgenommen hast, wirst du jetzt nass werden.*

- **Konditionale Nebensätze**
  con + infinitivo *(wenn)*
  de + infinitivo *(wenn)*

Con callarte un poquito, ya nos harías un favor.
→ *Wenn du nur ein bisschen schweigen würdest, würdest du uns schon einen Gefallen tun.*
De haberlo sabido, no te lo hubiera recomendado.
→ *Hätte ich das gewusst, hätte ich es dir nicht empfohlen.*

- **Konzessive Nebensätze**
  con + infinitivo *(auch wenn)*
  a pesar de + infinitivo *(obwohl)*

Con hacerle la pelota a la profesora, no vas a aprobar.
→ *Auch wenn du dich bei der Lehrerin einschmeichelst, wirst du nicht bestehen.*
Julio fue al trabajo a pesar de estar enfermo.
→ *Julio ist zur Arbeit gegangen, obwohl er krank war.*

Feste Wendungen mit Infinitiv

- a ser posible *(wenn möglich/falls möglich)*

No vuelvas demasiado tarde de la fiesta, a ser posible.
→ *Komm bitte nicht zu spät von der Party zurück, wenn möglich.*

- a decir verdad *(um die Wahrheit zu sagen)*

A decir verdad, este año tampoco me tocará la lotería.
→ *Ehrlich gesagt, auch dieses Jahr werde ich nicht im Lotto gewinnen.*

• a ver (si) (*mal sehen*)	A ver qué le dices ahora a tu madre… → *Mal sehen, was du jetzt deiner Mutter sagst …*
Beachte: In der Umgangssprache wird der Infinitiv oft anstelle des **Imperativs** verwendet (in Verbindung mit *a*, *no* oder *prohibido*).	¡A trabajar de una vez! → *An die Arbeit!* No escupir en el suelo. → *Nicht auf den Boden spucken.*

17.2 Das Partizip

Die regelmäßige Bildung des Partizips wird in Kap. 12.3 erklärt.

Unregelmäßige Partizipien und Adjektive

Es gibt drei spanische Verben, die ein **unregelmäßiges** und ein **regelmäßiges** Partizip aufweisen. Beide können zur Bildung der zusammengesetzten Zeiten verwendet werden.

- ***imprimir***: *imprimido/impreso*
- ***freír***: *freído/frito*
- ***proveer***: *proveído/provisto*

Mi padre ha freído/frito todas las patatas.
→ *Mein Vater hat alle Kartoffeln gebraten.*

Zudem haben sich im Laufe der Sprachgeschichte ehemalige Partizipien zu **Adjektiven** entwickelt.

El hombre ha soltado la mano de la niña.
→ *Der Mann ließ die Hand des Mädchens los.* (Partizip)
Ana lleva el pelo suelto.
→ *Ana trägt ihr Haar offen.* (Adjektiv)

Verb	regelmäßiges Partizip	Adjektiv (ehem. Partizip)
completar (*vervollständigen*)	completado	completo/-a (*vollständig*)
concretar (*konkretisieren*)	concretado	concreto/-a (*bestimmt, konkret*)
confundir (*verwechseln*)	confundido	confuso/-a (*unklar, verworren*)
convencer (*überzeugen*)	convencido	convicto/-a (*überführt*)
difundir (*verbreiten*)	difundido	difuso/-a (*unklar*)
elegir (*wählen*)	elegido	electo/-a (*gewählt*)

maldecir *(verfluchen)*	maldecido	maldito/-a *(verflucht)*
soltar *(loslassen)*	soltado	suelto/-a *(lose, locker)*
suspender *(durchfallen, aufhängen)*	suspendido	suspenso/-a *(nicht bestanden, schwebend)*

Verkürzen von Nebensätzen

Auch mithilfe des Partizips können Nebensätze verkürzt werden, vor allem in der Schriftsprache. Das Partizip wird dabei in Genus und Numerus an sein Bezugswort angepasst.

- **Temporale Nebensätze**

Pasados unos minutos, me levanté y me fui.
→ *Nach ein paar Minuten stand ich auf und ging.*

- **Konzessive Nebensätze**

Asustada como estaba, le miró al hombre a la cara.
→ *Obwohl sie erschrocken war, schaute sie dem Mann ins Gesicht.*
El examen, si bien aprobado justo, ha sido mucho mejor que los anteriores.
→ *Die Prüfung, wenn auch knapp bestanden, war viel besser als die früheren.*

- **Relativsätze**

Compré unas muñecas importadas de Bolivia.
→ *Ich habe einige Puppen gekauft, die aus Bolivien importiert wurden.*

17.3 Das Gerundium

Das *gerundio* drückt eine Handlung in ihrem Verlauf aus.

Bildung

Zur Bildung des *gerundio* werden an den Verbstamm folgende Endungen angehängt: ***-ando*** bei Verben auf ***-ar*** und ***-iendo*** bei Verben auf ***-er*** und ***-ir***.

cantar → cantando
beber → bebiendo
vivir → viviendo

Beachte:

- Bei Verben auf *-er* und *-ir*, deren Stamm auf einen Vokal endet (z. B. *caer, construir, leer*), wird *-iendo* zu ***-yendo***.

caer → cayendo
construir → construyendo
leer → leyendo

- Bei Verben auf *-ir*, die im Indikativ Präsens eine Änderung des **Stammvokals** aufweisen, wird im *gerundio* das *e* bzw. *o* des Verbstamms zu ***i*** bzw. ***u***.

decir → diciendo
mentir → mintiendo
morir → muriendo
dormir → durmiendo

Gebrauch

Das *gerundio* kann die Funktion eines **Adverbs** übernehmen. Im Deutschen wird dazu häufig das Partizip Präsens oder ein Nebensatz mit „indem" verwendet.

Se acercó a mí sonriendo.
→ *Er/Sie kam lächelnd auf mich zu.*
Pablo me dio las gracias enviándome flores.
→ *Pablo bedankte sich, indem er mir Blumen schickte.*

Ähnlich wie das Partizip kann auch das *gerundio* **Sätze verkürzen** (vor allem in der Schriftsprache), z. B.:

- **Aneinandergereihte Hauptsätze**

Iban de paseo cantando canciones.
→ *Sie gingen spazieren und sangen dabei Lieder.*

- **Temporale Nebensätze**

Se conocieron peregrinando por el Camino de Santiago.
→ *Sie lernten sich kennen, als sie auf dem Jakobsweg pilgerten.*

- **Kausale Nebensätze**

La niña está feliz estando sus hermanos con ella.
→ *Das Mädchen ist glücklich, weil seine Brüder/Geschwister bei ihm sind.*

- **Konditionalsätze**

Sabiendo matemáticas puedes estudiar de todo.
→ *Wenn du Mathematik kannst, kannst du alles Mögliche studieren.*

- **Konzessive Nebensätze**

Julia vino a la excursión estando enferma.
→ *Julia ist zum Ausflug gekommen, obwohl sie krank war.*

17.4 Verbalperiphrasen

Verbalperiphrasen bestehen aus einem konjugierten Verb und einer infiniten Verbform (Infinitiv, Partizip, *gerundio*). Sie drücken bestimmte Aspekte einer Handlung aus, die im Deutschen häufig durch Adverbien wiedergegeben werden.

Verbalperiphrasen mit Infinitiv

Verbalperiphrase	Bedeutung	Beispiele
acabar de + infinitivo	*soeben getan haben*	Acaba de venir Juana, pero como no estabas, se ha ido. → *Juana ist gerade vorbeigekommen, aber da du nicht da warst, ist sie wieder gegangen.*
acabar/terminar por + infinitivo	*schließlich tun*	Acabó por lavar él los platos para no discutir más. → *Schließlich hat er das Geschirr gespült, um nicht weiter diskutieren zu müssen.*
alcanzar a + infinitivo	*gelingen/es schaffen, etwas zu tun*	Alcancé a ver sus intenciones y no la dejé entrar. *Es gelang mir, ihre Absichten zu durchschauen, und ich ließ sie nicht herein.*
dejar(se) de + infinitivo	*aufhören, etwas zu tun*	Deja de decir tonterías, por favor. → *Hör bitte auf, Dummheiten zu sagen.* Dejaos de hacer tantas preguntas. → *Hört endlich auf, so viele Fragen zu stellen.*
echar(se) a + infinitivo (p. ej. andar, correr, reír, llorar, temblar)	*plötzlich und heftig beginnen, etwas zu tun*	Cuando vi al puma delante de mí, eché a correr. → *Als ich den Puma vor mir sah, rannte ich los.*
empezar a/ponerse a + infinitivo	*beginnen, etwas zu tun*	Empezó a cantar y todos la miraron. → *Sie fing an zu singen und alle sahen sie an.*
estar a punto de/estar por + infinitivo	*kurz davor sein, etwas zu tun*	Qué suerte tienes. Estaba a punto de salir de casa. → *Was für ein Glück du hast. Ich war kurz davor, auszugehen.* Estoy por dejar este trabajo. → *Ich bin kurz davor, diese Arbeit hinzuschmeißen.*

Verbalperiphrase	Bedeutung	Beispiele
llegar a ser	*werden (Beruf, Stelle, Posten)*	Llegó a ser presidenta de EE. UU. → *Sie wurde Präsidentin der USA.*
llevar xx meses/ años sin + infinitivo	*seit xx Monaten/Jahren nicht mehr tun*	Llevo cuatro años sin practicar yoga. → *Ich praktiziere Yoga seit vier Jahren nicht mehr.*
parar de + infinitivo	*abrupt aufhören, etwas zu tun*	Cuando entró la reina, los cortesanos pararon de bailar. → *Als die Königin eintrat, hörten die Adligen sofort auf zu tanzen.*
romper a + infinitivo	*plötzlich und heftig beginnen, etwas zu tun (vgl.* echar a*) (Schriftsprache)*	El público rompió a reír a carcajadas. → *Das Publikum lachte plötzlich und lauthals auf.*
volver a + infinitivo	*wieder tun*	Has vuelto a dejar la puerta abierta. → *Du hast schon wieder die Tür offen gelassen.*

Verbalperiphrasen mit Partizip

Verbalperiphrase	Bedeutung	Beispiele
dar(se) por + participio	*(sich) erklären für, (sich) betrachten als*	Aunque el equipo dio por perdido el partido, jugó muy bien hasta el final. → *Obwohl die Mannschaft das Spiel als verloren betrachtete, spielte sie bis zum Schluss sehr gut.*
dejar + participio + a alguien	*sein (Zustand als Ergebnis einer Handlung)*	La dejó sorprendida con su partida repentina. → *Sie war sehr überrascht wegen seiner/ihrer plötzlichen Abreise.*
ir + participio	*bereits sein (Ergebnis einer in der Vergangenheit begonnenen Handlung)*	Ya van vendidos más de la mitad de los números de la lotería. → *Es sind schon mehr als die Hälfte der Lotterienummern verkauft.*
llevar + participio	*schon getan/erledigt haben (im Gegensatz zu* ir + Partizip *meist persönlich verwendet)*	Llevo escritas cien felicitaciones de Navidad. → *Ich habe schon hundert Weihnachtskarten geschrieben.*

Verbalperiphrase	Bedeutung	Beispiele
quedar(se) + participio	*werden, sein (plötzlich eintretender Zustand)*	Se quedó pasmado al verla con ese vestido de noche. → *Er war sprachlos, als er sie in diesem Abendkleid sah.*
seguir + participio	*weiterhin sein, bleiben*	El velo integral sigue prohibido. → *Der Vollschleier bleibt verboten.*

Verbalperiphrasen mit *gerundio*

Verbalperiphrase	Bedeutung	Beispiele
acabar/terminar + gerundio	*schließlich tun*	Acabó yendo de Erasmus a Roma. → *Am Ende ging er/sie mit dem Erasmus-Programm nach Rom.*
andar + gerundio	*immer wieder/ immerzu tun (meist im neg. Sinne)*	Siempre andáis buscando problemas. → *Immerzu macht ihr Ärger.*
continuar/seguir + gerundio	*weiterhin/immer noch tun*	Mi hija continua trabajando como astronauta. → *Meine Tochter arbeitet immer noch als Astronautin.*
empezar/comenzar + gerundio	*beginnen/anfangen, etwas zu tun*	Empezaré quitando estas piedras de aquí y luego arrancaré las malas hierbas. → *Ich fange mit der Beseitigung dieser Steine hier an und werde dann das Unkraut jäten.*
estar + gerundio	*gerade dabei sein, etwas zu tun*	Estoy tendiendo la ropa, espera un momento. → *Ich hänge gerade die Wäsche auf, warte kurz.*
ir + gerundio	*allmählich werden*	Tus notas van mejorando. → *Deine Noten werden allmählich besser.*
llevar xx horas/días/ meses/...+ gerundio	*seit xx Stunden/ Tagen/Monaten/... tun*	Llevo dos horas esperándote. → *Ich warte schon seit zwei Stunden auf dich.*
seguir + gerundio	*weiterhin tun*	Sigo trabajando en la misma empresa. → *Ich arbeite weiterhin beim gleichen Unternehmen.*

Ejercicios

85 *Elige el participio o el adjetivo adecuado para cada ocasión.*

a) Aún no he ________________ tu tarjeta de embarque, pero no te preocupes. Cuando llegues a casa por la noche estará ________________ y encima de tu mesa.

imprimir

b) ¡Otra vez overbooking! Aún no han ________________ el embarque y el avión ya está ________________.
Espero que la compañía aérea nos ofrezca una solución.

completar

c) Me he ________________ y he comprado un billete de metro erróneo. La verdad es que no me extraña haberme equivocado. La información de la web era complicada y muy ________________.

confundir

d) Me encantan las patatas ________________, pero hoy las han ________________ en un aceite extraño y no tienen buen sabor.

freír

e) ¡Es estupendo! Soy el candidato ________________ porque me ha ________________ la mayoría de los afiliados al partido.

elegir

f) A mitad de la exhibición de baile se me ha roto la goma del pelo y se me ha ________________ la coleta (*Pferdeschwanz*). Ha sido incómodo porque he tenido que acabar de bailar con el pelo ________________.

soltar

86 *Se acercan los exámenes finales y tus profesores te dan muchos consejos para afrontar esta época. Completa el texto con la opción adecuada.*

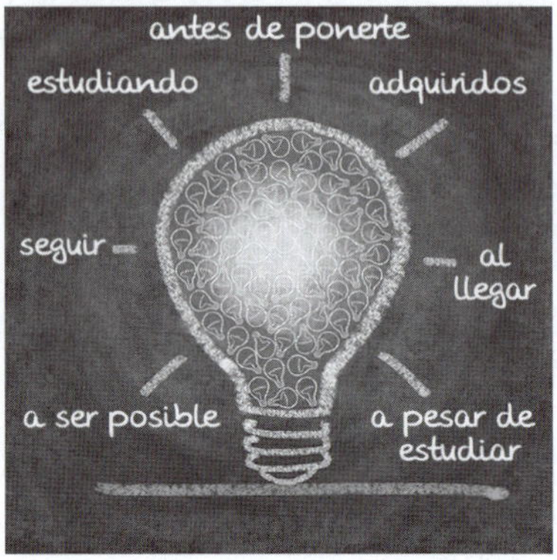

- ____________________ a estudiar, debes saber que cada persona tiene sus estrategias de estudio.
- ____________________, busca un lugar ordenado y con buena iluminación, sin objetos que te puedan distraer.
- ____________________ la materia de forma estructurada, rápida y eficaz, podrás hacer un buen examen. En todo caso, ____________________ un plan de estudio es fundamental para cualquier estudiante.
- Debes tener también ratos de ocio. Intenta pasar tiempo al aire libre y no dejes de hacer ejercicio ____________________ mucho.
- ____________________ el momento del examen, no te dejes llevar por los nervios. Concéntrate y confía en los conocimientos ____________________.

87 *Las siguientes oraciones subordinadas pueden ofrecer mayor precisión si se sustituyen por perífrasis verbales. Reemplaza la parte marcada por la perífrasis verbal adecuada. Pon atención en la colocación de los pronombres cuando los haya.*

llevar + participio • dejar de + infinitivo • ir + gerundio • acabar + gerundio • echar a + infinitivo • seguir + gerundio • estar a punto de + infinitivo

a) **Casi ya salía** de casa cuando llegó Juan.	*Estaba a punto de salir de casa cuando llegó Juan.*
b) A causa del trato cruel de la industria alimentaria a los animales, **ya no como carne**.	
c) Cuando su hermano se lo dijo, no pudo contenerse y **lloró** delante de todos.	
d) **Hasta ahora he escrito** 50 invitaciones de boda.	

e) **Finalmente Javier colgó** porque ella no dejaba de gritarle.	
f) **Ana sale todavía** con Jorge aunque discuten todos los días.	
g) Su estado de salud **mejora lentamente**.	

88 *Sustituye el infinitivo por una oración subordinada. Escribe también de qué tipo de oración se trata (oración temporal, concesiva, causal, condicional).*

infinitivo	oración subordinada	tipo de oración
a) Al mirarte a los ojos, supe la verdad.	Cuando te miré a los ojos, supe la verdad.	oración temporal
b) Con aprobar tres asignaturas en verano, ya estoy contento.		
c) Al no saber la respuesta, entregué el examen incompleto.		
d) Con sacar el pan del congelador 30 minutos antes de comer, será suficiente.		
e) De haber sabido que el examen iba a ser tan difícil, habría estudiado más.		
f) La perdonó a pesar de estar muy enfadado.		

89 *Completa el texto sobre el poeta español Federico García Lorca usando las perífrasis verbales adecuadas.*

Federico García Lorca

El poeta y dramaturgo nació el 5 de junio de 1898 cerca de Granada. De joven se interesó más por la música que por la literatura. Se puso a escribir (*Er begann zu schreiben*) su primer libro mientras estudiaba las carreras de Filosofía y Letras y de Derecho en la Universidad de Granada. Aunque García Lorca ____________________ (*machte schließlich seinen Abschluss* = licenciarse) en Derecho, nunca ejerció la profesión del abogado.

En 1919, García Lorca se instaló en la Residencia de Estudiantes en Madrid y conoció a artistas como Salvador Dalí y Luis Buñuel. Al volver a Granada en 1921, ya había publicado varios poemas y dramas. La música ____________________ (*beeinflusste weiterhin*) la obra de Federico García Lorca. Colaboró también con el famoso compositor Manuel de Falla en varios proyectos.

En 1929, el poeta, que ____________________ (*erlebte gerade*) una grave crisis artística, ____________________ (*nahm schließlich an*) la invitación de un amigo para viajar a Nueva York. El resultado de ese viaje fue la famosa obra «Poeta en Nueva York».

Con el fin de la dictadura de Primo de Rivera y la instauración de la Segunda República en 1931 empezó una nueva época en la vida de García Lorca. Famosas obras teatrales como «Yerma» y «Bodas de sangre» datan de esta fase, que fue muy productiva.

La situación política en España ____________________ (*verschlechterte sich immer mehr*). En 1936, cuando la Guerra Civil ____________________ (*war kurz davor, auszubrechen* = estallar), el poeta supo que corría peligro, a pesar de no ser un personaje político. Justo cuando ____________________ (*hatte gerade Zuflucht gesucht* = refugiarse) en casa de un amigo, fue detenido por la Guardia Civil el 16 de agosto de 1936. Dos días después, en la madrugada, fue fusilado y enterrado en una fosa anónima.

Lösungen zu diesem Kapitel

18 Passivkonstruktionen • *Construcciones pasivas*

Im Spanischen gibt es verschiedene Strukturen, die Unpersönlichkeit ausdrücken: das sogenannte Vorgangspassiv, das Zustandspassiv, das sehr häufig verwendete *pasiva refleja* sowie einige weitere Konstruktionen.

18.1 Das Vorgangspassiv

Mit dem Vorgangspassiv wird eine Handlung wiedergegeben. Es wird vor allem in der Schriftsprache verwendet.

Bildung

Das Vorgangspassiv wird durch die Formen von ***ser*** und dem ***participio perfecto*** des Vollverbs gebildet. Das Vollverb muss im Aktivsatz ein Akkusativobjekt anschließen können **(transitives Verb)**. **Beachte:** Das Partizip muss in Zahl und Geschlecht an das Subjekt **angeglichen** werden (zur Bildung des Partizips siehe Kap. 12.3).	Ayer fue inaugurado el congreso de literatura. → *Gestern wurde der Literaturkongress eröffnet.* La película será rodada en Almería. → *Der Film wird in Almería gedreht.*
Der **Urheber** oder die **Urheberin** der Handlung kann mit der **Präposition *por*** angeschlossen werden.	El imperio inca fue conquistado por Pizarro para la Corona de Castilla. → *Das Inkareich wurde von Pizarro für das Königreich Kastilien erobert.* Numerosas casas fueron destruidas por un tornado. → *Zahlreiche Häuser wurden von einem Wirbelsturm zerstört.*

Gebrauch

Das Vorgangspassiv wird verwendet, wenn eine **Handlung** hervorgehoben werden soll oder wenn die handelnde Person **unbekannt** bzw. im aktuellen Kontext **unwichtig** ist.	Esta semana han sido robados ocho cuadros del Museo del Prado. → *Diese Woche wurden acht Gemälde aus dem Prado-Museum gestohlen.* Me alegra que la paciente haya sido operada con éxito. → *Es freut mich, dass die Patientin mit Erfolg operiert worden ist.*

18.2 Das Zustandspassiv

Das Zustandspassiv beschreibt das Resultat einer Handlung. Es wird in allen Sprachregistern verwendet.

Bildung

Das Zustandspassiv wird durch die Formen von ***estar*** und dem ***participio perfecto*** des Vollverbs gebildet. Wie beim Vorgangspassiv muss es sich dabei um ein transitives Verb handeln. Das Partizip wird an das Subjekt **angeglichen**.	La ventana está abierta. → *Das Fenster ist offen.* La piscina estuvo cerrada todo el verano. → *Das Schwimmbad war den ganzen Sommer über geschlossen.*

Gebrauch

Beim Zustandspassiv steht nicht der Vorgang einer Handlung, sondern ihr **Ergebnis** im Vordergrund.	Las tortillas ya están hechas. → *Die Omeletts sind schon zubereitet.*
Beachte: In einigen Fällen wird das Zustandspassiv im Deutschen durch ein **eigenes Verb** wiedergegeben, z. B.:	
• estar sentado/-a (*sitzen*)	Las niñas estaban sentadas en una rama del cerezo. → *Die Mädchen saßen auf einem Zweig des Kirschbaums.*
• estar acostado/-a (*liegen*)	El abuelo está acostado porque no se encuentra bien. → *Großvater liegt, weil es ihm nicht gut geht.*
• estar parado/-a (LAm.) (*stehen*)	¿Por qué están aquí parados? → *Warum steht ihr hier herum?*

18.3 Passivkonstruktionen mit *se*

Das *pasiva refleja*

Das *pasiva refleja* besteht aus dem Pronomen *se* + **3. Person Singular/Plural** des Vollverbs. Das Subjekt darf **keine Person** sein.

El libro se publicará el mes que viene.
→ *Das Buch wird nächsten Monat veröffentlicht.*
Los datos se analizaron en el Instituto Nacional de Estadísticas.
→ *Die Daten wurden im Nationalen Institut für Statistik ausgewertet.*

Das unpersönliche Passiv mit *se*

Diese Passivform besteht aus dem Pronomen *se* + **3. Person Singular** des Vollverbs.

En el metro de Múnich no se habla casi nada.
→ *In der Münchner U-Bahn wird kaum gesprochen.*

Das unpersönliche Passiv mit *se* wird verwendet, wenn:

- das Verb **intransitiv** ist

En esta ciudad se vive muy bien.
→ *In dieser Stadt lebt man sehr gut.*

- das Akkusativobjekt eine bestimmte **Person** ist und deshalb mit der **Präposition *a*** eingeleitet wird

Se llamó a los bomberos enseguida.
→ *Die Feuerwehr wurde sofort angerufen.*

- im Satz ein **direktes Objektpronomen** verwendet wird

La acusada fue llevada delante del juez y se la preguntó durante horas.
→ *Die Angeklagte wurde vor den Richter gebracht und stundenlang verhört.*

18.4 Weitere unpersönliche Konstruktionen

Verb in der 3. Person Plural

Eine in der Umgangssprache häufig verwendete unpersönliche Konstruktion ist das Verb in der **3. Person Plural**, ohne das Pronomen *ellos/ellas*.

Te llamaron para regalarte un coche.
→ *Man hat dich angerufen, um dir ein Auto zu schenken.*
¿Qué ponen en el cine esta noche?
→ *Was läuft heute Abend im Kino?*

Beachte: Oft wird diese Form benutzt, um über ein **Kollektiv** zu sprechen bzw. **Vermutungen/Verallgemeinerungen/ Stereotypen** über eine Personengruppe zu äußern.

Admiten a cualquiera.
→ *Es wird jeder reingelassen.*
En Alemania solo beben cerveza.
→ *In Deutschland wird nur Bier getrunken.*

Uno/una + Verb in der 3. Person Singular

Bei dieser Konstruktion in der 3. Person Singular bezieht der Sprecher oder die Sprecherin **sich selbst** in die Aussage mit ein.

Debajo de ese puente una siempre tiene miedo.
→ *Unter dieser Brücke hat man (als Frau) immer Angst.*
Si uno duerme poco, al día siguiente está cansado.
→ *Wenn man zu wenig schläft, ist man am nächsten Tag müde.*

Ejercicios

90 *Ordena los elementos y forma oraciones correctas.*

a) La nueva | la próxima semana. | de Almodóvar | será | estrenada | película

b) en los restaurantes y bares | fuma. | En España | no | se

c) La España de las Autonomías | líderes | criticada | por | algunos | ha sido | europeos.

d) ¿Qué | sobre | el nuevo álbum | de | Rosalía? | dicen

e) es | si | uno | un lugar | descansar. | quiere | ideal | Este

f) Cada | vende | con una plaza | se | de aparcamiento. | apartamento

91 *¿Sabías? Completa las oraciones usando la voz pasiva con* ser + participio perfecto.

escribir, crear, traducir

«Don Quijote de la Mancha» ____________________ por Miguel de Cervantes en el siglo XVII. Varias continuaciones no ____________________ por Cervantes, sino por otros escritores. Hasta ahora, el «Quijote» ____________________ a 140 idiomas (la primera traducción fue al inglés en el año 1612).

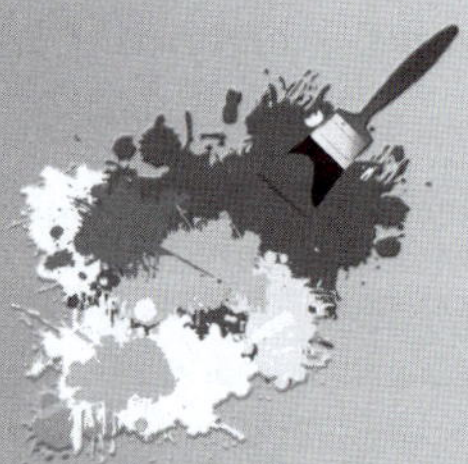

pintar, exponer, considerar

El «Guernica» ____________________ por Pablo Picasso en plena Guerra Civil española y ____________________ en París en el año 1937. Hoy, el cuadro, que ____________________ como una de las obras de arte más importantes del siglo XX, se encuentra en el museo Reina Sofía en Madrid.

prohibir, reconocer

El estudio de la lengua catalana, la gallega y la vasca ____________________ durante la dictadura de Franco. Después del fin del franquismo, estos idiomas ____________________ como lenguas cooficiales por los Estatutos de Autonomía de las respectivas comunidades autónomas.

92 *El apartamento turístico que habéis alquilado con los amigos por Internet parecía estar muy bien. Sin embargo, al llegar allí todo son problemas. Completa las oraciones usando la voz pasiva con* estar + participio perfecto.

ocupar • apagar • hacer • pagar • cerrar • mojar • estropear

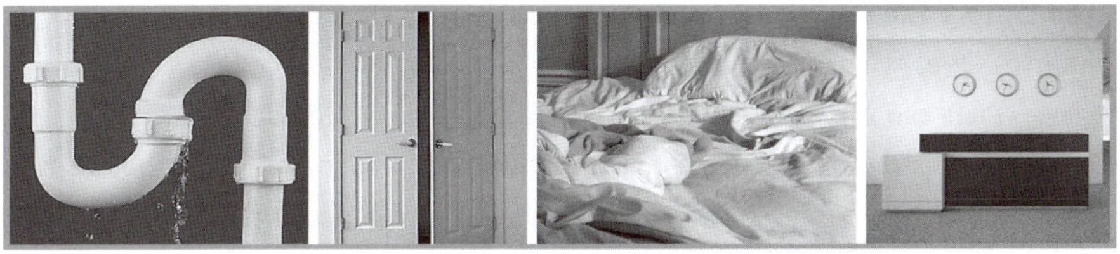

a) No hay ropa de cama. Por eso las camas no ________________.

b) Te has resbalado (*ausrutschen*) y te has caído porque el suelo de la cocina ________________.

c) La puerta del apartamento no cierra bien porque la cerradura ________________.

d) Queréis cambiar de apartamento, pero no podéis porque los otros ________________.

e) No podéis marcharos a otros apartamentos porque la semana de alojamiento ya ________________.

f) Queréis reclamar en recepción, pero no podéis porque la recepción ya ________________.

g) La calefacción no calienta porque ________________.

93 *Felipe está estudiando en Sevilla. Su hermana María se plantea también estudiar un semestre allí. Completa el diálogo usando una construcción impersonal.*

FELIPE.—Estoy estudiando mucho para el examen, pero creo que soy el único que me agobio *(sich stressen)* con los estudios. Aquí en Sevilla la vida ____________________ *(tomar)* de otro modo. Los estudiantes no se preocupan tanto y van de tapas también durante la época de exámenes.

MARÍA. —Oye, ¿y cuándo estudian?

FELIPE.—Pues eso me pregunto yo también. No sé cómo lo hacen.

MARÍA.—Estoy deseando llegar a la universidad para pasar un semestre allí. Aunque ____________________ *(decir)* que es difícil obtener plaza allí pues son muchos los que la solicitan.

FELIPE.—Es lógico, Sevilla es una ciudad estupenda. La semana pasada participé en una visita guiada por el Real Alcázar. ____________________ *(construir)* a lo largo de varios siglos y todos los estilos han dejado sus huellas... es realmente maravilloso. ¿Y sabías que algunas escenas de *Juego de Tronos* ____________________ *(rodar)* allí?

MARÍA.—Sí, lo sabía. ____________________ *(decir)* que los actores a menudo ____________________ *(ver)* de paseo por Sevilla, tomando tapas, p. ej.

FELIPE.—¡Ojalá yo hubiera estado ya en Sevilla durante el rodaje! Pero aun así me gusta mucho. ¿Conoces el Puente de Alamillo? Es uno de los símbolos de la ciudad, pero lo mejor es que allí ____________________ *(poder)* escalar al aire libre.

MARÍA.—¿En medio de la ciudad? ¡Qué fuerte! Creo que en Sevill,a de verdad, ____________________ *(aburrirse)*.

Der **Real Alcázar** ist eine der meistbesuchten Sehenswürdigkeiten Spaniens.

Die **Puente del Alamillo** über dem Guadalquivir ist ein Wahrzeichen Sevillas.

Lösungen zu diesem Kapitel

19 Besondere Verben • *Verbos especiales*

19.1 „Sein“: *ser* und *estar*

Ser und *estar* entsprechen beide dem deutschen Verb „sein“.

Ser wird benutzt in Verbindung mit **festen Eigenschaften** (z. B. Nationalität, Aussehen, Religion, Beruf, Charakter).	*Estar* bezeichnet **vorübergehende Zustände** (z. B. Gemüts- oder Gesundheitszustand). In Verbindung mit den Adjektiven ***muerto/-a*** und ***casado/-a*** wird ebenfalls *estar* verwendet. **Beachte:** In Lateinamerika hört man häufig ***ser casado/-a***.
Óscar es un niño muy nervioso. → *Óscar ist ein sehr nervöses Kind.* Nuria es morena y guapa. → *Nuria ist dunkelhaarig und hübsch.* Tu padre es una buena persona. → *Dein Vater ist ein guter Mensch.* Soy alemana. → *Ich bin Deutsche.*	Hoy Óscar tiene una actuación en el colegio y está muy nervioso. → *Heute hat Óscar einen Auftritt in der Schule und ist sehr nervös.* ¡Qué guapa está Nuria hoy! → *Wie hübsch Nuria heute aussieht!* Mi padre ya está bueno. → *Meinem Vater geht es wieder gut.* ¿Estás bien? → *Geht es dir gut?*
Ser + ***de*** bezeichnet die **Herkunft** einer Person oder das **Material** eines Gegenstandes.	*Estar* + ***de*** drückt eine **vorübergehende Tätigkeit** oder Aktivität aus.
Somos de Colombia. → *Wir sind aus Kolumbien.* Esta silla es de papel. → *Dieser Stuhl ist aus Papier.*	Mónica está de camarera. → *Mónica arbeitet derzeit als Kellnerin.* Rosa y Luis están de vacaciones por Siberia. → *Rosa und Luis machen Urlaub in Sibirien.*
Bei **Ortsangaben** drückt *ser* aus, wo etwas **stattfindet**.	*Estar* drückt aus, wo sich etwas **befindet**.
El concierto va a ser en el Teatro Nacional. → *Das Konzert wird im Nationaltheater stattfinden.*	La sala del concierto está en la planta baja. → *Der Konzertsaal ist im Erdgeschoss.*

Für **Zeitangaben** wird *ser* verwendet in Verbindung mit Datum, Uhr- und Tageszeit, Wochentagen, Monaten, Jahreszeiten und Zeitadverbien.	Umgangssprachlich kann das **Datum** mit ***estamos + a*** angegeben werden.
Hoy es el 25 de febrero. → *Heute ist der 25. Februar.* Es muy temprano. → *Es ist sehr früh.*	—¿A qué día estamos? —Estamos a 25 de febrero. → *Welchen Tag haben wir heute?* *– Heute ist der 25. Februar.*
	Estar + ***a*** wird auch für **Entfernungsangaben** verwendet oder um einen **aktuellen Preis** auszudrücken.
	El lago Titicaca está a casi 4000 metros de altitud. → *Der Titicacasee liegt auf fast 4000 Metern Höhe.* Sevilla está a 200 kilómetros de Granada. → *Sevilla ist 200 Kilometer von Granada entfernt.* ¿A cuánto están las peras? → *Wie viel kosten die Birnen (heute)?*

Adjektive mit Bedeutungsänderung

Einige Adjektive haben unterschiedliche Bedeutungen, je nachdem, ob sie mit *ser* oder *estar* verwendet werden.

	ser	estar
bueno/-a	*brav, gut* ¡Sé bueno! → *Sei schön brav!*	*lecker, gut* Estas manzanas están muy buenas. → *Diese Äpfel sind sehr lecker.*
claro/-a	*hell, klar* La madera de pino es clara. → *Pinienholz ist hell.*	*deutlich, verständlich* Esta explicación está muy clara. → *Diese Erklärung ist sehr klar verständlich.*
despierto/-a	*aufgeweckt, intelligent* Es un chico muy despierto. → *Er ist ein sehr aufgeweckter Junge.*	*wach* ¿Estás despierta? → *Bist du wach?*

frío/-a	*(eis)kalt, gefühllos* Este hombre es frío. → *Dieser Mann ist eiskalt.*	*kalt* El agua está fría. → *Das Wasser ist kalt.*
grave	*ernst, schwerwiegend* La situación es grave. → *Die Situation ist ernst.*	*schwer krank* Pablo está grave. → *Pablo ist schwer krank.*
listo/-a	*schlau, klug* Mi hermano es muy listo. → *Mein Bruder ist sehr schlau.*	*fertig, bereit* Ya estamos listos para salir. → *Wir sind schon bereit, um auszugehen.*
malo/-a	*böse, schlecht* La bruja era mala. → *Die Hexe war böse.*	*krank, verdorben (Essen)* Cristina está mala. → *Cristina ist krank.*
molesto/-a	*lästig, störend* ¡Qué molestos sois hoy! → *Wie lästig ihr heute seid!*	*sauer, verärgert* ¿Estás molesto porque no te he llamado? → *Bist du sauer, weil ich dich nicht angerufen habe?*
negro/-a	*schwarz* Nuestro coche es negro. → *Unser Auto ist schwarz.*	*genervt, wütend* Hoy estoy negra. → *Heute bin ich genervt.*
rico/-a	*reich* Los abuelos de Marta son ricos. → *Martas Großeltern sind reich.*	*lecker, sehr gut* Esta pizza está muy rica. → *Diese Pizza ist sehr lecker.*
seguro/-a	*sicher* El viejo casco de bicicleta ya no es seguro. → *Der alte Fahrradhelm ist nicht mehr sicher.*	*sicher* No estoy seguro, pero creo que sí. → *Ich bin mir nicht sicher, aber ich glaube schon.*
vivo/-a	*lebhaft, lebendig* De niño era muy vivo. → *Als Kind war er sehr lebhaft.*	*am Leben, lebend* No sabemos si están vivos. → *Wir wissen nicht, ob sie noch am Leben sind.*

19.2 „Es ist/es gibt": *estar* und *hay*

Um im Spanischen das Vorhandensein von Lebewesen oder Dingen auszudrücken, können die Formen des Verbs *estar* oder das unveränderliche *hay* (von *haber*) verwendet werden.

Estar wird verwendet, um das Vorhandensein **bestimmter** Lebewesen oder Gegenstände auszudrücken.	***Hay*** wird verwendet, um das Vorhandensein **unbestimmter** Lebewesen oder Gegenstände auszudrücken.
En esta calle está la casa de la que te he hablado. → *In dieser Straße ist das Haus, von dem ich dir erzählt habe.* No está nadie, vámonos. → *Es ist niemand da, lass uns gehen.* Entre el público estaba Pedro Almodóvar, un director de cine muy famoso. → *Im Publikum befand sich Pedro Almodóvar, ein berühmter Regisseur.*	En esta calle hay tres casas muy bonitas. → *In dieser Straße gibt es drei sehr schöne Häuser.* No había nadie que me entendiera. → *Es gab niemanden, der mich verstand.* Entre el público solo había una persona famosa. → *Im Publikum war nur eine berühmte Person.*

19.3 „Kommen": *ir* und *venir*

Ir und *venir* entsprechen beide dem deutschen Verb „kommen". Sie drücken allerdings unterschiedliche Bewegungsrichtungen aus.

• ***Venir*** bedeutet eine Bewegung zum Standort des Sprechers/der Sprecherin **hin**.	Coge el café y ven a mi habitación. Quiero enseñarte algo. → *Nimm den Kaffee und komm in mein Zimmer. Ich möchte dir etwas zeigen.*
• ***Ir(se)*** drückt eine Bewegung aus, die sich vom Standort des Sprechers/der Sprecherin **entfernt**.	¿Venís vosotros a mi casa o vamos todos a casa de Pedro? → *Kommt ihr alle zu mir oder gehen wir zu Pedro?* —¿Vienes o no? —¡Sí, ya voy! → *Kommst du mit? – Ja, ich komme schon!*

19.4 „Bringen“: *llevar* und *traer*

Das deutsche Verb „bringen“ kann im Spanischen mit *llevar* oder *traer* übersetzt werden. Auch diese drücken (wie *venir* und *ir*) unterschiedliche Bewegungsrichtungen aus.

• ***Traer*** bedeutet eine Bewegung zum Sprecher/zur Sprecherin **hin** („herbringen“, „mitbringen“).	Cuando vengas a casa, tráeme el libro que te dejé. → *Wenn du nach Hause kommst, bring mir das Buch mit, das ich dir geliehen habe. (herbringen)*
• ***Llevar*** drückt eine Bewegung aus, die sich vom Sprecher/von der Sprecherin **entfernt** („hinbringen“, „mitnehmen“).	Cuando vaya a tu casa, te voy a llevar este libro. → *Wenn ich zu dir komme, werde ich dir dieses Buch bringen. (hinbringen)*

19.5 „Werden“: die *verbos de cambio*

Das deutsche Verb „werden“ wird im Spanischen durch unterschiedliche reflexive Verben (die sogenannten *verbos de cambio*) wiedergegeben.

• ***convertirse en*** **+ Substantiv:** Veränderung mit endgültigem Ergebnis	Marbella se convirtió en un gran centro turístico. → *Marbella wurde zu einem großen Tourismuszentrum.*
• ***hacerse*** **+ Substantiv:** freiwillige Entwicklung oder natürliche Veränderung einer Person	Mi hermano se ha hecho budista. → *Mein Bruder ist Buddhist geworden.*
• ***llegar a ser*** **+ Substantiv:** Erreichen eines Ziels als Ergebnis einer hohen Kraftanstrengung	Después de estudiar diez años, Antonio llegó a ser notario. → *Nachdem er zehn Jahre studiert hatte, wurde Antonio Notar.*
• ***ponerse*** **+ Adjektiv:** vorübergehende Veränderung des Aussehens, der Stimmung oder des physischen Zustands	Se puso enferma y no pudo dar la conferencia. → *Sie wurde krank und konnte den Vortrag nicht halten.*

• ***quedarse* + Adjektiv:** meist dauerhafte Veränderung (Ausnahme: Gemütszustand)	Al final de su vida se quedó sordo. → *Am Ende seines Lebens wurde er taub.* Nos quedamos muy sorprendidos por el recibimiento que nos dieron. → *Wir waren sehr überrascht über den Empfang, den sie uns bereiteten.*
• ***volverse* + Adjektiv:** tiefgreifende Veränderung (eher physischer Natur), häufig als endgültig betrachtet	Mario quiere dejar el colegio. Se ha vuelto loco. → *Mario will von der Schule abgehen. Er ist verrückt geworden.* El vídeo en el que la Cenicienta perdió su zapato se volvió viral. → *Das Video, in dem Aschenputtel den Schuh verlor, ging viral.*

Weitere spanische Entsprechungen zu „werden"

adelgazar	*schlank werden*	anochecer	*Nacht werden*
atardecer	*Abend werden*	calmarse	*ruhig werden*
cansarse	*müde werden*	despertarse (e → ie)	
empeorar	*schlimmer/ schlechter werden*	enfadarse	*böse werden*
enfermarse	*krank werden*	enfurecerse	*wütend werden*
engordar	*dick werden*	enloquecer	*verrückt werden*
enojarse	*wütend werden*	envejecer	*alt werden*
enriquecerse	*reich werden*	mejorar	*besser werden*
oscurecer	*dunkel werden*		

19.6 „Müssen/sollen“: *deber, tener que* und *hay que*

Die Verben „müssen“ oder „sollen“ können im Spanischen durch *deber, tener que* oder *hay que* wiedergegeben werden.

- ***Deber*** drückt ein **moralisches Gebot** oder eine **Pflicht** aus. *Deber* wird jedoch viel seltener benutzt als das deutsche „sollen“.

Los pasajeros procedentes de los Estados Unidos deben pasar por aduana.
→ *Die Passagiere, die aus den USA kommen, müssen durch den Zoll gehen.*
Debes hablar más claro.
→ *Du musst/sollst deutlicher sprechen.*

- ***Tener que*** wird verwendet, um einen **Zwang** auszudrücken. Dieser kann äußerlich oder selbst auferlegt sein.

Mañana tendrás que comprar pan si te lo comes todo ahora.
→ *Morgen wirst du Brot kaufen müssen, wenn du jetzt alles aufisst.*

- Auch die unpersönliche Konstruktion ***hay que* + Infinitiv** oder ein **Nebensatz** mit ***subjuntivo*** (indirekte Rede) können „müssen“ oder „sollen“ im Spanischen wiedergeben.

Hay que beber varios litros de agua todos los días.
→ *Man soll jeden Tag mehrere Liter Wasser trinken.*
Dile a los niños que salgan al jardín a jugar.
→ *Sag den Kindern, sie sollen draußen im Garten spielen.*

19.7 „Können“: *poder* und *saber*

„Können“ wird im Spanischen je nach Kontext mit *poder* oder *saber* übersetzt.

- ***Saber*** bezeichnet eine **erlernte Fähigkeit** („etwas beherrschen“).

¿Quién de vosotros sabe japonés?
→ *Wer von euch kann Japanisch? (= erlernte Fähigkeit)*

- ***Poder*** drückt eine **grundsätzliche Fähigkeit** („imstande sein“) aus. Es wird häufig auch im Sinne von „dürfen“ verwendet.

No puedo escribir este texto porque tengo la mano rota.
→ *Ich kann diesen Text nicht schreiben, weil meine Hand gebrochen ist. (= imstande sein)*
Aquí no podéis sentaros.
→ *Hier könnt/dürft ihr euch nicht hinsetzen.*

19.8 „Lassen“: *dejar*

„Lassen“ wird im Spanischen in der Regel mit *dejar* übersetzt, das (ähnlich wie im Deutschen) verschiedene Bedeutungen haben kann.

Dejar kann heißen:

- **übrig lassen**
  El niño no dejó ni las migas del pastel.
  → *Der Junge hat nicht einmal die Kuchenkrümel übrig gelassen.*
- **zurücklassen**
  Dejé el pañuelo azul en tu casa.
  → *Ich habe meinen blauen Schal bei dir gelassen.*
- **zulassen, erlauben**
  Sus padres le dejaron ir a la fiesta sola.
  → *Ihre Eltern haben sie allein zur Party gehen lassen.*

„Etwas machen lassen“ oder „veranlassen“ wird im Spanischen durch bestimmte Konstruktionen wiedergegeben, z. B.:

- **hacerse + sustantivo**
  Me he hecho la manicura.
  → *Ich habe mir eine Maniküre machen lassen.*
- **hacer + infinitivo**
  Javier hizo cortar la vieja higuera.
  → *Javier hat den alten Feigenbaum fällen lassen.*
- **mandar +infinitivo**
  Mandamos diseñar una nueva cocina.
  → *Wir haben uns eine neue Küche entwerfen lassen.*
- **hacer que + subjuntivo**
  La profesora de gimnasia hizo que los niños dieran otra vuelta al campo.
  → *Die Sportlehrerin ließ die Kinder noch eine Runde laufen.*

Ejercicios

94 *Completa los pequeños diálogos con* ser *o* estar.

a)
- No me gusta este restaurante, el local ________ incómodo y las mesas ________ muy pequeñas.
- Sin embargo, la comida ________ muy rica y por eso siempre hay que reservar para tener mesa.
- Sí, ya lo veo. Aún ________ temprano y el restaurante ya ________ completo.
- Podríamos ir a La Granja, ________ solamente a doscientos metros de aquí.

b)
- ¿A qué hora ________ el examen final de Miguel?
- Creo que ________ a las nueve, porque Miguel se ha ido muy temprano. A las siete he bajado a desayunar y él ya no ________ en casa.
- Espero que le vaya bien. Normalmente Miguel ________ un chico muy sereno *(gelassen)*, pero ayer ________ nerviosísimo.

c)
- ¿Puede decirme cuanto ______ todo, por favor?
- ________ 25 euros.
- 25 euros, ¡qué caro!, ¿ ________ seguro?
- Bueno, le sale caro porque ha comprado tres kilos de naranjas orgánicas *(Bio-)* y han subido mucho, justo hoy ________ a seis euros el kilo porque esta semana las naranjas no ________ de oferta.

d) • Tengo dolor de cabeza, el ruido de las obras de los vecinos ______ muy molesto y ya llevan dos semanas de obras.

• Ya veo que no ___________ bien. Yo también ___________ molesta con la vecina porque no respeta los festivos y los domingos en su casa también hay ruido.

95 *Completa el texto con las formas conjugadas de* ser, estar *o* hay.

JORDI.—Ahora me estoy tomando los estudios muy en serio. No sé si eso _______ bueno o malo, pero mis padres ____________ contentos de verme siempre en casa estudiando. A principio de curso _____________ muy distraído con mi guitarra y no encontraba el momento para ponerme a estudiar en serio. Sin embargo, ahora que ha empezado la época de exámenes _______ diferente y apenas toco la guitarra en la banda. Quizá por eso ______________ triste, ya que tocar en el grupo _______ algo fantástico, me distrae mucho. Lo malo _______ que la banda se lleva muchas horas de mi tiempo. En el instituto ya nos han advertido que con tantos exámenes juntos _______ que estudiar mucho y no _______ tiempo para hobbies.

MATEO.—Para mí no _______ todo tan fácil. Si no _______ hobbies en mi vida, no _______ motivación y sin motivación no me puedo concentrar bien. Creo que lo mejor _______ buscar un equilibrio entre los estudios y los hobbies. Si te organizas bien, yo creo que ________ tiempo para todo.

96 *Completa las frases con los verbos de cambio adecuados. Algunos de ellos se repiten.*

quedarse • volverse • hacerse • llegar a • convertirse en • ponerse

a) Dicen los cuentos que con un beso el sapo	*se convierte en*	príncipe.
b) Ya verás cómo el examen te va a ir bien. Sobre todo no		nervioso.
c) Aunque me esfuerce, nunca		ser como tú.
d) Por mucho que los mezcles, el agua y el aceite nunca		una sola sustancia.
e) Desde que Marta sale con esos amigos tan raros,		muy egoísta y nunca me llama.
f) He decidido pasar un año en Sudamérica. Se lo he dicho a mis padres y		muy sorprendidos.
g) El programa informático que me enviaste		viral.
h) La madera de los muebles de la habitación		oscura con el sol.
i) El verano pasado	(yo)	muy morena en el Caribe.

97 *Completa los diálogos con los verbos adecuados.*

Diálogo 1: *Completa el diálogo con «saber» o «poder».*

A Antonio se le ha roto la bicicleta. Él y su amiga Maite buscan una solución.

ANTONIO.—No __________ qué hacer con mi bicicleta, no funciona bien.

MAITE.—________________ hacer dos cosas, repararla o tirarla.

ANTONIO.—La verdad es que ________________ hacer tres cosas: repararla, tirarla o venderla.

MAITE.—¿Tú crees? Yo no creo que se __________________ vender fácilmente algo que no funciona. Aunque no lo __________. Conociéndote a ti, todo es posible. Tú eres capaz de venderle una nevera a un esquimal.

ANTONIO.—Ja, ja, ja. ¿__________________ hacerme un favor? ¿Me pasas el contacto de Marta? Ella es muy manitas (*geschickt*) y seguro que ____________ cómo reparar la bici.

MAITE.—Ahora no ________________ llamarla porque está en clase de piano.

ANTONIO.—¿En clase de piano? No ________________ que Marta tocaba el piano.

MAITE.—Sí, y además lo ______________ tocar muy bien.

Diálogo 2: *Completa el diálogo con «traer» o «llevar»; «ir» o «venir».*

Natalia está en la cocina y está a punto de marcharse porque tiene un examen. Su hermana Rosa tiene la tarde libre, está descansando en el sofá y tiene pereza (*zu faul sein*) de levantarse.

ROSA.—Estoy muy cómoda tumbada en el sofá. ¿Puedes _____________me las palomitas (*Popcorn*) y un refresco al salón?

NATALIA.—¿Estás loca? ¿Piensas que no tengo nada que hacer? En cinco minutos me __________ al cole, hoy tengo un examen hasta las ocho. Levántate tú y coge tus cosas. No voy a ________________te nada al sofá.

ROSA.—La verdad es que como ya estás en la cocina podrías __________me por lo menos el refresco.

NATALIA.—Yo no soy la hermana pequeña tontita que __________ las bebidas al sofá y recoge los vasos sucios de su hermana.

ROSA.—No te pongas así, solo te he pedido un favor, pero si tienes que __________te, vete ya.

NATALIA.—Mmmh, tus palomitas están muy ricas. Me __________ también la bolsa, tú estás en casa y tienes tiempo de hacerte más. ¡Adiós!

ROSA.—¡________te aquí ahora mismo y dame mi bolsa de palomitas! ¿Natalia? Ya se _____________, ¡qué rollo!

98 *Escoge el verbo modal que corresponda y ponlo en la forma correcta. Para obtener la solución, hay que escribir las letras marcadas en las casillas encontrando el orden correcto.*

tener que • dejar • poder • saber • hacer • deber

- Haciendo un curso de idiomas, _ _ _ _ _ _ *(tú)* estudiar una lengua en el país donde se habla. Es un método muy eficaz para mejorar tus conocimientos y descubrir la cultura a la vez. Sin embargo, _ _ _ _ _ _ _ _ _ *(tú)* financiártelo tú mismo (curso, alojamiento, comida, viaje, etc.) y no es barato.
- Si eres bueno con los niños, ser *au pair* es una opción a considerar para pasar tiempo en el extranjero sin gastar mucho dinero. Es recomendable que _ _ _ _ _ *(tú)* hablar el idioma por lo menos un poquito.
- Si haces prácticas en el extranjero, la empresa donde trabajas te _ _ _ _ hacer un curso de idioma también. Así, adquieres experiencia profesional y mejoras tus conocimientos de idioma a la vez. Lamentablemente, muchas empresas _ _ _ _ _ trabajar al personal en prácticas sin remuneración.
- Si quieres conocer una nueva cultura haciendo algo bueno, _ _ _ _ _ _ _ _ *(tú; condicional)* considerar el trabajo voluntario. Existen opciones muy diversas: trabajar con niños o ancianos, ayudar en la construcción de infraestructuras, ofrecer programas culturales, dar clases de idiomas…

	1	2	3	4	5	6	7	
solución:					M			+

Die Lösung ist ein Austauschprogramm der EU, an dem die Mitgliedsstaaten der EU und einige Nachbarländer wie Norwegen und die Türkei teilnehmen. Es unterstützt zum Beispiel den Austausch von Schüler*innen und Lehrer*innen. Auch das eTwinning-Programm zur Vernetzung europäischer Schulen gehört dazu.

Lösungen zu diesem Kapitel

20 Präpositionen • *Las preposiciones*

Präpositionen sind unveränderliche Wörter, die z. B. räumliche oder zeitliche Beziehungen zwischen Wörtern oder Wortgruppen im Satz angeben.

20.1 Überblick

Einfache Präpositionen

a	*nach, um*	ante	*vor, angesichts*
bajo	*unter*	con	*mit*
contra	*gegen*	de	*von, aus*
desde	*seit*	durante	*während*
en	*in, an, auf*	entre	*zwischen, unter*
hacia	*nach, in Richtung*	hasta	*bis*
para	*für*	por	*durch, wegen*
según	*laut, zufolge*	sin	*ohne*
sobre	*auf, über*	tras	*hinter, nach (zeitlich)*

Zusammengesetzte Präpositionen

a causa de	*wegen*	a/en favor de	*für, zugunsten von*
a la derecha de	*rechts von*	a la izquierda de	*links von*
al lado de	*neben*	alrededor de	*um … herum*
antes de	*vor (zeitlich)*	a partir de	*von … an, seit*
a pesar de	*trotz*	a través de	*(quer) durch*
cerca de	*in der Nähe von*	debajo de	*unter*

delante de	*vor (örtlich)*	dentro de	*innerhalb*
después de	*nach (zeitlich)*	detrás de	*hinter*
encima de	*über, auf*	en casa de	*bei … (zu Hause)*
en contra de	*gegen*	enfrente de	*gegenüber von*
en lugar de	*anstelle von*	en medio de	*mitten in*
fuera de	*außerhalb*	junto a	*neben*
lejos de	*weit (weg) von*	para con	*gegenüber, mit*
por debajo de	*unter … hindurch*	por entre	*zwischen … hindurch*

20.2 Die wichtigsten spanischen Präpositionen

Die Präposition *a*

Die Präposition *a* wird in folgenden Fällen verwendet:

• Angabe der **Richtung** („nach", „an", „zu")	Voy a la biblioteca para estudiar. → *Ich gehe zur Bibliothek, um zu lernen.*
• Angabe der **Uhrzeit** („um")	La clase de matemáticas empieza a las diez. → *Der Matheunterricht beginnt um zehn Uhr.*
• Angabe des **Ortes**	Los invitados se han sentado ya a la mesa. → *Die Gäste haben sich schon an den Tisch gesetzt.*
• Angabe der **Entfernung**	Mi pueblo está a cinco kilómetros de la playa. → *Meine Stadt ist fünf Kilometer vom Strand entfernt.*
• Angabe der **Art und Weise** (häufig feststehende Begriffe)	a lo vasco → *auf baskische Art* a lo grande → *groß(artig)* a vuestra manera → *auf eure Art* hecho a mano → *handgemacht* lavar a máquina → *maschinell waschen*
• Angabe des **Preises**	Las patatas están a un euro el kilo. → *Die Kartoffeln kosten einen Euro das Kilo.*
• Angabe des **Datums**	Hoy estamos a diez de marzo. → *Heute haben wir den zehnten März.*

• Angabe des **Zeitpunkts** oder **Alters**	Mi madre se jubiló a los 69 años. → *Meine Mutter ist mit 69 Jahren in den Ruhestand gegangen.*
• Zwischen Bewegungsverb und Infinitiv, um einen **Zweck** oder eine **Absicht** auszudrücken	Salgo a comprar una barra de pan. → *Ich gehe aus, um ein Baguette zu kaufen.*
• Vor **direktem Objekt**, wenn es sich um eine **Person(ifizierung)** oder ein **Tier** handelt	Llamé ayer a la policía. → *Gestern habe ich die Polizei angerufen.*
Beachte: A entfällt nach ***tener*** und bei **unbestimmten Personen** (z. B. in Verbindung mit dem Verb *buscar*).	Tengo cuatro gatos y cinco perros. → *Ich habe vier Katzen und fünf Hunde.* Busco una familia adoptiva para uno de mis perros. → *Ich suche eine Adoptivfamilie für einen meiner Hunde.*
• Vor einem **indirekten Objekt**	Le dejé a María quinientos euros. → *Ich habe María fünfhundert Euro geliehen.*

Die Präposition *en*

Die Präposition *en* wird in folgenden Fällen verwendet:	
• Angabe des **Ortes** („an", „auf", „in", „bei")	Mañana Laura va a dormir en casa de sus abuelos. → *Morgen wird Laura bei ihren Großeltern übernachten.* Deja estos abrigos en el sofá. → *Leg diese Wintermäntel auf das Sofa.* En la pared hay una grieta. → *An der Wand ist ein Riss.*
• Angabe der **Jahreszeit**/des **Monats**/einer **Zeitspanne**	En invierno siempre nieva en las montañas. → *Im Winter schneit es immer in den Bergen.* En dos días no comió nada. → *Zwei Tage lang hat er/sie nichts gegessen.*
Beachte: Datum und **Wochentag** werden ohne Präposition angegeben. Sie werden nur mit dem bestimmten Artikel verwendet.	El 23 de marzo Carlos y Carlota se casan. → *Am 23. März heiraten Carlos und Carlota.* Vamos a hacer una excursión el domingo. → *Wir machen am Sonntag einen Ausflug.*

• Angabe des **Verkehrsmittels** (*ir/viajar en tren/en coche/en avión/en tranvía/ en barco/en bicicleta* etc.)	Me gusta mucho viajar en tren. → *Ich fahre sehr gerne Zug.*
Beachte: Ausnahmen sind *ir* ***a*** *pie, montar* ***a*** *caballo, mandar algo* ***por*** *avión/barco/mensajero.*	Desde que me mudé, voy a pie al trabajo. → *Seitdem ich umgezogen bin, gehe ich zu Fuß zur Arbeit.*
• Angabe der **Art und Weise**	hablar en voz baja → *leise sprechen* decir algo en broma → *etwas im Scherz sagen* estar en huelga → *im Streik sein* estar en calzoncillos → *in Unterwäsche sein* en general → *im Allgemeinen* en realidad → *eigentlich* en este sentido → *in dieser Hinsicht* en español → *auf Spanisch*

Die Präpositionen *de … a/desde … hasta*

De … a bzw. *desde … hasta* können sowohl für **Orts-** als auch für **Zeitangaben** verwendet werden.	El vuelo de/desde Múnich a/hasta Barcelona dura una hora y media. → *Der Flug von München nach Barcelona dauert anderthalb Stunden.* Nos vamos de vacaciones del/desde el lunes al/hasta el domingo. → *Wir sind von Montag bis Sonntag im Urlaub.*
Beachte: • Die Kombination *de … a* wird bei Angabe der Uhrzeit **ohne** Artikel verwendet, *desde … hasta* dagegen **mit**.	Tenemos física los lunes de 8:30 a 10:00/ desde las 8:30 hasta las 10:00. → *Wir haben montags von 8:30 bis 10:00 Uhr Physikunterricht.*
• *Desde* und *hasta* können **einzeln** verwendet werden. *De* und *a* in diesem Zusammenhang dagegen nicht.	Trabajo desde enero. → *Ich arbeite seit Januar.* Voy a trabajar hasta diciembre. → *Ich werde bis Dezember arbeiten.*

Die Präpositionen *desde/desde hace/hace*

• *Desde* („seit") bezieht sich auf einen **Zeitpunkt** (z. B. *el lunes, el año 2020, el 3 de octubre*).	No me habla desde el lunes. → *Er/Sie spricht seit Montag nicht mehr mit mir.* No he ido a la peluquería desde octubre. → *Ich bin seit Oktober nicht mehr beim Friseur gewesen.*
• *Desde hace* („seit") bezieht sich auf einen **Zeitraum** (z. B. *una hora, dos días, tres años*).	No me habla desde hace dos días. → *Er/Sie spricht seit zwei Tagen nicht mehr mit mir.* No he ido a la peluquería desde hace un año. → *Ich bin seit einem Jahr nicht mehr beim Friseur gewesen.*
• *Hace* („vor") wird ebenfalls verwendet, um über einen **Zeitraum** zu sprechen.	Dejó de hablarme hace dos días. → *Er/Sie hat vor zwei Tagen aufgehört, mit mir zu sprechen.* Fui a la nueva peluquería hace dos meses. → *Vor zwei Monaten war ich bei dem neuen Friseur.*

Die Präposition *por*

Die Präposition *por* wird in folgenden Fällen verwendet:	
• Angabe des **Grundes**/der **Ursache**	No terminé el examen por falta de tiempo. → *Ich habe die Prüfung aus Zeitmangel nicht zu Ende geschrieben.*
• Im Sinne von **„anstelle"**, **„zugunsten"**	Llamo por Rosa, que está enferma. → *Ich rufe für Rosa an, sie ist krank.*
• Angabe der **Art und Weise**/des **Mittels**	Podemos hablar por Zoom si te parece. → *Wenn du magst, können wir über Zoom reden.* Se casaron por la Iglesia. → *Sie haben kirchlich geheiratet.*

- **Ortsangaben** („durch", „hindurch")

  Ha paseado una hora por el parque.
  → *Er/Sie ist eine Stunde durch den Park spaziert.*
  Volviendo de Alemania, vamos a pasar por Luxemburgo.
  → *Auf der Rückfahrt aus Deutschland werden wir durch Luxemburg kommen.*

- Angabe des **Preises**

  Compré este coche por la mitad de precio.
  → *Ich habe dieses Auto für die Hälfte des Preises gekauft.*

- **Zeitangaben**

  La traducción estará hecha por junio.
  → *Die Übersetzung wird um Juni herum fertig sein.*
  Por estas fechas murió el abuelo.
  → *Um diese Tage herum ist Großvater gestorben.*
  por la mañana, por la tarde, por la noche
  → *morgens, nachmittags, abends/nachts*

Die Präposition *para*

Die Präposition *para* wird in folgenden Fällen verwendet:

- Angabe einer **Absicht** („um zu") (*para* + Infinitiv)

  Necesito un trapo para limpiar la mesa.
  → *Ich brauche einen Lappen, um den Tisch sauber zu machen.*

- Angabe des **Zweckes**/der **Bestimmung**

  Es una escuela para niños ciegos.
  → *Es ist eine Schule für blinde Kinder.*

- Angabe der **Richtung**

  El tren para Sevilla sale en cinco minutos.
  → *Der Zug nach Sevilla fährt in fünf Minuten ab.*

- Angabe der **Zeit**

  La traducción estará lista para junio.
  → *Vor Juni/Spätestens bis Juni wird die Übersetzung fertig sein.*

20.3 Präpositionen nach Verben, Adjektiven, Substantiven

Einige spanische Verben, Adjektive und Substantive fordern bestimmte Präpositionen, z. B.:

Verb + *a*

acostumbrarse a	*sich gewöhnen an*	atreverse a	*es wagen zu*
condenar a	*verurteilen zu*	empezar (e → ie) a	*anfangen zu*
jugar (u → ue) a	*(ein Spiel) spielen*	negarse (e → ie) a	*sich weigern zu*
oler (o → ue) a	*riechen nach*	saber a	*schmecken nach*

Verb + *en*

confiar en	*vertrauen in/auf*	convertirse (e → ie) en	*werden zu, verwandeln in*
empeñarse en	*bestehen auf*	esforzarse en	*sich anstrengen bei*
estar interesado/-a en	*sich interessieren für*	fijarse en	*aufpassen auf/bei*
pensar (e → ie) en	*denken an*	tardar en	*Zeit brauchen bei/für*

Verb + *de*

acordarse (o → ue) de	*sich erinnern an*	alegrarse de	*sich freuen über*
arrepentirse (e → ie) de	*bereuen*	despedirse (e → i) de	*sich verabschieden von*
dudar de	*zweifeln an*	enamorarse de	*sich verlieben in*
olvidarse de	*vergessen*	reírse (e → i) de	*lachen über*
sufrir de	*leiden an*	tratar de	*handeln von, versuchen*

Verb + *con*

enfadarse con	*böse werden auf*	contar (o → ue) con	*sich verlassen auf*
soñar (o → ue) con	*träumen von*	vivir con	*wohnen mit/bei*

Verb + *por*

alegrarse por	*sich freuen auf*	interesarse por	*sich interessieren für*
preguntar por	*fragen nach*	preocuparse por	*sich Sorgen machen um*

Adjektiv + Präposition

estar cansado/-a de	*etwas satthaben*	estar dispuesto/-a a	*bereit sein zu*
estar orgulloso/-a de	*stolz sein auf*	ser adicto/-a a	*abhängig sein von*
ser bueno/-a para	*gut in etwas sein*	ser difícil de hacer	*schwer zu tun sein*
ser fácil de hacer	*einfach zu tun sein*	ser responsable de	*verantwortlich sein für*

Substantiv + Präposition

el amor a	*die Liebe zu*	el derecho a	*das Recht auf*
el dolor de espalda	*Rückenschmerzen*	el dolor de muelas	*Zahnschmerzen*
¡Cuidado con…!	*Vorsicht mit …!*	la envidia de	*der Neid auf*
el miedo a	*die Angst vor*	la vuelta por	*der Rundgang durch*

Adverbiale Ausdrücke mit Präposition

a ciegas	*blindlings*	al menos	*zumindest*
a menudo	*ab und zu*	a oscuras	*im Dunkeln*
a tiempo	*rechtzeitig*	de alguna manera	*irgendwie*
de día	*tagsüber*	de madrugada	*frühmorgens*
de momento	*momentan*	de noche	*nachts*
de nuevo	*(schon) wieder*	de vez en cuando	*ab und zu*
por ahora	*im Moment*	por fin	*endlich*
por las buenas	*im Guten, gütig*	por lo menos	*immerhin*

Ejercicios

99 *Elige las preposiciones correctas. Pueden repetirse en una misma oración.*

a) Normalmente miro ________ adelante y soy optimista, pero en este momento dudo ________ la victoria de mi equipo, porque no podemos contar ________ el entrenador para el partido.	de, hacia, con
b) ________ el plano del metro, faltan tres paradas ________ llegar ________ centro.	al, según, para
c) ________ mi estancia ________ La Paz, visitaré varias universidades ________ la supervisión de mi tutor.	en, bajo, durante
d) No tengo ganas de ir ________ coche ________ la biblioteca. Prefiero ir ________ pie o ________ bicicleta.	a, en
e) Los niños tienen el derecho ________ ir ________ la escuela. Solamente así pueden soñar ________ un futuro mejor.	con, a
f) Mi hija es muy buena ________ la natación y se interesa también ________ el submarinismo. Estoy muy orgulloso ________ ella.	por, de, para

100 *¿Por o para? Elige la opción adecuada.*

a) Ya sé que no te gusta lo que estoy cocinando, pero lo hago **por/para** ti.

b) Nos hemos encontrado **por/para** la calle **por/para** casualidad y como no teníamos tiempo **por/para** hablar, hemos quedado **por/para** mañana **por/para** tomar un café juntas.

c) No he presentado un buen trabajo **por/para** falta de tiempo. El próximo semestre haré las cosas de otro modo **por/para** obtener mejores resultados.

d) **Por/Para** la tarde tengo que estudiar. Tengo que terminar estos temas **por/para** abril porque tengo el examen el 25 de abril.

e) Lee este anuncio. Aquí venden una bici todo terreno **por/para** un precio razonable. ¿Quieres que les llame **por/para** ti?

f) Esta tarde salgo **por/para** Madrid. Creo que tomaré el AVE*. Así pasaré **por/para** Tarragona y Zaragoza.

* Der **AVE** (Alta Velocidad Española) ist ein Hochgeschwindigkeitszug der spanischen Eisenbahngesellschaft RENFE. Die erste Schnellstrecke verlief zwischen Madrid und Sevilla und wurde 1992 in Betrieb genommen. Mittlerweile ist das schnelle Bahnnetz über 2 500 km lang.

01 *Completa las expresiones con la preposición temporal adecuada, si es necesario.*

a) Llegaré a Madrid		el martes 3 de septiembre.
b) En la sierra siempre nieva		invierno.
c) No me he conectado a Internet		esta mañana.
d) No hablo por Skype con mis padres		una semana.
e) Siempre hago deporte		los fines de semana.
f) Conoceré mi nota final		dos días.
g) Me afeito cada mañana		un año.
h) Me mudé a Bogotá		un año.
i) Mis abuelos se casaron		los 21 años.

102 *Completa los huecos con la preposición adecuada, si es necesario.*

Chile, de la dictadura a la democracia

Chile también tuvo su 11 de septiembre. ________ *(an)* ese día, ____________ *(im)* el año 1973, el presidente Salvador Allende fue derrocado ____________ *(durch)* un golpe militar. __________ *(von)* 1973 __________ 1988 *(bis)* el país fue gobernado ____________ *(mit)* mano de hierro ____________ *(von, durch)* el general Augusto Pinochet. Su gobierno se caracterizó ____________ *(durch)* una política autoritaria, la opresión de sus opositores, la falta de democracia y el recorte a la libertad de expresión.

____________________ *(während)* la dictadura de Pinochet, la policía secreta (la DINA y la CNI) secuestró, torturó y asesinó __________ miles de chilenos. Muchos de ellos pasaron ________ *(durch)* los centros clandestinos de detención y desaparecieron ___________ *(für)* siempre. En la actualidad sus familias siguen sin saber qué les ha pasado. ___________ *(um zu)* eliminar los cadáveres, la DINA los enterró __________________ *(mitten in)* Desierto de Atacama o _________ *(in)* la montaña, los dinamitó o los hizo lanzar de helicópteros en vuelo __________ *(über)* el mar.

___________ *(im)* el año 1988, se realizó un plebiscito nacional en que el 54% de los chilenos votó ____________________ *(für, zugunsten)* «NO», poniendo fin a la dictadura. Patricio Aylwin llegó a ser el primer presidente democráticamente elegido ____________ *(nach)* el Golpe de Estado de 1973.

* Das Logo neben der Unterschrift gehörte zu der „No"-Kampagne beim Referendum von 1988. Der Regenbogen symbolisiert die Zusammenarbeit der eigentlich völlig zersplitterten Opposition. Vor dem Referendum durften die Oppositionsparteien lediglich 15 Minuten am Tag im staatlichen Fernsehen für das „Nein" werben. Im Spielfilm „No" des chilenischen Regisseurs Pablo Larraín von 2013 geht es um diese Werbekampagne, wobei sich Fakt und Fiktion mischen.

103 *En estos anuncios de un periódico estudiantil de Mallorca faltan las preposiciones. Complétalos.*

Se alquila **habitación** ________ vista ________ mar ____________ piso de estudiantes. El piso está ____________ de la Playa de Palma. La habitación está libre __________ partir __________ uno de septiembre. Precio: 350 euros ____________ mes. Escribe ____________ Iván: ivanro@ivanet.es.

Vendo tres JERSÉIS FINOS ________ talla mediana, última moda. Están hechos ______ mano y son ______ lana, por eso no pueden lavarse ________ máquina. 615-33489

¡Chica alemana ofrece clases particulares ________ alemán Aprende mi idioma ____________ poco tiempo, ________ poco dinero, ____________ tu casa o ____________ la oficina. Horario ______________ convenir. Me llamo Lucy, vivo __________ Palma ________ enero y tengo buenos conocimientos __________ español. Si estás pensando __________ aprender alemán, llámame ____________ móvil: 673-5588934

¡Hola!
Somos dos chicas suecas __________ quienes les gusta hacer excursiones __________ la Sierra de Tramontana. Si te gusta el senderismo y buscas ____________ alguien ____________ quien practicarlo, llámanos y podemos hacer salidas ____________ grupo.
--- 617 3321559 ---

Hola! Soy un chico austriaco que vive ________ una residencia de estudiantes ______________________ tres meses. Me gustaría mudarme ________ un piso de estudiantes con gente de aquí __________ practicar el idioma y quizás aprender el mallorquín. Además __________ alemán, hablo inglés. Lukas: 622 3321559

SE VENDE
TABLA DE WIND-SURF ________
200 EUROS. ______________
RECOGER ______________
EL CLUB NÁUTICO.
Carla: carly330@t-net.es

104 *Óscar es un chico de Alicante que ha venido con el programa de intercambio a tu casa. En el instituto conoció a Nora. Esta mañana, Óscar ha recibido un correo de Nora en el que ella lo invita a su cumpleaños. Óscar se ha puesto muy contento, pero no entiende bien el texto. ¿Puedes ayudarle y explicarle con tus palabras lo que pone? Pon especial atención a las preposiciones.*

14:30 pm

Geburtstagsfeier — **Montag, 19. April 2019**

Nora Adu

Lieber Óscar,

wie bereits erwähnt, werde ich morgen Abend mit einigen Freunden meinen Geburtstag feiern und lade dich herzlich ein, dabei zu sein. Die Feier ist bei mir zu Hause und somit nicht weit vom Gymnasium entfernt. Du kannst mit dem Rad oder der U-Bahn kommen.

Mit dem Rad musst du die Straße vor unserer Schule in Richtung der U-Bahn-Haltestelle entlangfahren. Dort fährst du durch den Park in Richtung Kirche, bis du einen Fußballplatz erreichst. Dieser liegt vor einem See und neben der Kirche. Zwischen dem Fußballplatz und dem See stehen drei Häuser. Das letzte, neben den Bäumen, ist unseres. Im Park kannst du problemlos mit dem Fahrrad fahren. Achte aber auf Fußgänger und fahr auf der rechten Seite.

Natürlich kannst du auch mit der U-Bahn kommen. Es sind nur zwei Haltestellen von der Schule. Du kannst am Wochenende sogar bis fünf Uhr morgens fahren. Die Party fängt um 20 Uhr an. Falls du noch Fragen hast, kannst du mich heute Nachmittag anrufen oder wir können per Skype reden.

Bis bald,

Nora

21 Konjunktionen • *Las conjunciones*

Konjunktionen sind unveränderliche Wörter, die Sätze oder Satzteile miteinander verbinden.

21.1 Nebenordnende Konjunktionen

Neben- oder beiordnende Konjunktionen verbinden gleichrangige Sätze, Satzteile oder Wörter miteinander.

Reihende Konjunktionen

• **y/e** *(und)* **Beachte:** Vor Wörtern, die mit i- oder hi- beginnen, wird **e** verwendet.	Quiero estudiar Filosofía <u>e</u> <u>Hi</u>storia. → *Ich möchte Philosophie und Geschichte studieren.*
• **tanto … como** *(sowohl … als auch)*	<u>Tanto</u> Pedro <u>como</u> Luisa han copiado en el examen. → *Sowohl Pedro als auch Luisa haben in der Prüfung geschummelt.*
• **no solo … sino también** *(nicht nur …, sondern auch)*	<u>No solo</u> Luisa, <u>sino también</u> Pedro ha suspendido el examen. → *Nicht nur Luisa, sondern auch Pedro ist durch die Prüfung gefallen.*
• **no … ni** *(nicht … und auch nicht),* **ni … ni** *(weder … noch)*	<u>No</u> tengo tiempo <u>ni</u> ganas de ir a ver a la abuela. → *Ich habe keine Zeit und auch keine Lust, Großmutter zu besuchen.*
• **ni siquiera** *(nicht einmal)*	No se levantó nadie a las siete, <u>ni siquiera</u> Claudia la madrugadora. → *Niemand ist um sieben Uhr aufgestanden, nicht einmal Claudia, die Frühaufsteherin.*

Ausschließende Konjunktionen

• ***o/u*** *(oder)* **Beachte:** Vor Wörtern, die mit *o-* oder *ho-* beginnen, wird ***u*** verwendet.	Vendrán siete <u>u</u> <u>o</u>cho personas nuevas. → *Es kommen sieben oder acht neue Leute.*

• **bien … bien/o … o** *(entweder … oder)*	O hace sol o va a llover. → *Entweder wird es sonnig oder es wird regnen.*
• **parte … parte** *(teils … teils)*	Trabaja parte por las mañanas, parte por las tardes. → *Er/Sie arbeitet teils vormittags, teils nachmittags.*

Entgegensetzende Konjunktionen

• **al contrario** *(im Gegenteil)*	La entrevista no fue mal, al contrario, salió muy contenta. → *Das Vorstellungsgespräch war nicht schlecht, im Gegenteil, sie war beim Rausgehen sehr zufrieden.*
• **aunque** *(wenn auch)*	Era una buena persona, aunque un poco pesada. → *Er/Sie war ein guter Mensch, wenn auch ein bisschen lästig.*
• **en cambio** *(dagegen/hingegen)*	Óscar siempre gana las partidas de ajedrez. La última, en cambio, la perdió. → *Óscar gewinnt immer beim Schach. Die letzte Partie hingegen hat er verloren.*
• **pero** *(aber)*, **sin embargo/no obstante** *(dennoch/trotzdem)*	El concierto era de música clásica moderna. Sin embargo, me gustó mucho. → *Im Konzert haben sie moderne klassische Musik gespielt. Trotzdem hat es mir sehr gefallen.*
• **sino** *(sondern)*	No voy a estudiar Matemáticas, sino Física. → *Ich werde nicht Mathematik studieren, sondern Physik.*
Beachte: Folgt ein konjugiertes Verb, muss nach *sino* die Präposition ***que*** stehen.	No me llamo Marta, sino que me llamo Mónica. → *Ich heiße nicht Marta, sondern (ich heiße) Mónica.*

Folgernde Konjunktionen

• **entonces** *(dann)*	¿No quieres recoger la habitación? Entonces yo no te hago la cena. → *Du willst dein Zimmer nicht aufräumen? Dann mache ich dir kein Abendessen.*

• **por eso** *(deshalb)*	Me gusta mucho trabajar con niños, por eso voy a ser maestro. → *Ich arbeite gerne mit Kindern, deshalb werde ich Grundschullehrer.*
• **por lo tanto** *(deshalb/folglich)*	No se construyen suficientes viviendas, por lo tanto los alquileres suben. → *Es werden nicht genügend Wohnungen gebaut, folglich steigen die Mieten.*
• **por consiguiente** *(infolgedessen)* **Beachte:** *Por lo tanto* und *por consiguiente* werden vor allem in der Schriftsprache verwendet, *por eso* in der Umgangssprache.	Solo comen comida rápida y no hacen deporte, por consiguiente no están en forma. → *Sie essen nur Fast Food und machen keinen Sport, infolgedessen sind sie unfit.*

21.2 Unterordnende Konjunktionen

Unterordnende Konjunktionen verbinden Haupt- und Nebensatz.

Die Konjunktion *que*

Die Konjunktion ***que*** leitet einen **Nebensatz** ein.	Dicen que no pueden venir esta tarde. → *Sie sagen, dass sie heute Nachmittag nicht kommen können.*

Kausale Konjunktionen → Grund, Ursache

• **como** *(da)* **Beachte:** *Como* steht am **Satzanfang**, das heißt, der Grund wird an erster Stelle genannt.	Como hace tanto calor, vamos a pasar el día en un lago. → *Da es so heiß ist, werden wir den Tag an einem See verbringen.*
• **dado que/puesto que/ya que** *(da (ja)/ da (nun schon))*	Ya que me lo preguntas, te digo que no me parece bien. → *Da du mich schon fragst, sage ich dir, dass ich es nicht gut finde.* Habla tú con el cliente puesto que os conocéis. → *Sprich du mit dem Kunden, da ihr euch kennt.*

- **es que** *(nämlich/weil)*

  Beachte: *Es que* wird in der gesprochenen Sprache verwendet, vor allem für Entschuldigungen oder Rechtfertigungen. Es steht nicht am Satzanfang.

No voy a ir a tu fiesta, es que Jordi me ha dicho que va a ir.
→ *Ich werde nicht zu deinem Fest kommen. Jordi hat mir nämlich gesagt, dass er auch kommt.*

- **porque** *(weil)*

  Beachte: *Porque* steht nicht am Satzanfang.

Me tomé el día libre porque tenía una cita con el dentista.
→ *Ich habe mir den Tag freigenommen, weil ich einen Termin beim Zahnarzt hatte.*

- **pues** *(da/denn)*

  Beachte: Auch *pues* steht nicht am Satzanfang.

Tuve que volver a casa en taxi, pues el metro ya había cerrado.
→ *Ich musste mit dem Taxi nach Hause fahren, da die U-Bahn schon geschlossen hatte.*

Temporale Konjunktionen → Zeit

Einige temporale Konjunktionen werden stets mit **Indikativ** verwendet, andere je nach Kontext mit **Indikativ** oder ***subjuntivo***.

Folgende Konjunktionen werden mit dem **Indikativ** verwendet:

- **desde que** *(seit/seitdem)*

Desde que lo vio, no ha podido dejar de pensar en él.
→ *Seitdem er/sie ihn gesehen hat, kann er/sie nicht aufhören, an ihn zu denken.*

- **conforme (que)/a medida que** *(in dem Maße, wie)*

A medida que crecía, los cabellos de la niña oscurecían.
→ *In dem Maße, wie es größer wurde, wurden die Haare des Mädchens dunkler.*

Bei folgenden Konjunktionen wird der **Indikativ** verwendet, wenn der Nebensatz eine **tatsächliche** (so geschehene) Handlung ausdrückt; der ***subjuntivo***, wenn der Nebensatz sich auf eine Handlung in der **Zukunft** bezieht:

• **antes de que** *(bevor)*	Antes de que llegaron, ordenamos la habitación. → *Bevor sie gekommen sind, haben wir das Zimmer aufgeräumt. (Handlung hat so stattgefunden.)*
• **después de que** *(nachdem)*	Después de que coman todos, vamos a sacar el pastel. → *Nachdem alle gegessen haben, wollen wir den Kuchen servieren. (Handlung wird erst noch stattfinden.)*
Beachte: *Antes de* und *después de* werden mit **Infinitiv** verwendet, wenn Haupt- und Nebensatz **dasselbe Subjekt** aufweisen.	Te voy a dar mi dirección antes de irme. → *Ich gebe dir meine Adresse, bevor ich gehe. (Ein Subjekt: yo)* Después de recoger todo, me fui. → *Nachdem ich alles aufgeräumt hatte, bin ich gegangen. (Ein Subjekt: yo)*
• **apenas/en cuanto/tan pronto como** *(sobald)*	Apenas me llamó, fui a la estación a recogerla. → *Sobald sie mich angerufen hat, bin ich zum Bahnhof gefahren, um sie abzuholen. (Handlung hat tatsächlich so stattgefunden.)* Apenas me llame, voy a ir a la estación a recogerla. → *Sobald sie mich anruft, werde ich zum Bahnhof fahren, um sie abzuholen. (Handlung wird erst noch stattfinden.)*
• **cuando** *(als/wenn)*	Cuando despertó, ya eran las doce. → *Als er/sie aufwachte, war es schon zwölf.* Cuando lo sepa, te voy a llamar enseguida. → *Wenn ich es erfahre, werde ich dich sofort anrufen.*
• **hasta que** *(bis)*	Mi abuela trabajó en la empresa hasta que tuvo 90 años. → *Meine Großmutter hat im Unternehmen gearbeitet, bis sie 90 Jahre alt war.*

• **mientras + indicativo** *(während)*, **mientras + subjuntivo** *(solange)*	Yo voy a comprar mientras tú tiendes la ropa y planchas. → *Ich gehe einkaufen, während du die Wäsche aufhängst und bügelst.* Mientras esté embarazada, trabajaré menos horas. → *Solange ich schwanger bin, werde ich weniger Stunden arbeiten.*

Konsekutive Konjunktionen → Folge

• **así que + indicativo** *(daher/sodass)*	No van a terminar la casa hasta el verano, así que todavía no podemos mudarnos. → *Sie werden das Haus erst im Sommer fertigstellen, sodass wir noch nicht umziehen können.*
• **conque + indicativo** *(folglich/also)* **Beachte:** Diese Konjunktion wird vor allem in der gesprochenen Sprache verwendet.	A vosotros esto no os afecta, conque no podéis opinar. → *Das geht euch nichts an, also dürft ihr nicht mitreden.*
• **de aquí que/de ahí que + subjuntivo** *(daher)*	Gabriela vivió diez años en Holanda, de ahí que conozca bien el país. → *Gabriela hat zehn Jahre in Holland gelebt, daher kennt sie das Land gut.*
• **de modo que/de manera que + indicativo** *(sodass)*	Hemos alcanzado los objetivos con éxito, de manera que podemos dar por finalizado el proyecto. → *Wir haben die Ziele erfolgreich umgesetzt, sodass wir das Projekt für abgeschlossen erklären können.*
• **tan/tanto … que + indicativo** *(so …, dass)*, **tal/tales … que + indicativo** *(derartige …, dass)*	El ordenador era tan pequeño que cabía en el bolso. → *Der Computer war so klein, dass er in die Tasche passte.* Hicieron tales malabarismos que pudieron engañar a todos. → *Sie führten derartige Tricks auf, dass sie alle täuschen konnten.*
• **tanto/-a + sustantivo + que + indicativo** *(so viel/sehr, dass)*	Tengo tantos libros que no tengo tiempo de leerlos todos. → *Ich habe so viele Bücher, dass ich keine Zeit habe, sie alle zu lesen.*

Finale Konjunktionen → Zweck, Absicht

• **para que + subjuntivo** *(damit)*	Te presto mi parasol para que no tengas una insolación. → *Ich leihe dir meinen Sonnenschirm, damit du keinen Sonnenstich bekommst.*
Beachte: Haben Haupt- und Nebensatz **dasselbe Subjekt**, wird *para + infinitivo* oder, in der gehobenen Sprache, *con el fin de + infinitivo* benutzt.	Voy a llevarme un parasol para no tener una insolación. → *Ich nehme einen Sonnenschirm mit, um keinen Sonnenstich zu bekommen.* Los ministros de la UE se han vuelto a reunir con el fin de solucionar la crisis del euro. → *Die EU-Minister haben sich erneut versammelt, um die Eurokrise zu lösen.*
• **a fin de que + subjuntivo** *(damit/mit dem Ziel, dass)*	Estamos haciendo nuevas pruebas a fin de que nuestros pacientes se curen antes. → *Wir machen neue Tests mit dem Ziel, dass unsere Patienten früher geheilt werden.*
• **no sea que + subjuntivo** *(damit nicht)*	Cierra bien todas las puertas y ventanas antes de irte de vacaciones, no sea que te entren a robar. → *Verschließe alle Türen und Fenster gut, bevor du in den Urlaub fährst, damit niemand bei dir einbricht.*

Konditionale Konjunktionen → Bedingung

Der klassische Konditionalsatz wird durch ***si*** („wenn“) eingeleitet.	Si llenas el depósito, te presto la moto. → *Ich leihe dir das Motorrad, wenn du den Tank auffüllst.*
Beachte: Ist die Bedingung irreal, wird im Nebensatz eine Vergangenheitsform des ***subjuntivo*** verwendet (siehe dazu auch Kap. 15.2).	Si me hubieras esperado, te habría llevado a casa. → *Wenn du auf mich gewartet hättest, hätte ich dich nach Hause gefahren.*

Weitere Möglichkeiten, einen Konditionalsatz einzuleiten, sind z. B.:	
• **a condición de que + subjuntivo** *(unter der Bedingung, dass)*	Te presto 200 euros a condición de que me los devuelvas el mes que viene. → *Ich leihe dir 200 Euro unter der Bedingung, dass du sie mir nächsten Monat zurückgibst.*

• **con tal de que/siempre que/ siempre y cuando + subjuntivo** *(vorausgesetzt, dass)*	Puedes quedarte a dormir esta noche con tu amiga siempre y cuando me llames cuando lleguéis. → *Du kannst heute bei deiner Freundin übernachten, vorausgesetzt, dass du mich anrufst, wenn ihr angekommen seid.*
• **a no ser que/a menos que + subjuntivo** *(es sei denn, dass)*	Mañana no voy a trabajar, a no ser que me encuentre mejor. → *Morgen gehe ich nicht arbeiten, es sei denn, ich fühle mich besser.*
• **como + subjuntivo** *(wenn)* **Beachte:** *Como* kann auch eine Warnung bedeuten.	Como no llueva, la cosecha se va a perder. → *Wenn es nicht regnet, wird die Ernte verderben.* Como me mientas, me vas a oír. → *Wenn du mich anlügst, bekommst du was zu hören.*
• **en caso de que + subjuntivo** *(falls)*	En caso de que la casera no nos quiera devolver la fianza, vamos a tener que demandarla. → *Falls die Hausbesitzerin uns die Kaution nicht zurückgeben möchte, werden wir sie verklagen müssen.*
• **si no** *(sonst/wenn nicht)*	Espero que no llegue demasiado tarde, si no me voy a ir sola. → *Ich hoffe, dass er/sie nicht allzu spät kommt, sonst werde ich alleine gehen.*

Konzessive Konjunktionen → Einschränkung

• **a pesar de que/aunque/si bien/ aun cuando + indicativo** *(obwohl)*, **a pesar de que/aunque/si bien/ aun cuando + subjuntivo** *(auch wenn/selbst wenn)*	Acarició al perro aunque le tenía mucho miedo. → *Er/Sie hat den Hund gestreichelt, obwohl er/sie große Angst vor ihm hatte.* A pesar de que te extrañe, no tengo hambre. → *Selbst wenn du dich wunderst, ich habe keinen Hunger.* Aun cuando seamos vecinos, no tenemos que ser amigos. → *Auch wenn wir Nachbarn sind, müssen wir keine Freunde sein.*

Beachte: Ist das Subjekt in Haupt- und Nebensatz gleich, wird in Verbindung mit *a pesar de* der **Infinitiv** verwendet.

A pesar de no tener hambre, cogí un canapé.
→ *Obwohl ich keinen Hunger hatte, nahm ich ein Kanapee.*

- **por más/por mucho que + indicativo** (*wie/so sehr auch = obwohl*), **por más/por mucho que + subjuntivo** (*wie sehr auch = selbst wenn*)

Por mucho que lo intento, no consigo sacarme el carné de conducir.
→ *Wie sehr ich es auch versuche, ich schaffe es nicht, den Führerschein zu machen.*
Por mucho que lo intente, nunca voy a conseguir sacarme el carné de conducir.
→ *Wie sehr ich es auch versuchen mag, ich werde den Führerschein nie schaffen.*

- **por muy + adjetivo + que + subjuntivo** (*so … es sein mag*)

Por muy trabajador que seas, nunca ganarás tanto como yo.
→ *So fleißig du auch sein magst, du wirst nie so viel verdienen wie ich.*

- **si bien + indicativo** (*obwohl*)

Beachte: Diese Konjunktion wird hauptsächlich in der gehobenen bzw. Schriftsprache verwendet.

Si bien las negociaciones han durado catorce horas, han sido un éxito.
→ *Obwohl die Verhandlungen vierzehn Stunden gedauert haben, waren sie ein Erfolg.*

Modale Konjunktionen → Art und Weise

- **como/así como/según** (*(so) wie*)

Me tomé las pastillas como dijo la médica.
→ *Ich habe die Tabletten genommen, wie es die Ärztin gesagt hat.*

Beachte: Bezieht sich der Nebensatz auf die **Zukunft**, muss der ***subjuntivo*** verwendet werden.

Voy a tomar las pastillas como diga la médica.
→ *Ich werde die Tabletten so nehmen, wie es die Ärztin sagt.*

- **como si + imperfecto de subjuntivo/pluscuamperfecto de subjuntivo** (*als ob*)

Me insultó como si yo hubiera dicho algo malísimo.
→ *Er/Sie hat mich beschimpft, als ob ich etwas sehr Schlimmes gesagt hätte.*

- **sin que + subjuntivo** (*ohne dass*)

La estoy mirando todo el rato sin que ella se dé cuenta.
→ *Ich schaue sie die ganze Zeit an, ohne dass sie es bemerkt.*

Ejercicios

105 *Juan y Felipe están a punto de terminar sus estudios de secundaria y hacen planes para el verano. Rellena el diálogo con la conjunción copulativa adecuada.*

al contrario • ni • aunque • sin embargo • por eso • y • ni siquiera (2x) • pero • o … o • tanto como • no obstante

FELIPE.—No sé qué voy a hacer este verano, desgraciadamente no tengo dinero ________ tiempo para irme de vacacio nes. ____________, estoy cansado después de tantos exámenes y necesito descansar.

JUAN.—Eso lo entiendo muy bien. Yo, ____________ de ti, ya he planeado cuatro semanas de vacaciones. Voy a viajar por toda Europa con Interrail ____________ me gaste todos mis ahorros en el viaje.

Das **Interrail-Ticket** ist eine kostengünstige Möglichkeit, Europa mit dem Zug zu bereisen. Der Zeitraum ist dabei begrenzt, die Zahl der Fahrten nicht. Voraussetzung für den Kauf des Tickets ist der Wohnsitz in einem europäischen Land. Die Preise sind nach Alter gestaffelt.

FELIPE.—¡Qué envidia me das! A mí también me gustaría viajar. ____________, tengo que hacer ocho semanas de prácticas en una empresa para poderme matricular en la carrera de ingeniería. ____________ no tengo tiempo para grandes viajes.

JUAN.—Como yo voy a estudiar arqueología, no tengo que hacer prácticas previas a los estudios. ____________ hay númerus clausus en mi carrera. Solo tengo que enviar la solicitud ________ formalizar la matrícula.

FELIPE.—¿Arqueología? Debe ser interesante, ____________ no creo que tenga salidas laborales bien remuneradas.

JUAN.—Eso ya lo veré en su día. A mí estudiar me interesa ____________ ____________ disfrutar. ¿Cuándo vas a hacer las prácticas?

FELIPE.—Aún no lo sé, estoy haciendo llamadas y enviando solicitudes en estos momentos. Según el tipo de empresa, ________ empiezan en junio ________ empiezan en agosto. Mira, si me quedan unos días libres te escribo, cojo mi saco de dormir y me voy para donde tú estés.

JUAN.—¡Buena idea! Ya sabes que nosotros vamos de barato. ____________ ____________ pagamos camping y acampamos en cualquier sitio. Me mandas un *wasap**, te digo en qué rincón de Europa estoy y te subes a un tren.

* Auf Spanisch nennt man Nachrichten, die über WhatsApp geschickt werden, wasap.

06 *Completa los pequeños diálogos usando las conjunciones* como, ya que, es que, pues. *A veces hay varias posibilidades.*

a) ____________ es domingo de Pascua y todas las tiendas están cerradas, he comprado la cena en la gasolinera.

____________ lo mencionas, yo tampoco tengo nada en la nevera. Iré a la gasolinera, ____________ es una buena solución para hoy.

b) Ya no tengo más ganas de estudiar. ____________ me duele la cabeza.

Entonces, haz una pausa y sal al aire libre. Es mejor que pares un rato, ____________ estudiar con dolor de cabeza no sirve de nada.

c) ¡Qué alegría verte por aquí! ¿Vamos a tomar un café juntas?

¡Buena idea! ____________ nos hemos encontrado por casualidad, aprovechemos la ocasión.

107 *Elige la conjunción adecuada para cada oración.*

a) Estoy en mi ciudad natal, ________ no me siento en casa. Todo me parece extraño aquí.	☐ y ☐ pero ☐ de ahí que
b) ________________ llevo tiempo ahorrando dinero y estudiando español, quiero viajar un año por Sudamérica antes de empezar con mis estudios.	☐ dado que ☐ aunque ☐ entonces
c) El piso de estudiantes es estupendo, no es caro y está en el centro. ________________ voy a firmar el contrato de alquiler ahora mismo.	☐ por lo tanto ☐ a fin de que ☐ a no ser que
d) ________________ salí del baile, se puso a llover.	☐ porque ☐ mientras ☐ apenas
e) ______________ termine el último examen, voy a ir a celebrarlo a lo grande.	☐ cuando ☐ mientras ☐ pues
f) ______________ viva en casa de mis padres, tengo que asumir algunas tareas domésticas.	☐ cuando ☐ mientras ☐ pues
g) Siempre escucho música latina ______________ hago los ejercicios de español.	☐ cuando ☐ así que ☐ hasta que
h) ______________ estuve en el instituto, ofrecí clases de repaso a los niños de la escuela primaria.	☐ porque ☐ después de que ☐ mientras
i) ________________ escucho música latina, he mejorado mucho mi español.	☐ desde que ☐ a medida que ☐ antes de que

108 *Forma seis oraciones compuestas uniendo las dos partes de la tabla.*

JAVI.—La noche es tan larga cuando uno no puede dormir	para relajarme?
ANA.—Tienes que aprender a relajarte	desde que lo hago de forma regular.
JAVI.—Eso ya lo sé, pero con los exámenes me acuesto nervioso,	que parece que el alba (*Tagesanbruch*) nunca va a llegar.
JAVI.—¿Qué puedo hacer	antes de acostarte.
ANA.—Haz yoga como yo. Duermo muy bien	de modo que me cuesta pegar ojo (*ugs.: schlafen*).
JAVI.—Probaré con el yoga	porque algo tengo que hacer.

09 *Marc quiere convencer a Lukas para que estudie arquitectura con él en Barcelona. Completa su mensaje a Lukas con las formas correctas de los verbos.*

Gaudís Casa Milà (1906 bis 1910 erbaut) ist eine der meistbesuchten Sehenswürdigkeiten der Stadt. Zu Gaudís Zeiten war das Haus umstritten und wurde spöttisch La Pedrera (Der Steinbruch) genannt.

Der Parque Güell mit seinen Häusern im Zuckerbäcker-Stil und den Mosaik-Bänken ist wegen des Besucherandrangs in Teilen nur noch mit Eintrittskarte zugänglich, um die Parkanlage zu schonen.

New Message

To lucky30@mailmee.com Cc Bcc

Subject Barcelona

Querido Lukas:

La arquitectura de Barcelona es única, sobre todo si ____________ (fijarte) en los edificios modernistas. Si bien en Barcelona ____________ (haber) construcciones modernistas por todos los rincones, el Paseo de Gracia es la calle con más renombre (*Ruhm*) gracias al arquitecto Gaudí. Si ____________ (mirar) las casas de Gaudí con atención, descubres pequeños detalles que, sin que ____________ (saber) exactamente por qué, te trasladan al mar y a la naturaleza. Según ____________ (cambiar) la luz del día, las fachadas varían de color. Es como si ____________ (ser) parte de la naturaleza mediterránea. También el Parque Güell me fascina mucho, de modo que ya ____________ (ir) a verlo varias veces. Te adjunto dos fotos para que ____________ (hacerte) una idea. Me encantará mandarte más fotos, bajo la condición de que ____________ (prometerme) estudiar arquitectura en Barcelona conmigo. ¡Vale la pena!

Saludos,

Marc

Send

22 Satzbau • *La estructura de la oración*

22.1 Aussagesätze

Die übliche Reihenfolge im spanischen Aussagesatz ist folgende:

Subjekt	**Verb**	**direktes Objekt**	**indirektes Objekt**	**Adverbialbestimmung**
Laura	regaló	el viaje	a María	por su cumpleaños.

Die Stellung des Subjekts

Bei der Stellung des Subjekts sind folgende Besonderheiten zu beachten:

- Besteht der Satz nur aus Subjekt und Verb, kann die Reihenfolge auch **Verb – Subjekt** lauten.

Ha llamado la profesora.
→ *Die Lehrerin hat angerufen.*

- Bei Verben des Fühlens und Empfindens, die mit einem indirekten Objekt gebildet werden, lautet die Reihenfolge: **indirektes Objekt – Verb – Subjekt.**

Me gustó mucho el concierto.
→ *Das Konzert hat mir sehr gut gefallen.*
Le duelen los oídos.
→ *Er/Sie hat Ohrenschmerzen.*

Die Stellung des Objekts

Es gibt direkte, indirekte und Präpositionalobjekte. Diese stehen in der Regel **nach** dem Verb.

Voy a comprar el pan. *(direktes Objekt)*
→ *Ich gehe Brot kaufen.*
Esta noche he soñado con la abuela. *(Präpositionalobjekt)*
→ *Heute Nacht habe ich von Großmutter geträumt.*

Bei zwei Objekten im Satz lautet die Reihenfolge: **direktes Objekt – indirektes Objekt.** Das indirekte Objekt kann durch das entsprechende **Personalpronomen** wiederholt werden.

He regalado este libro a mi madre.
→ *Ich habe meiner Mutter dieses Buch geschenkt.*
Le he regalado este libro a mi madre.
→ *Ich habe meiner Mutter dieses Buch geschenkt.*

Die Stellung der unbetonten Objektpronomen

Die unbetonten Objektpronomen stehen in der Regel **vor** dem konjugierten Verb (siehe auch Kap. 7.4). Bei zwei Objektpronomen im Satz lautet die Reihenfolge: **ind. Objektpronomen – dir. Objektpronomen.**

Las he visto.
→ *Ich habe sie gesehen.*
Me visto.
→ *Ich ziehe mich an.*
Papá nos la ha regalado.
→ *Papa hat sie uns geschenkt.*

Beachte:

- Beim bejahten **Imperativ** werden die Pronomen an das Verb **angehängt**.

Dámelo.
→ *Gib ihn/es mir.*

- Bei ***estar + gerundio***, bei **Modalverb + Infinitiv** sowie bei ***perífrasis verbales*** mit **Infinitiv** können die Pronomen an das Vollverb **angehängt** werden oder **vor** dem konjugierten Verb stehen.

Las quiero ver./Quiero verlas.
→ *Ich möchte sie sehen.*
Mi madre nos está saludando/está saludándonos.
→ *Meine Mutter grüßt uns gerade.*
Me voy a poner/Voy a ponerme un abrigo.
→ *Ich ziehe einen Wintermantel an.*

Die Hervorhebung des Objekts

Zur Hervorhebung eines Objekts wird dieses an den **Satzanfang** gestellt und durch das entsprechende **Pronomen wiederholt**.

A los Reyes Magos les pediré una bicicleta nueva.
→ *Von den Heiligen Drei Königen werde ich mir ein neues Fahrrad wünschen.*
A ti no te he dicho nada.
→ *Dir habe ich nichts gesagt.*

Beachte: Bei Objekten mit Präposition **entfällt** die Wiederholung durch das Pronomen.

Con Marcos no quiero bailar.
→ *Mit Marcos will ich nicht tanzen.*

Adverbien und adverbiale Bestimmungen

- Adverbiale Bestimmungen der **Zeit** und des **Ortes** können sowohl am **Anfang** als auch am **Ende** des Satzes stehen. Stehen sie am Anfang, werden sie hervorgehoben.

Nos encontramos a las ocho de la tarde./ A las ocho de la tarde nos encontramos.
→ *Wir treffen uns um acht Uhr abends./ Um acht Uhr abends treffen wir uns.*
Vi a Úrsula ayer en la playa./Ayer en la playa vi a Úrsula.
→ *Ich habe Úrsula gestern am Strand gesehen./Gestern am Strand habe ich Úrsula gesehen.*

- Adverbien, die die **Art und Weise** ausdrücken, stehen meist **hinter** dem **Verb**.

Hoy has cantado estupendamente.
→ *Heute hast du wunderbar gesungen.*

- Adverbien wie *solo/solamente, incluso, todavía, ya, también, tampoco, siempre* oder *nunca* stehen häufig **zwischen Subjekt** und **Verb**. Am Satzanfang oder -ende werden sie hervorgehoben.

Ella también quiere ayudar./Quiere ayudar también./También ella quiere ayudar.
→ *Sie will auch helfen./Auch sie will helfen.*

Die Verneinung

Die Negationspartikel *no* steht **vor** dem konjugierten Verb und **vor** den Objektpronomen.

No puedo decirte nada.
→ *Ich kann dir nichts sagen.*
Pablo no ha venido a trabajar.
→ *Pablo ist nicht zur Arbeit erschienen.*
No me lo han pedido.
→ *Sie haben mich nicht darum gebeten.*

Bei der **doppelten Verneinung** steht *no* **vor** dem konjugierten Verb bzw. den Objektpronomen. *Nadie, nada, nunca/ jamás, ningún* stehen **nach** dem Vollverb.

No veo nada.
→ *Ich sehe nichts.*
No te lo ha pedido nadie.
→ *Niemand hat dich darum gebeten.*

Beachte: *No* **entfällt**, wenn *nadie, nada, nunca/jamás, ningún* **vor** dem konjugierten Verb stehen.

Nadie te lo ha pedido.
→ *Niemand hat dich darum gebeten.*
Nunca puedo decir lo que pienso.
→ *Ich kann nie sagen, was ich denke.*

22.2 Fragesätze

Entscheidungsfrage

Entscheidungsfragen enthalten **kein** Fragewort. Die Antwort darauf ist „ja" oder „nein". Die Wortstellung ist in der Regel wie im Aussagesatz. Man erkennt die Frage an der **Betonung** oder den **Fragezeichen** am Satzanfang und -ende.

¿Tienes que irte ya?
→ *Musst du schon jetzt gehen?*
¿Paula va a ayudarte?/¿Va a ayudarte Paula?
→ *Wird Paula dir helfen?*

Ergänzungsfrage (Teilfrage)

Teilfragen werden durch **Fragewörter** (siehe auch Kap. 10) eingeleitet. Die Wortstellung ist bei Teilfragen folgende: **Fragepronomen – Verb – (Subjekt) – Ergänzung**.

¿Qué vamos a cocinar para la cena?
→ *Was wollen wir zum Abendessen kochen?*
¿A dónde quieren ir los demás este fin de semana?
→ *Wohin wollen die anderen am Wochenende gehen?*

Beachte: Treten Fragewörter mit **Präpositionen** auf, stehen diese **vor** dem Fragewort.

¿Por quién pregunta usted?
→ *Nach wem fragen Sie?*

22.3 Ausrufesätze

Ausrufe werden durch die **Intonation** formuliert oder auch mit **Fragepronomen** wie *qué, cuánto* oder *cómo*. Im Schriftlichen erkennt man sie durch die beiden **Ausrufezeichen** am Satzanfang und -ende.

¡Estás loca! ¡Baja de la mesa ahora mismo!
→ *Bist du verrückt! Komm sofort vom Tisch herunter!*

- ***Qué*** kann mit einem Verb, Adjektiv, Adverb oder Substantiv kombiniert werden.

¡Qué bonito (es tu piso)!
→ *Wie schön (deine Wohnung ist)!*
¡Qué mal que no podáis venir!
→ *Wie schade, dass ihr nicht kommen könnt!*

- ***Cuánto*** kann vor Verben oder als Begleiter vor Substantiven benutzt werden. In letzterem Fall wird es angeglichen.

¡Cuánto lee esta niña!
→ *Wie viel dieses Mädchen liest!*
¡Cuántos libros tienes!
→ *Wie viele Bücher du hast!*

- Das Fragepronomen ***cómo*** wird nur mit Verben benutzt.

¡Cómo me canso subiendo escaleras!
→ *Wie müde ich werde, wenn ich Treppen steige!*

Ejercicios

110 *Forma oraciones uniendo elementos de los tres círculos: 1 + 2 + 3.*

1

La blusa roja
A los chicos del intercambio
Las llaves
La hora
Me gusta
Me preocupan

2

el ruido
los exámenes
se me han perdido
me la ha regalado
la miro siempre
no los conozco bien

3

de fin de curso.
del mar.
en el móvil.
aún.
mi hermana.
otra vez.

111 *Tu amigo español Andrés está en tu casa. Ha perdido el móvil y quiere comprarse uno de segunda mano por Internet. Ya ha encontrado dos anuncios interesantes, pero no los entiende bien. Explícale en español y con tus palabras cómo son los móviles. Pon atención al orden de los elementos de la oración.*

Novitec Smartphone schwarz mit Ladegerät und Kopfhörern, top Zustand

100 Euro

Das Smartphone ist in gutem Zustand und wird mit Kopfhörern und Ladekabel verkauft. Alles funktioniert einwandfrei, bis auf die Kamera. Während seiner vierjährigen Benutzung befand sich das Smartphone in einer Hülle, die ich kostenlos dazulege. Es hat 50 GB Speicherplatz. Nur persönliche Abholung, kein Versand.
Es wird keine Rücknahme oder Garantie angeboten.

Gubi99
Mitglied seit 2017

Verkäufer kontaktieren

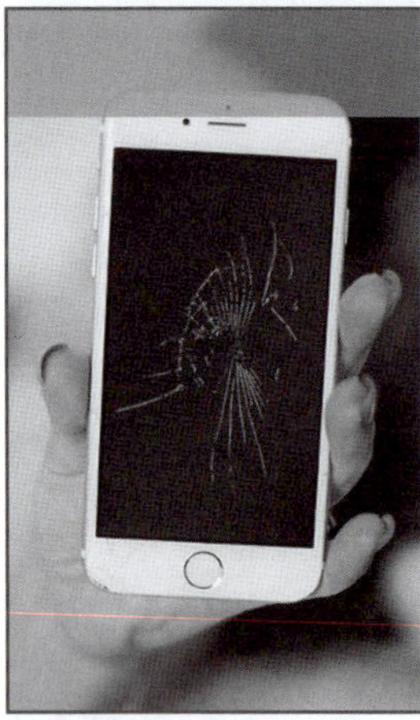

MyPhone Smartphone aktuelles Modell fast neu – Displayschaden

300 Euro

Ich biete mein nur drei Monate altes Smartphone zum Verkauf an. Es handelt sich um das aktuelle Modell mit satten 128 GB Speicher und einem hochauflösenden 5,5 Zoll-Bildschirm. Technisch funktioniert es tadellos und der Neupreis lag bei 800 Euro! Leider ist es mir vor einer Woche runtergefallen. Das Display ist zerbrochen, es funktioniert aber nach wie vor. Ich verkaufe es natürlich mit Ladekabel und Rechnung (es hat noch Garantie).

SandraM
Mitglied seit 2019

Verkäufer kontaktieren

vocabulario

Kopfhörer: los auriculares; *Ladegerät:* el cargador; *Hülle:* la funda; *Speicher:* la memoria; *hochauflösend:* de alta resolución; *Zoll (Maßeinheit):* pulgada

112 *Ana es de México. Durante su estancia en España, un compañero le hace una entrevista para el periódico escolar sobre el Día de Muertos en México. Ana explica a su compañero cómo se celebra. Pon las palabras en cursiva en el orden que corresponda.*

▶ *se celebra/en/el Día de Muertos/tu país/cuándo*

¿Cuándo se celebra el día de Muertos en tu país?

El Día de Muertos/normalmente/lo/el 1 y 2 de noviembre/celebramos. Pero cada región mexicana tiene sus propias tradiciones. A veces la celebración comienza ya la última semana de octubre.

____

____

▶ Nuestros lectores no conocen las tradiciones del Día de Muertos. *describir/puedes/las/se*

¿____?

¡Por supuesto que sí! Mucha gente va disfrazada y se oye la música mariachi. Los cementerios están abiertos toda la noche y las familias visitan las tumbas de los difuntos (*Verstorbene*). En general, no es una fiesta silenciosa como en otros países.

▶ *decir/nos/qué/puedes/los altares/sobre*

¿____?

La colocación de los altares es una tradición muy importante. En ellos no faltan imágenes del difunto, comida, velas (*Kerzen*), pequeñas figuras como las calaveras (*Totenköpfe*) y mucho más.

▶ *esta tradición/interesante/qué/es* ¿Y los desfiles? ¿Cómo son realmente?

¡____!

Esta es una buena pregunta. En la película de James Bond «Spectre» de 2015 se puede ver un desfile de Día de Muertos. Lo que mucha gente no sabe es que esta tradición no existía. La inventó el guionista de «Spectre». *esta película/nunca/antes de/se había hecho/el Día de Muertos/un desfile.*

____

____

la idea/a los méxicanos/mucho/les/gustó/y también a los turistas/pero

____

____

De ahí que, en 2016, Ciudad de México celebró su primer desfile de Día de Muertos y fue un gran éxito.

▶ *¡Muchas gracias por la entrevista!*

Lösungen zu diesem Kapitel

23 Zahlen • *Los números*

23.1 Grundzahlen

Die Grundzahlen von 0 bis 99

0	cero				
1	uno/un/una	11	once	21	veintiuno/-**ún**/-una
2	dos	12	doce	22	veintid**ó**s
3	tres	13	trece	23	veintitr**é**s
4	cuatro	14	catorce	24	veinticuatro
5	cinco	15	quince	25	veinticinco
6	seis	16	diecis**é**is	26	veintis**é**is
7	siete	17	diecisiete	27	veintisiete
8	ocho	18	dieciocho	28	veintiocho
9	nueve	19	diecinueve	29	veintinueve
10	diez	20	veinte	30	treinta
40	cuarenta	60	sesenta	80	ochenta
50	cincuenta	70	setenta	90	noventa

Die Grundzahlen (Kardinalzahlen) sind in der Regel **maskulin** und **unveränderlich**. Sie können als Substantiv oder Adjektiv verwendet werden.

el cinco → *die Fünf*
dos hombres, dos mujeres
→ *zwei Männer, zwei Frauen*

Beachte:

- *Uno* muss als Adjektiv an das Substantiv **angeglichen** werden. Vor **männlichen** Substantiven entfällt das ***-o***.

  un perro, una jirafa
  → ein Hund, eine Giraffe

- Wird eine Zahl substantivisch verwendet, erhält sie im Plural ein ***-s***.

  un cero, cinco ceros
  → *eine Null, fünf Nullen*

Man unterscheidet **einfache** und **zusammengesetzte** Zahlen, bei deren Bildung immer mit der größten Einheit begonnen wird.

einfache Zahlen: uno (1), dos (3), diez (10)
zusammengesetzte Zahlen: diecisiete (17 = 10 + 7), treinta y cinco (35 = 30 + 5), mil trece (1013 = 1000 + 13)

Beachte:

- Zusammengeschriebene Zahlen mit *-un*, *-dos*, *-tres* und *-seis* erhalten auf der letzten Silbe einen **grafischen Akzent**.

dieciséis → *sechzehn*
veintidós → *zweiundzwanzig*
veintitrés → *dreiundzwanzig*

- Von 30 bis 99 werden Zehner und Einer **getrennt** geschrieben und durch die Konjunktion **y** verbunden.

33 = treinta y tres
48 = cuarenta y ocho
67 = sesenta y siete
92 = noventa y dos

Beachte: Es ist erlaubt, aber unüblich, diese Zahlen zusammenzuschreiben.

sesentaiuno → *einundsechzig*
cuarentaitrés → *dreiundvierzig*

- Auch bei zusammengesetzten Zahlen wird *uno* an das Substantiv **angeglichen**.

Me han llegado cuarenta y una respuestas a mi petición.
→ *Ich habe einundvierzig Antworten auf meine Anfrage erhalten.*
Enero y marzo tienen treinta y un días.
→ *Januar und März haben einunddreißig Tage.*

Die Grundzahlen von 100 bis 999

100	cien/ciento	400	cuatrocientos/-as	700	**se**tecientos/-as
200	doscientos/-as	500	**quinientos/-as**	800	ochocientos/-as
300	trescientos/-as	600	seiscientos/-as	900	n**o**vecientos/-as
325	trescientos veinticinco	673	seiscientos setenta y tres	999	novecientos noventa y nueve

Beachte:

- *Cien* wird nur für die Zahl **100** eingesetzt. Ab **101** verwendet man *ciento*.

Este abrigo cuesta cien euros.
→ *Dieser Mantel kostet hundert Euro.*
Mi tío tiene ciento cuarenta y tres vacas.
→ *Mein Onkel hat hundertdreiundvierzig Kühe.*

- Die Zahlen von 200 bis 900 werden an das Substantiv **angeglichen**.

trescientos coches
→ *dreihundert Autos*
quinientas treinta y ocho sillas
→ *fünfhundertachtunddreißig Stühle*

Die Grundzahlen ab 1 000

1000 mil	10 000 diez mil	300 000 trescientos mil
1001 mil uno/un/una	20 000 veinte mil	1 000 000 un millón
1400 mil cuatrocientos	100 000 cien mil	5 000 000 cinco millones
2000 dos mil	100 001 cien mil uno/un/una	1 000 000 000 mil millones/un millardo *(selten)*
3000 tres mil	120 000 ciento veinte mil	1 000 000 000 000 un billón

Beachte:

- Die Zahl *mil* ist in der Regel **unveränderlich**.

Tiene más de dos mil quinientos amigos en Facebook.
→ *Er/Sie hat mehr als zweitausendfünfhundert Freunde bei Facebook.*

- Die Zahlen *millón* und *billón* haben eine **Pluralform**.

tres millones → *drei Millionen*
dos billones → *zwei Billionen*

- **Runde** Millionen- und Billionenzahlen werden mit *de* an das Substantiv angeschlossen.

Vergleiche:
dos millones ochocientos cuarenta habitantes → *zwei Millionen achthunderttausendvierzig Einwohner*
dos millones de habitantes → *zwei Millionen Einwohner*

Rechenoperationen

adición	3 + 5 = 8	tres **más** cinco **es igual a** ocho
substracción	10 – 6 = 4	diez **menos** seis **es igual a** cuatro
multiplicación	3 x 3 = 9	tres **(multiplicado) por** tres **es igual a** nueve
división	8 : 2 = 4	ocho **dividido por/entre** dos **es igual a** cuatro

Prozentzahlen

Zur Angabe von Prozenten wird immer ein **Artikel** verwendet.

Solo el 10% (*gesprochen:* por ciento) de los alumnos han aprobado matemáticas.
→ *Nur 10 % der Schüler*innen haben in Mathematik bestanden.*

Beachte: Der unbestimmte Artikel drückt dabei aus, dass es sich um eine **ungefähre** Angabe handelt.

Las ventas inmobiliarias han bajado un 30%.
→ *Die Immobilienverkäufe haben um ca. 30 % abgenommen.*

23.2 Ordnungszahlen

1.º primero/-a	8.º octavo/-a	15.º decimoquinto/-a
2.º segundo/-a	9.º noveno/-a	16.º decimosexto/-a
3.º tercero/-a	10.º décimo/-a	17.º decimoséptimo/-a
4.º cuarto/-a	11.º undécimo/-a, decimoprimero/-a	18.º decimoctavo/-a
5.º quinto/-a	12.º duodécimo/-a, decimosegundo/-a	19.º decimonoveno/-a
6.º sexto/-a	13.º decimotercero/-a	20.º vigésimo/-a
7.º séptimo/-a	14.º decimocuarto/-a	21.º vigésimoprimero/-a

Beachte:

- Die Ordnungszahlen richten sich in **Geschlecht** und **Zahl** nach dem Substantiv.

Tengo historia en la segunda hora.
→ *Ich habe in der zweiten Stunde Geschichte.*
Los primeros en salir deberán dejar la puerta abierta.
→ *Die Ersten, die rausgehen, sollen bitte die Tür offen lassen.*

- Vor einem männlichen Substantiv im Singular **entfällt** bei *primero* und *tercero* das **-o**.

el primer beso → *der erste Kuss*
el tercer vaso de agua → *das dritte Glas Wasser*

- Die Ordnungszahlen werden in der Regel mit **Punkt** und einem **hochgestellten *o*, *a*** oder ***r*** geschrieben.

1.º (el primero) → *der Erste*
4.ª (la cuarta) → *die Vierte*
el 3.^{r} (tercer) piso → *der dritte Stock*

- In Titeln und Überschriften sowie bei Königen und Königinnen, Päpsten und Jahrhunderten wird die Ordnungszahl als **römische Ziffer** (ohne Punkt) geschrieben.

V (*gesprochen:* quintas) Jornadas de Hispanistas → *5. Hispanistentage*
Felipe IV (*gesprochen:* cuarto) → *Felipe IV./der Vierte*
la I (*gesprochen:* primera) Guerra Mundial → *der 1. Weltkrieg*

Besonderheiten beim Gebrauch

- Ab **11** werden in der Alltagssprache die **Grundzahlen** verwendet. Die Ordnungszahlen findet man ab 11 vor allem in der Schrift- und Fachsprache.

Eva vive en el piso 14 (*gesprochen:* catorce). → *Eva wohnt im 14. Stock.*
Juan XXIII (*gesprochen:* veintitrés) → *Johannes XXIII./der Dreiundzwanzigste*
En 1992 se celebró el quingentésimo aniversario del descubrimiento de América. → *Im Jahr 1992 hat man den 500. Jahrestag der Entdeckung Amerikas gefeiert.*

- **Jahrhunderte** können von 1 bis 10 mit **Grund-** oder **Kardinalzahlen**, ab dem 11. Jahrhundert nur noch mit **Grundzahlen** verwendet werden.

Vivió en el siglo IV (*gesprochen:* cuarto/cuatro). → *Er/Sie lebte im 4. Jahrhundert.*
Estamos en el siglo XXI (*gesprochen:* veintiuno). → *Wir befinden uns im 21. Jahrhundert.*

23.3 Bruchzahlen

Bruchzahlen werden mit den Grundzahlen und den Ordnungszahlen gebildet: Im Zähler steht die **Grundzahl** und im Nenner die **Ordnungszahl**.

$$\frac{2}{3} \quad \frac{\text{dos}}{\text{tercios}} \quad \frac{\textit{(Grundzahl)}}{\textit{(Ordnungszahl)}}$$

Beachte: Bei *tercio, cuarto* und *quinto* wird häufig eine Konstruktion mit *parte* verwendet.

la quinta parte (= un quinto) → *ein Fünftel*
tres cuartas partes (= tres cuartos) → *drei Viertel*

1/2	un medio	*ein halb*	1/11	un onceavo	*ein Elftel*
1/3	un tercio	*ein Drittel*	1/12	un doceavo	*ein Zwölftel*
1/4	un cuarto	*ein Viertel*	1/20	un veinteavo	*ein Zwanzigstel*
1/5	un quinto	*ein Fünftel*	4/20	cuatro veinteavos	*vier Zwanzigstel*
1/6	un sexto	*ein Sechstel*	1/30	un treintavo	*ein Dreißigstel*
1/7	un séptimo	*ein Siebtel*	10/80	diez ochentavos	*zehn Achtzigstel*
1/8	un octavo	*ein Achtel*	1/90	un noventavo	*ein Neunzigstel*
1/9	un noveno	*ein Neuntel*	20/100	veinte centavos	*zwanzig Hundertstel*
1/10	un décimo	*ein Zehntel*	1/1000	un milésimo	*ein Tausendstel*

Beachte:

- Häufig werden anstelle von Bruchzahlen andere Ausdrücke gebraucht.

He comprado medio kilo de tomates.
→ *Ich habe ein halbes Kilo Tomaten gekauft.*
Ya he leído la mitad del libro.
→ *Ich habe schon die Hälfte des Buches gelesen.*

- Bruchzahlen werden an Substantive immer mit der Präposition ***de*** angeschlossen.

Duró tres cuartos de hora.
→ *Es hat eine Dreiviertelstunde gedauert.*
Un quinto de la población posee ascendencia europea.
→ *Ein Fünftel der Bevölkerung ist europäischer Abstammung.*

23.4 Kollektivzahlen

Kollektivzahlen (Sammelzahlen) geben eine ungefähre Menge an.

- Wenn auf die Kollektivzahl ein Substantiv folgt, so wird es mit der Präposition ***de*** angeschlossen.

cientos de niños → *Hunderte von Kindern*
millones de coches → *Millionen von Autos*

- *Mil* weist nur als Kollektivzahl eine **Pluralform** auf: *miles*.

miles de personas → *Tausende von Leuten*

• Kollektivzahlen auf *-na* sind **feminin**, auf *-ar* **maskulin**.	una decena → *etwa zehn* una docena → *ein Dutzend* una veintena → *etwa zwanzig* una cincuantena → *etwa fünfzig* una centena/un centenar → *etwa hundert* un millar → *etwa tausend*
• Einige Kollektivzahlen sind zu feststehenden Ausdrücken geworden.	una quincena → *14 Tage* la cuarentena → *Quarantäne*

23.5 Vervielfältigungszahlen

Vervielfältigungszahlen drücken das Vielfache einer Menge aus.

simple	*einfach*	séxtuple	*sechsfach*
doble	*zweifach/doppelt*	séptuple	*siebenfach*
triple	*dreifach*	óctuple	*achtfach*
cuádruple	*vierfach*	nónuple	*neunfach*
quíntuple	*fünffach*	múltiple	*mehrfach*

Beachte: • Die Vervielfältigungszahlen können adjektivisch oder substantivisch verwendet werden.	Los empleados ganaron el doble en 2019. → *Die Angestellten verdienten 2019 das Zweifache. (= Substantiv)* La policía investiga un quíntuple asesinato. → *Die Polizei ermittelt in einem fünffachen Mord. (= Adjektiv)*
• Bei Vergleichsstrukturen wird die Konstruktion **x *veces* + *más/menos* + *que*** verwendet.	La casa era tres veces menos grande que la otra. → *Das Haus war dreimal kleiner als das andere.* Repitió el examen cuatro veces más que los demás. → *Er/Sie hat die Prüfung viermal öfter als die anderen wiederholt.*

23.6 Maße und Mengenangaben

Maße		Mengenangaben	
1 mm	un milímetro	1 g	un gramo
1 cm	un centímetro	100 g	cien gramos
1 m	un metro	200 g	doscientos gramos
1 km	un kilómetro	1 kg	un kilo
1 m^2	un metro cuadrado	100 kg	cien kilos
1 m^3	un metro cúbico	1 t	una tonelada
1 km^2	un kilómetro cuadrado	1 l	un litro
1 ha	una hectárea	1 hl	un hectolitro

Beachte: Wenn auf die Maße und die Mengenangaben ein Substantiv folgt, so wird es mit der Präposition ***de*** angeschlossen.

dos litros de agua → *zwei Liter Wasser*
250 gramos de queso → *250 Gramm Käse*
cuatro kilómetros de carretera
→ *vier Kilometer Landstraße*

23.7 Zeitangaben

Uhrzeit

- Zur Angabe der Uhrzeit wird ***ser* + *la/las* + Grundzahl** verwendet.

  Beachte: Bei „ein Uhr" steht das Verb im Singular, ebenso in Verbindung mit *mediodía* („Mittag") und *medianoche* („Mitternacht").

Son las once (en punto).
→ *Es ist (genau) elf Uhr.*

Es la una.
→ *Es ist ein Uhr.*
Es medianoche.
→ *Es ist Mitternacht.*

- Bis „halb" wird die Uhrzeit zur vollen Stunde **hinzugerechnet** (*y cuarto/y veinte/y medio*), danach von der nächsten vollen Stunde **abgezogen** (*menos cuarto/menos veinte*).

Son las once y media.
→ *Es ist halb zwölf.*
Son las tres y cuarto.
→ *Es ist Viertel nach drei.*
Son las ocho menos cuarto.
→ *Es ist Viertel vor acht.*

Datum

• Der Tag wird in der Regel mit einer **Grundzahl** angegeben. Beim Monatsersten kann man auch von *primero* sprechen.	Hoy es 1/1.º (*gesprochen:* uno/primero) de marzo. → *Heute ist der 1. März.* Estamos a 3 (*gesprochen:* tres) de julio. → *Heute haben wir den 3. Juli.*
Beachte: Der bestimmte Artikel wird nur verwendet, wenn ein konkretes Datum näher bestimmt wird.	El 20 de julio de 2012 nació nuestro hijo Félix. → *Am 20. Juli 2012 wurde unser Sohn Félix geboren.*
• Das Datum wird mit **Bindestrichen** oder **Schrägstrichen** angegeben.	06-02-2019 10/11/2020

Jahreszahlen und Jahrhunderte

• Die Jahreszahlen werden als **Hunderter-** bzw. **Tausenderzahlen** ausgesprochen.	1955: Mil novecientos cincuenta y cinco
• Die Jahreszahlen werden mit der Präposition *en (el año)* verwendet.	Nací en (el año) 1975. → *Ich bin (im Jahr) 1975 geboren.*
Beachte: Ab der Jahreszahl 2000 verwendet man üblicherweise nur den **bestimmten Artikel**.	Mis hijos nacieron el 2008 y el 2012. → *Meine Kinder sind 2008 und 2012 geboren.*
• Jahrhunderte werden mit der Präposition ***en*** angegeben.	En el siglo XX las mujeres consiguieron el derecho al voto. → *Im 20. Jahrhundert erlangten die Frauen das Wahlrecht.*
• „Vor Christus" und „nach Christus" werden im Spanischen folgendermaßen angegeben: antes de Cristo = a. C. después de Cristo = d. C.	44 a. C. → *das Jahr 44 v. Chr.* 456 d. C. → *das Jahr 456 n. Chr.*

Wochentage und Monate

• Vor Wochentagen steht der **bestimmte Artikel**. Beachte den Bedeutungsunterschied zwischen **Singular** und **Plural**.	El sábado tengo entrenamiento de fútbol. (solo ese sábado) → *Am Samstag habe ich Fußballtraining.* Los sábados tengo entrenamiento de fútbol. (todos los sábados) → *Samstags habe ich Fußballtraining.*
• Folgende **Präpositionen** können mit den Monaten verwendet werden: en *(im)* a comienzos/principios de *(Anfang …)* a mediados de *(Mitte …)* a finales de *(Ende …)* de/desde … a/hasta *(von … bis)*	en febrero/en agosto → *im Februar/ im August* a comienzos de junio/a principios de junio → *Anfang Juni* a mediados de septiembre → *Mitte September* a finales de octubre → *Ende Oktober* de abril a julio → *von April bis Juli*

Jahreszeiten

In Verbindung mit den Jahreszeiten wird die Präposition ***en*** verwendet.	en primavera → *im Frühling* en verano → *im Sommer* en otoño → *im Herbst* en invierno → *im Winter*

Ejercicios

113 *Resuelve estas operaciones matemáticas y expresa las operaciones y sus resultados en palabras.*

a) 50 + 22 =

b) 101 – 41=

c) 7 · 5 =

d) 1/2 + 1/2 =

e) 500 m – 13 m =

f) 700 g + 400 g =

g) 1000 m · 1000 m =

114 *¿Qué día es? Expresa estas fechas en letra.*

a) Navidad

____

b) El día de la Unidad Alemana (la Fiesta Nacional de Alemania)

____

c) El Día de Todos los Santos

____

d) El Día de los Reyes Magos* en España

____

* Die **Heiligen Drei Könige** Caspar, Melchior und Balthasar bringen in Spanien und einigen lateinamerikanischen Ländern die Geschenke. Am 5. Januar finden die Dreikönigsumzüge *(Cabalgatas de Reyes Magos)* statt. In der Nacht vom 5. auf den 6. Januar stellen die Kinder einen Stiefel für die Geschenke auf. Es ist auch Brauch, den Königen und ihren Kamelen etwas zu essen und zu trinken hinzustellen.

115 *Sustituye los números señalados por letras.*

a) Quiero **1** limonada, por favor.	*una*
b) A la **1** en punto empieza el teatro, solo tenemos **½** hora para llegar hasta allí.	
c) Han participado más de **300** niños en la carrera y Juan ha sido el **10º** en cruzar la meta. Todo un récord.	
d) Tenemos una pizza y somos **4**, así que a cada uno le toca **¼**.	
e) Mi amiga vive en el **3^r^** piso en la **1ª** puerta de la **2ª** escalera.	

116 *Escribe los números en español.*

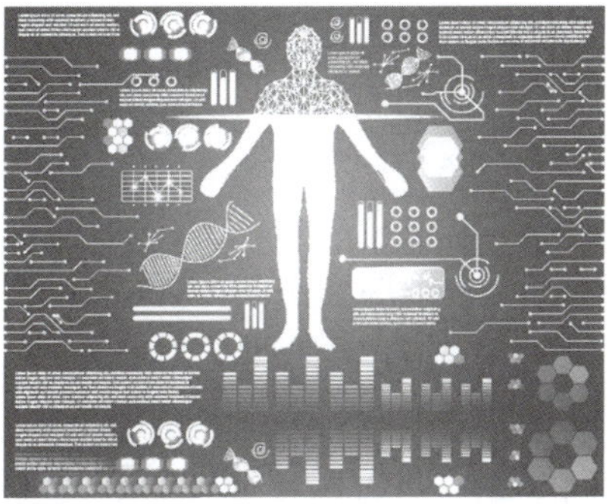

En el siglo ______________________ *(XXII.)* la tecnología dominará nuestras vidas al cien por cien. Cada casa tendrá ______________ ___________ *(ein Dutzend)* de miniordenadores repartidos por todos los ______________________________ *(Quadratmeter)* de la vivienda.

Pero ya hoy existen electrodomésticos que se conectan directamente con los de los supermercados y tiendas. Así, cuando faltan _______ *(ein)* o más productos, hacen la compra de forma inmediata y autónoma. Es el _____________ *(1.)* paso hacia un futuro «automatizado». Además, _______________ *(etwa 5%)* de las viviendas en EE. UU. y Europa ya son consideradas «inteligentes». Es decir que sus habitantes pueden acceder a los electrodomésticos desde cualquier lugar. Así, desde el metro encienden la calefacción o precalientan el horno.

Otra idea futurista que ya se ha hecho realidad es la ropa inteligente. ______________________________ *(etwa zehn)* o ____________________ *(etwa zwanzig)* de sensores incorporados en la ropa controlan las funciones vitales.

Lo que no está claro es si la suma de ventajas va a aumentar nuestro tiempo libre o lo va a disminuir. Nos veremos obligados a pasar _________________ *(das Dreifache)* del tiempo configurando opciones, sincronizando y programando la multitud de ordenadores que nos rodean. Ya en el año _____________ ________________ *(2020)* pasamos __________________________ *(zweieinhalb Stunden)* al día en Internet. Son más de _____________________ *(neunhundert Stunden)* al año. Es contradictorio que las ventajas de la tecnología no sumen en tiempo libre, sino que resten *(abziehen)* horas a las relaciones personales directas y al sueño.

117 *Escribe los números y conéctalos con los sucesos históricos. Se trata de años decisivos en la historia española.*

711	______________	Los ejércitos musulmanes entran en la Península Ibérica.
1492	______________	Muerte de Francisco Franco después de casi 40 años de dictadura.
1898	______________	La crisis financiera mundial supone para España el comienzo de una fuerte depresión económica.
1936	______________	16 personas mueren en una serie de atentados terroristas en Cataluña, 200 resultan heridas.
1975	______________	Toma de Granada y fin de la Reconquista; expulsión de los judíos de Granada; llegada de Colón a América.
2004	______________	España pierde Cuba, Puerto Rico, Guam y las Filipinas en la guerra hispano-americana.
2008	______________	El peor atentado en la historia de España (el llamado 11-M) deja 193 muertos y casi 2000 heridos.
2017	______________	En este año estalla la Guerra Civil, que termina con la victoria del bando nacional.

Lösungen zu diesem Kapitel

24 Bildnachweis

S. 6 **Bilderrahmen** © Nucleartist. Shutterstock; **Geschwister** © CREATISTA. Shutterstock

S. 8 **Zettel** © Lyudmyla Kharlamova. Shutterstock

S. 9 **Hintergrund** © Attitude. Shutterstock; **Regenschirm** © paffy. Shutterstock; **Reis** © eelnosiva. Shutterstock; **Dosenöffner** © ra3rn. Shutterstock; **Lippenstift** © gresei. Shutterstock; **Sonnenbrille** © Aaron Amat. Shutterstock; **Orangensaft** © 123rf.com; **Rock** © Karkas. Shutterstock

S. 13 **Collage Madrid** © Tupungato. Shutterstock

S. 14 **Fußball** © irin-k. Shutterstock

S. 16 **E-Mail** © designmaestro. Shutterstock

S. 25 **Umzugskartons** © Kurhan. 123rf.com

S. 26 **E-Mail** © designmaestro. Shutterstock

S. 32 **Zettel** © picsfive. 123rf.com; **Gitarre** © nobilior. 123rf.com

S. 33 **Studentin** © wavebreakmedia. Shutterstock

S. 34 **Chinijo Kanaren** © pawopa3336/istockphoto.com

S. 35 **Gaudi Kathedrale** © TomasSereda/istockphoto.com

S. 43/44 **Smartphone** © mtkang. 123rf.com; **Emojis** © flower travelin' man. Shutterstock; **Hände** © Natus41. Shutterstock

S. 45 **Luftschlangen** © vlada88. Shutterstock; **tanzende Menschen** © 123rf.com; **schlafende Frau** © Ruslan Guzov. Shutterstock; **Denkblasen** © anfisa focusova. Shutterstock; **Vernetzung** © VLADGRIN. Shutterstock; **Theatermasken** © Alfonso de Tomas. Shutterstock

S. 46 **Silhouette Valencia** © Katerina_Andronchik/istockphoto.com

S. 47 **Kathedrale Valencia** © BackyardProduction/istockphoto.com; **Orangenbaum** © Robin W. Shutterstock; **Ciudad de las Artes Valencia** © Steve Allen | Dreamstime.com

S. 56 **Madrid** © Darios. Shutterstock; **München** © ChernikovAlex/istockphoto.com

S. 59/60 **Ornament** © vectorprro/istockphoto.com

S. 61 **Salamanca** © Roberto Atencia Gutierrez | Dreamstime.com

S. 69 **Mädchen mit Smartphone** © Rohappy, Shutterstock; **Selfie junger Mann** © Justin Black, Shutterstock; **Icons** © justone, Shutterstock

S. 71 **Familie** © bluebearry

S. 75 **Filmrolle** © Marynchenko Oleksandr. Shutterstock

S. 82 **Pintxos** © moreno novello

S. 83 **Diskothek** © Jut | Dreamstime.com; **junger gelangweilter** Mann © Fer Gregory. Shutterstock; **Figurenkreis** © america365. Shutterstock; **Churros** © Juan Moyano | Dreamstime.com; **Turnschuhe** © kenishirotie. 123rf.com; **Symbol 15%** © tavi. Shutterstock; **Feuerwerk**© Bozhko. Shutterstock

S. 84 **Botero-Katze**, Foto: Camille Hardy, CC BY-SA 3.0 es, https://commons.wikimedia.org/wiki/Category:Gat_de_Botero_(El_Raval)?uselang=de#/media/File:Gato_(Fernando_Botero)._CamilleHardy..jpg

S. 89 **Fragezeichen** © Tang Yan Song. Shutterstock

S. 91 **Torero** © Motmot. Shutterstock

S. 112 **Sierra Nevada** © Fernbach Antal | Dreamstime.com

S. 113 **Baelo Claudia**, Foto: Dominik Ulmer, CC BY-SA 3.0; https://commons.wikimedia.org/wiki/Category:Baelo_Claudia#/media/File:Temple_Baelo_Claudia.jpg

S. 118 **Kathedrale Palma** © Anna Lurye. 123rf.com

S. 119 **Wassertropfen** © Tilo | Dreamstime.com
S. 124 **futuristische Stadt** © Mariia Demydova | Dreamstime.com
S. 126 **Hintergrund** © Attitude. Shutterstock
S. 142 **Schriftzug Barcelona** © Daneeshe | Dreamstime.com
S. 143 **Aconcagua**, Foto: Winky from Oxford, UK - Flickr; CC BY 2.0; https://commons.wikimedia.org/wiki/Aconcagua#/media/File:Aconcagua_from_base.jpg
S. 146 **junges Mädchen** © creatista. 123rf.com
S. 149 **Ebro-Delta Silhouette**, Foto: Agustí Descarrega Solà, CC BY-SA 4.0; https://commons.wikimedia.org/wiki/File:Aus_als_Arrossars_de_Deltebre.jpg; **Vogel** © John Powell | Dreamstime.com
S. 156 **Gemälde** von Samuel Scott: Wager's Action off Cartagena, Foto: Samuel Scott, Gemälde: Public Domain; https://upload.wikimedia.org/wikipedia/commons/2/2e/Wager%27s_Action_off_Cartagena%2C_28_May_1708.jpg
S. 166 **Schreibblock** © Claudiu Mihai Badea. Shutterstock
S. 167 **Alicante Hafen** © Iakov Filimonov | Dreamstime.com
S. 168 **Alicante Strand** © Lunamarina | Dreamstime.com
S. 171 **Gießkanne** © Hudyma Natallia. Shutterstock; **Pflanzen** © Mariart_i. Shutterstock
S. 179 **Rahmen** © Baranovskaya. Shutterstock
S. 180 **Glühbirne** © Setsiri Silapasuwanchai. 123rf.com
S. 182 **Federico García Lorca**, gemeinfrei, https://commons.wikimedia.org/wiki/Category:Federico_Garc%C3%ADa_Lorca?uselang=de#/media/File:Lorca_(1914).jpg
S. 188 **Don Quijote** © Jess Sanz. 123rf.com; **Farbe und Pinsel** © hfng. Shutterstock; **Hände** © Cienpies Design. Shutterstock
S. 189 **Rohr** © Steve Cukrov. Shutterstock; **Tür** © Stephen Orsillo. Shutterstock; **Bett** © 750811966. Shutterstock; **Rezeption** © Koststov. Shutterstock
S. 190 **Real Alcazar Sevilla** © nito. Shutterstock; **Alamillo-Brücke Sevilla** © Francisco Javier Alcerreca Gomez. Shutterstock
S. 199 **Bar** © Jules Selmes. Pearson Education Ltd; **Student** © ESB Professional. Shutterstock; **Markt** © Aleksandar Mijatovic. Shutterstock
S. 200 **Rohbau** © Suti Stock Photo. Shutterstock; **Silhouette Band** © grynold. Shutterstock; **Silhouette Schüler** © OSTILL is Franck Camhi. Shutterstock
S. 203 **Freunde** © Rido. Shutterstock
S. 213 **AVE**, Foto: Jordi Verdugo - S100 per Pont de Molins, CC BY 2.0; https://commons.wikimedia.org/wiki/Category:Renfe_Class_100#/media/File:S100_per_Pont_de_Molins_(26228489112).jpg
S. 214 **No-Logo**, Fer1997, Public Domain, https://es.wikipedia.org/wiki/Plebiscito_nacional_de_Chile_de_1988#/media/Archivo:Logo_NO_1988.png
S. 215 **Sprechblase** © cosmic_pony. Shutterstock; **Wander-Icons** © CharacterFamily. Shutterstock; **Schüler** © dotshock. Shutterstock; **Surfer** © Leremy. Shutterstock
S. 216 **Tablet** © Stark Verlag; Shutterstock; **junges Mädchen** © 270058. Shutterstock
S. 226 **Zug** © zebra0209. Shutterstock
S. 229 **Casa Milà** © Jules Selmes. Pearson Education Ltd; **Barcelona Parque Güell** Barcelona© fazon. 123rf.com
S. 236 **Smartphone mit Zubehör** © Rawpixelimages | Dreamstime.com; **Smartphone zerbrochenes Display** © Axylexu | Dreamstime.com; **Icons**
S. 237 **Mexiko-Hintergrund** © Tabitazn / istockphoto.com
S. 248 **Zahlen** © Vasya Kobelev. Shutterstock
S. 250 **Heilige Drei Könige** © NGvozdeva. Shutterstock
S. 251 **Technologie** © Tex vector. Shutterstock
S. 252 **Flagge** © Zoom-zoom | Dreamstime.com